deutsch.kompetent

Einführungsphase

Arbeitsheft

Erarbeitet von:
Tanja Hundeshagen
Dirk Jürgens
Tobias Lüpges
Stefan Schäfer

unter Beratung von:
Martina Blatt

Ernst Klett Verlag
Stuttgart · Leipzig

Inhalt des Online-Bereichs

So funktioniert der deutsch.kompetent-Code auf www.klett.de

Der deutsch.kompetent-Code führt Sie zu weiteren Materialien wie zum Beispiel Hörtexten und Arbeitsblättern.
Gehen Sie auf www.klett.de. Geben Sie dort den deutsch.kompetent-Code aus dem Buch in der Suchleiste ein, zum Beispiel t9ke3z.

Beispiellösung
Ulla Hahn, „Irrtum":
Analyse und Interpretation
t9ke3z

Inhalt

Erweiterung der Grundkenntnisse: Kommunikation

Die Beschäftigung mit Kommunikation verknüpft die wichtigsten Bereiche des Deutschunterrichts miteinander: Die Auseinandersetzung mit den modernen Medien als den wichtigsten Kanälen der Kommunikation, die Auseinandersetzung mit der Sprache als dem zentralen Mittel der Kommunikation; und schließlich die Auseinandersetzung mit Literatur, indem die Analyse der Kommunikation zwischen literarischen Figuren einen Zugang zum Verständnis des literarischen Werkes verschafft.

Die Vorkenntnisse überprüfen

1. Vervollständigen Sie die folgenden Sätze.

A Unter Kommunikation versteht man _____

_____

B Unter Medien versteht man _____

_____

C Die drei Sprachfunktionen, die eine sprachliche Äußerung nach Karl Bühlers Organon-Modell enthält, sind

_____

_____

2. Analysieren Sie die folgende Äußerung nach dem Kommunikationsmodell von Friedemann Schulz von Thun, getrennt nach Sender- und Empfängerseite. Zum Kontext der Kommunikation: Eine junge Frau spricht mit ihrem Partner.

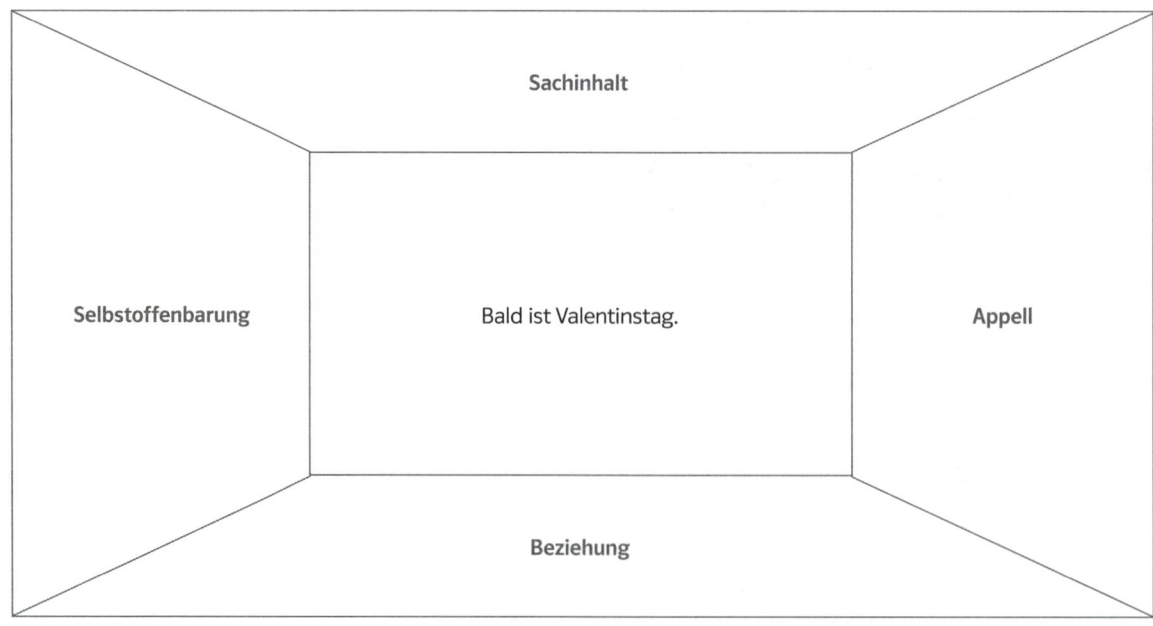

3. Strukturieren und erweitern Sie Ihr Vorwissen zum Thema „Kommunikation und Medien", indem Sie die folgende Mindmap mithilfe des Begriffsspeichers ausfüllen.

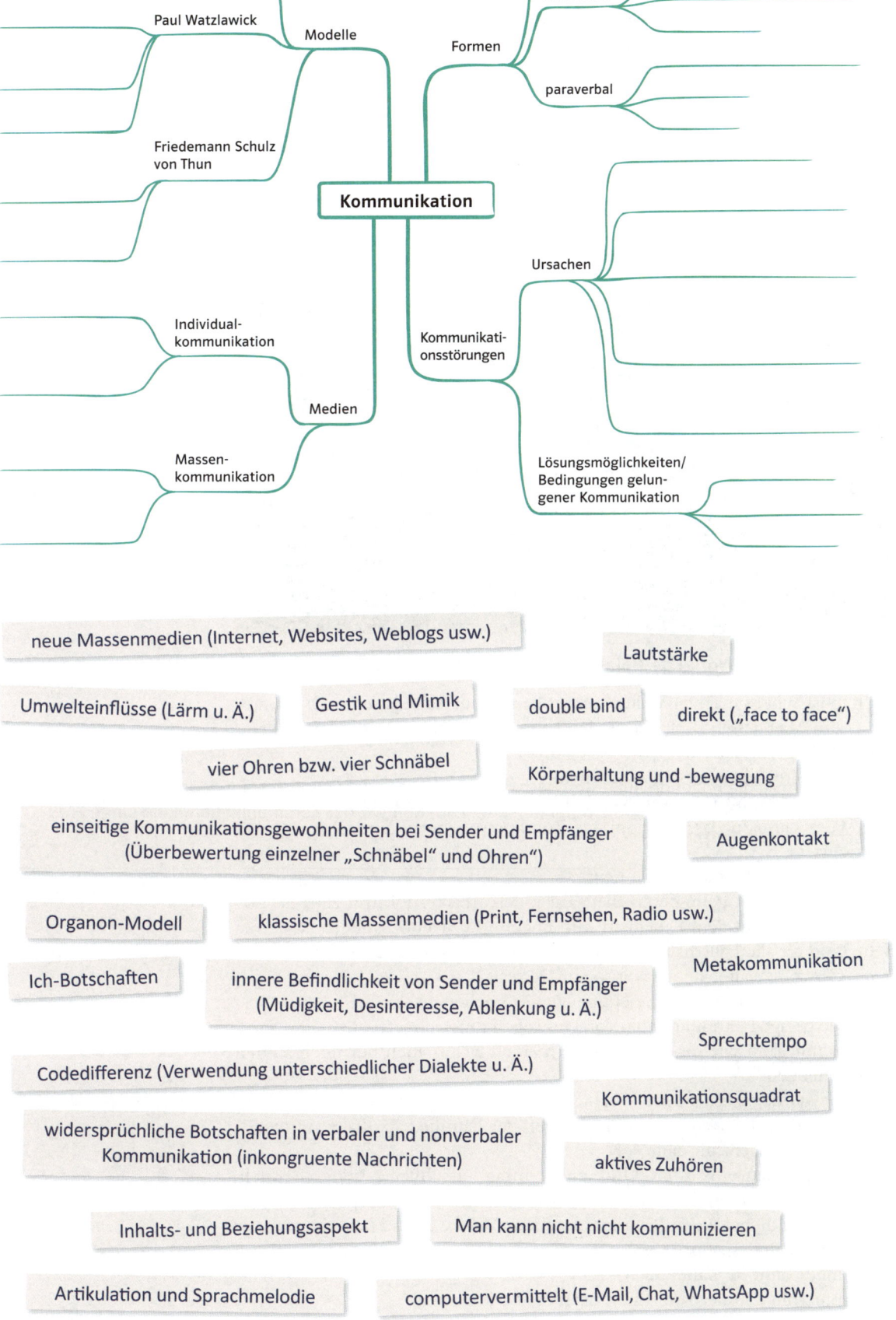

Paraverbale Kommunikation: Hierunter versteht man den Anteil des Sprechens, der durch die individuellen Eigenheiten des Sprechens und der Stimme bestimmt wird.

Ursachen für Kommunikationsstörungen: Dies können sowohl äußere Faktoren sein, die die Verständlichkeit der Kommunikation beeinträchtigen, als auch innere Faktoren, die Sender und Empfänger sowie ihre Kommunikationsfähigkeiten und -gewohnheiten betreffen.

neue Massenmedien (Internet, Websites, Weblogs usw.)

Lautstärke

Umwelteinflüsse (Lärm u. Ä.)

Gestik und Mimik

double bind

direkt („face to face")

vier Ohren bzw. vier Schnäbel

Körperhaltung und -bewegung

einseitige Kommunikationsgewohnheiten bei Sender und Empfänger (Überbewertung einzelner „Schnäbel" und Ohren)

Augenkontakt

Organon-Modell

klassische Massenmedien (Print, Fernsehen, Radio usw.)

Ich-Botschaften

innere Befindlichkeit von Sender und Empfänger (Müdigkeit, Desinteresse, Ablenkung u. Ä.)

Metakommunikation

Sprechtempo

Codedifferenz (Verwendung unterschiedlicher Dialekte u. Ä.)

Kommunikationsquadrat

widersprüchliche Botschaften in verbaler und nonverbaler Kommunikation (inkongruente Nachrichten)

aktives Zuhören

Inhalts- und Beziehungsaspekt

Man kann nicht nicht kommunizieren

Artikulation und Sprachmelodie

computervermittelt (E-Mail, Chat, WhatsApp usw.)

Training 1:
Kommunikation in literarischen Texten

1. Lesen Sie die folgende Kurzgeschichte von Martin Suter und fassen Sie kurz zusammen, welche Entwicklung das Gespräch zwischen den beiden Frauen nimmt.

_____

_____

_____

_____

Work-Life-Balance: harmonischer Zustand im Verhältnis von Arbeits- und Privatleben. Siehe auch Quality Time.

pochieren: besonders schonende, raffinierte Garmethode für zartes Fleisch, Fisch und Eier, bei der heißes, aber nicht kochendes Wasser zum Garen verwendet wird

sautieren: kurzes Anbraten von Fleisch, Fisch oder Gemüse bei sehr hohen Temperaturen, um das Gegarte knackig und saftig zu halten

Quality Time: Hinter dem Begriff steht die Idee, der Partner- und Familienbeziehung bewusst Zeit zu widmen, die der Festigung ihrer Bindungen dient.

Martin Suter: **Die Work-Life-Balance**

„Ich muss Schluss machen, Walter kommt heute zum Abendessen nach Hause."

„Zum Abendessen nach Hause? Ich kann mich nicht erinnern, wann Peter das zuletzt getan hat."

„Bei Walter kommt es auch selten vor."

5 „Aber es kommt immerhin vor. Ich koche nur noch Kindermenüs."

„Wem sagst du das? Fertigpizzas, Tomatenspaghetti. Tomatenspaghetti, Fertigpizzas."

„Und heute? Was kochst du heute?"

„Einen kleinen gemischten Blattsalat mit Kürbiskernöl und Zitrone, po-
10 chierten Lachs auf dem Lauchbett mit jungen in Olivenöl sautierten Kartoffeln. Und für alle Fälle habe ich noch Ingwer- und Mangosorbet im Gefrierfach. Obwohl: Walter steht nicht so auf Desserts."

„Ich beneide dich darum, richtige Menüs kochen zu dürfen."

„Wie gesagt, es kommt selten vor. Deswegen muss ich jetzt anfangen. Sonst
15 geht es mir dann wie dir, und ich sehe meinen Mann auch nur noch an den
Wochenenden."

„Ach, du siehst ihn an den Wochenenden?"

„Ab und zu. Die Wochenenden gehören der Familie, sagt Walter immer."

„Und was macht ihr dann so?"

20 „Am Samstag einkaufen. Und am Sonntag ausschlafen, später Brunch,
Quality Time mit den Kindern und so weiter."

„Du Glückliche! Wenn Peter mal an einem Weekend zu Hause ist, muss er
arbeiten. So eingespannt ist er."

„Eingespannt ist Walter auch."

25 „Immerhin kann er zum Essen nach Hause kommen."

„Ausnahmsweise."

„Und die Wochenenden der Familie widmen."

„Alles eine Frage der Organisation."

30 „Ab einem gewissen Maß an Verantwortung nützt die beste Organisation nichts mehr. Manchmal gäbe ich viel darum, Peter wäre auch etwas entbehrlicher."

„Wie gesagt: Beim letzten Mal, als Walter zu Hause aß, konnten wir noch im Garten essen. So lange ist das her."

„Im Garten? Du isst mit der ganzen Familie im Garten? Manchmal frage 35 ich mich wirklich, ob Peter zu Gunsten der Lebensqualität nicht auch ein paar Abstriche machen sollte bei der Karriere."

„Walter macht keine Abstriche bei der Karriere."

„Das braucht er auch gar nicht zu tun. – Es gibt ja auch natürliche Grenzen."

„Wie meinst du das?"

40 „Sei froh."

„Worüber?"

„Eben. Dass du einen Mann hast, dessen berufliches Potenzial Platz für ein Familienleben lässt. Ich lass dich jetzt kochen. Ciao, genieße den Abend."

„Moment."

45 „Ja?"

„Walter ist karrieremäßig nicht am Anschlag, nur weil er einmal zum Abendessen nach Hause kommt. Er hat einfach seine Work-Life-Balance ein bisschen besser im Griff als gewisse andere Leute."

„Seine Auslastung scheint immerhin einen Work-Life-Balance-Spielraum 50 zu ermöglichen. Das ist doch schön!"

„Es gibt eben Leute, die haben genug Talent, um nicht alles mit dem Fleiß machen zu müssen."

„Und es gibt auch solche, bei denen fällt es auf, wenn sie fehlen."

„Und solche, die müssen mit ständiger Präsenz daran erinnern, dass es sie 55 noch gibt."

„Wie Walter, zum Beispiel?"

„Walter kommt zum Essen auch mal nach Hause."

„Ich dachte, nur ausnahmsweise?"

---

2. Charakterisieren Sie die Kommunikationsweisen und die Rollen der beiden Frauen. Sie können Begriffe aus der folgenden Sammlung zu Hilfe nehmen.

| defensiv – offensiv | dominant – unterwürfig | vermittelnd – aggressiv | offen – verdeckt |

| konstruktiv – destruktiv | empathisch – verurteilend | symmetrisch – asymmetrisch |

| eine Eskalation provozierend – problemlösend | konfliktsuchend – konfliktvermeidend |

Charakterisierung von Walters Ehefrau	Charakterisierung von Peters Ehefrau

3. Analysieren Sie die beiden Textstellen mithilfe des Kommunikationsquadrats von Friedemann Schulz von Thun. Experimentieren Sie in diesem Zusammenhang mit der Sprechweise der Sätze: Wie lassen sich mithilfe der Sprechweise die einzelnen Botschaften betonen?

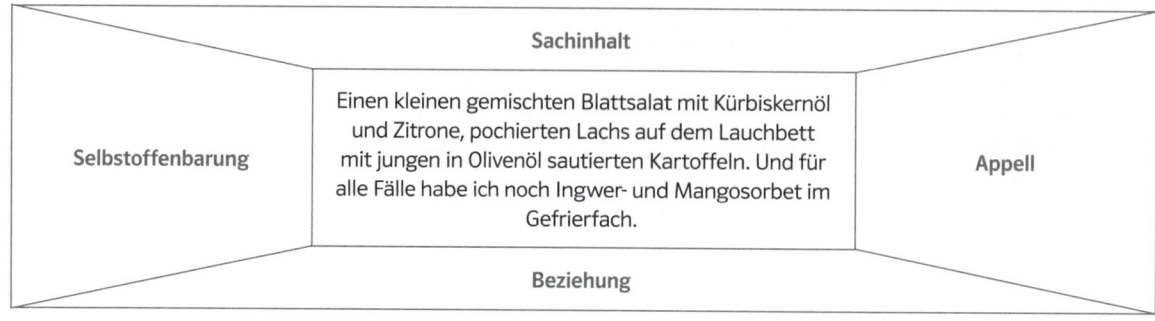

Sachinhalt

Selbstoffenbarung — Einen kleinen gemischten Blattsalat mit Kürbiskernöl und Zitrone, pochierten Lachs auf dem Lauchbett mit jungen in Olivenöl sautierten Kartoffeln. Und für alle Fälle habe ich noch Ingwer- und Mangosorbet im Gefrierfach. — Appell

Beziehung

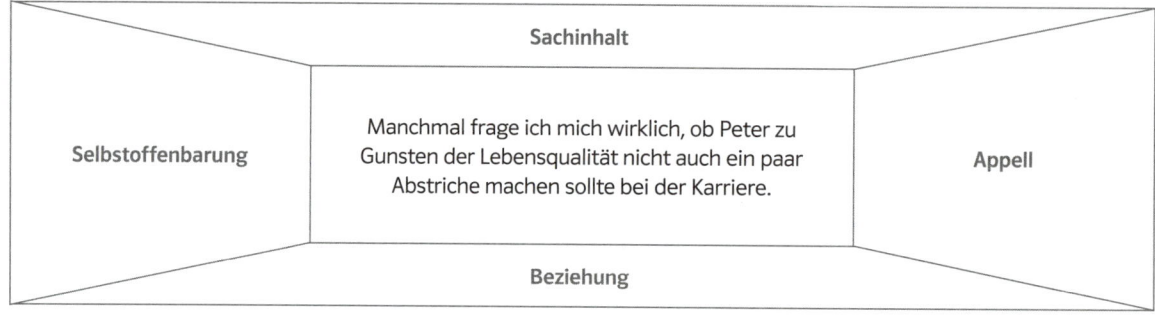

Sachinhalt

Selbstoffenbarung — Manchmal frage ich mich wirklich, ob Peter zu Gunsten der Lebensqualität nicht auch ein paar Abstriche machen sollte bei der Karriere. — Appell

Beziehung

4. Benennen Sie das Medium, das die beiden Frauen benutzt haben. Begründen Sie, ob Sie einen Zusammenhang zwischen dem Medium und dem Gesprächsverlauf sehen.

_____

_____

_____

_____

_____

5. Fassen Sie den folgenden Text, der sich mit der zunehmenden Verflechtung von Kommunikation mit modernen Kommunikationsmedien beschäftigt, in einer Mindmap zusammen

Nicola Döring: **Mediatisierung interpersonaler Kommunikation**

Mediatisierung: hier: Durchdringung des Alltags und der Kultur mit Formen der Medienkommunikation

interpersonal: zwischen Menschen

Der Trend zur Mediatisierung interpersonaler Kommunikation wird vor allem durch zwei Faktoren bedingt:
- durch das breite und wachsende Angebot an Telekommunikations- und Individualmedien,
5 - durch einen wachsenden Bedarf an Telekommunikation.

Individualisierte Tagesabläufe, flexible und projektbezogene Arbeitsformen, hohe Freizeit- und Berufsmobilität, Internationalisierung und Globalisierung, Verbreitung von Pendel- und Fernbeziehungen sowie Patchworkfamilien – all diese und weitere Faktoren führen dazu, dass Menschen häufig miteinander
10 kommunizieren müssen, obwohl bzw. weil sie sich nicht zur selben Zeit am gleichen Ort aufhalten können.

Mediatisierung bedeutet, dass uns für kommunikatives Handeln ein immer breiteres Medienspektrum zur Verfügung steht, das wir im Alltag immer intensiver nutzen. Dies betrifft neben der Massenkommunikation auch die
15 Individualkommunikation im Berufs- und Privatleben. […]

Bewertungen der medialen Individualkommunikation

Bewertungen medialer Individualkommunikation bewegen sich zwischen den Extrempolen der Technikbegeisterung (technophilia) und der Technikablehnung (technophobia). […] Während für Technikbefürworter das Handy
20 enormen kommunikativen Mehrwert besitzt und zwischenmenschlichen Austausch quantitativ und qualitativ verbessert, warnen Technikkritiker vor zunehmender kommunikativer Verarmung: SMS-Kommunikation wird mit Sprachverfall assoziiert und das Handytelefonat („Hallo, ich bin hier gerade im Bus …") als oft sinnlose „Nullkommunikation" abgetan. […]
25   Beide Extrempositionen sind als technikdeterministisch abzulehnen, denn sie leiten Merkmale und Konsequenzen medialer Individualkommunikation eindimensional aus der Medientechnik ab, ohne dabei die mehr oder minder reflektierten und kompetenten Aneignungsformen der Nutzerinnen und Nutzer sowie die vielfältigen Situationskontexte zu berücksichtigen. Tatsäch-
30 lich lassen sich die besonderen Merkmale, kurzfristigen Effekte und langfristigen sozialen Folgen medialer Individualkommunikation nur angemessen beschreiben und erklären, wenn Medienmerkmale sowie Nutzer- und Situationsmerkmale in ihren Wechselwirkungen einbezogen werden. Diese vermittelnde Sichtweise lässt sich als „interaktionistisch" kennzeichnen. […]
35   So ist es durchaus möglich, dass eine Steigerung der kommunikativen Erreichbarkeit durch das eigene Handy unter bestimmten Bedingungen als Belastung erlebt und abgelehnt wird (z. B. fühlt sich ein Arbeitnehmer in seinem Familienleben durch berufliche Handyanrufe gestört), unter anderen Bedingungen dagegen als Bereicherung erwünscht ist (z. B. eine Schülerin erlebt
40 durch Handykurzmitteilungen von Gleichaltrigen verstärkte soziale Einbindung). Aus interaktionistischer Perspektive sind mögliche Negativeffekte medialer Individualkommunikation nicht einseitig dem Medium zuzuschreiben: Neben einer Kritik an den Medien und ihrer technischen und inhaltlichen Konzeption ist auch eine Kritik an den Nutzerinnen und Nutzern und ihrem
45 Verhalten sowie eine Kritik an Nutzungssituationen und deren Gestaltung möglich.
    Mediale Individualkommunikation – vor allem mit neuen und neuesten Medien – tritt meist nicht in Konkurrenz zum Face-to-Face-Gespräch (wie die technikablehnende Substitutionsthese behauptet), sondern ergänzt die
50 bisherigen Kommunikationsformen und vergrößert unsere kommunikative Reichweite, Flexibilität und Variabilität (Komplementaritätsthese). Dies geschieht jedoch nur bei reflektiertem Umgang mit den Telekommunikationsmedien und um den Preis spezifischer Risiken.

technikdeterministisch: Auffassung, die aus technischen Entwicklungen soziale und kulturelle Erscheinungen als *notwendige* Folgen ableitet

Substitution: Ersetzung, Austausch

Komplementarität: Zusammengehörigkeit scheinbar unterschiedlicher, sich aber ergänzender Objekte oder Merkmale

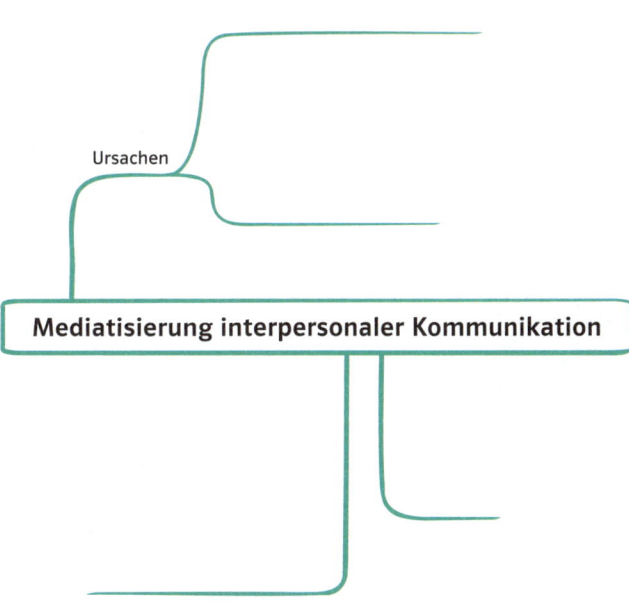

Ursachen

Mediatisierung interpersonaler Kommunikation

Training 2:
Kommunikation in sozialen Netzwerken

1. Die folgenden Beispiele stammen aus Chatprotokollen und von den Seiten sozialer Netzwerke. „Übersetzen" Sie Ihrem/Ihrer Lehrer/in die folgenden netzüblichen Kurzformen und ikonischen Zeichen.

\<gggg\> _____

;-))) _____

@-->-->-- _____

„M" verlässt den Channel _____

1

Lieblingsspruch: !!!!! dummhjeit tut weh !!!!!
Als der liebe gott die dummheit verteilt hat, hosch
du hier gerufe !
Was ich mag: samy men wauwau, der is sou
süüüüßß !!!!????! !!!
❤ tamy ❤
❤ my class ❤
❤ die laitzzz aus de jugendgruppp ❤
die rangers in germany wo isch kennn ❤

2

G: schlapp ohr aus
H: Och nimmt G tröstend in die Flügel
I: „J" kommt in den Channel.
K: und die flügel von L kraul
I: „M" verlässt den Channel.
L: grumpfelschluckglucksjubelierundsabber
N: grins
G: flüchtet sich in Hs Flügel
L: s ja sooo glueecklich und hat K soooooo
   liiiiiieeeeb

3

A: moin
B: guten abend ..:-)
C: C sagt allen ein herzliches *Willkommen*
C: eine Runde Bier für die Männer...(_)ß (_)ß (_)ß
   (_)ß ....
C: und rote Rosen für die Damen ...
   @-->-->-- @-->-->--

4

Clubs, Vereine: Body Motion :)
Lieblingsmusik: !!!House natürlich!!, De
Phazz,Michael Bublé ❤,NorahJones..etc.. [...]
Lieblingsfilme: Wie ein einziger Tag, BATMAN, Love
Vegas, Beim ersten mal, Scared Running ;),
HP ist einfach gut..,
Hangover

5

A: <---------- wird rot
B: och wie süßßßß, sag doch einfach
C: KENNT IHR MWe5607840
A: <---------- viel rot
D: yeppp.... \<gggg\>...von vorhin doch
A: <---------- sehr viel rot
B: <<holt mal eisbeutel für A>> [...]
A: @--------->--------
A: also
B: danke schön
F: soso..........gar nicht mal so übel....;-)))

2. Ordnen Sie den sprachlichen Merkmalen die Nummern der passenden Beispiele zu.
(Mehrfachnennungen sind möglich.)

Merkmal	Beispiele/Nr.	Merkmal	Beispiele/Nr.
Anglizismen		Emoticons & ikonische Zeichen	
Auslassungen von Lauten, Silben & Wörtern		Kurzformen/Chatslang („cu", „gg")	
Gesprächspartikel/Lautwörter („hmm", „tja", „haha")		Hervorhebung durch Großschreibung, Wiederholung von Buchstaben, Satzzeichen u. Ä.	
Inflektive („würg", „ächz") und Inflektivkonstruktionen („rotwerd")		Lautnahe Schreibung	
Umgangssprache, Dialekt		Iteration (Wiederholung von Wortteilen, „soso")	
Neologismen		Verstärkung durch Lautwiederholung („liiiiieb")	

3. Analysieren Sie die folgende Äußerung mithilfe von Bühlers Organonmodell.
Verallgemeinern Sie anschließend Ihr Ergebnis, auch auf der Grundlage der übrigen Textausschnitte:
Welche besonderen Eigenschaften weist Internetkommunikation bezüglich der Gewichtung von Inhalt,
Darstellung und Beziehung auf?

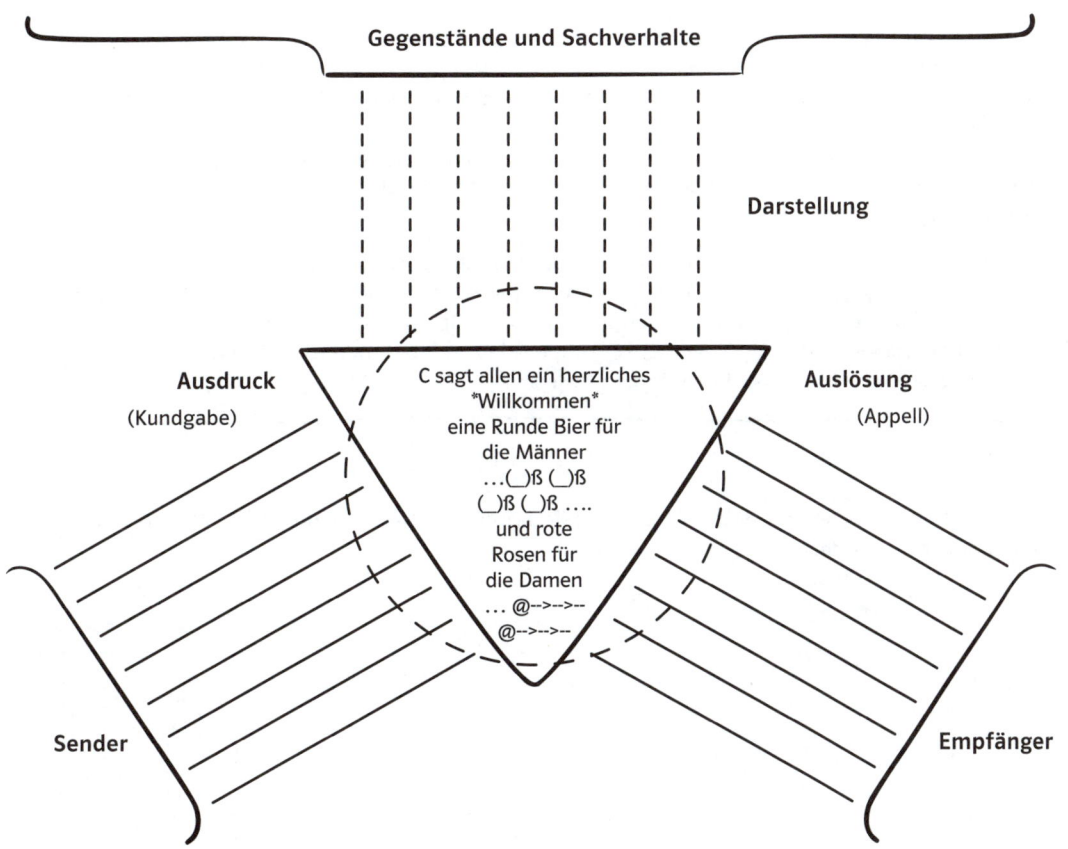

Besonderheiten der Internetkommunikation in Chats und sozialen Netzwerken

– Prinzip der Flüchtigkeit: _____

– _____

_____

4. Diskutieren Sie, ob es sich beim Chatten um mündliche oder schriftliche Kommunikation bzw. einen ebensolchen Sprachgebrauch handelt.

Chatten: Mündliche oder schriftliche Kommunikation?	
Merkmale schriftlichen Sprachgebrauchs	**Merkmale mündlichen Sprachgebrauchs**
– Medium:	– Verwendung von Umgangssprache
–	–

Fazit: _____

_____

Mündlichkeit/Schriftlichkeit

Der Modell der Mündlichkeit/Schriftlichkeit der beiden Sprachwissenschaftler P. Koch und W. Österreicher unterscheidet Äußerungen nach zwei Aspekten:
– Wird die Äußerung in einem mündlichen („phonischen") oder schriftlichen („grafischen") Medium getätigt? Dies nennt man die mediale Mündlichkeit oder Schriftlichkeit.
– Entsprechen die gewählten Ausdrucksweisen eher mündlichen Kommunikationsformen („Sprache der Nähe") oder eher schriftlichen Kommunikationsformen („Sprache der Distanz")? Dies nennt man die konzeptionelle Mündlichkeit oder Schriftlichkeit.

Die „Sprache der Nähe" zeichnet sich z. B. durch das Vertrauensverhältnis der Kommunikationspartner, Spontaneität und Gefühlsorientierung aus; die „Sprache der Distanz" ist dagegen durch die Fremdheit der Partner, die Öffentlichkeit und Objektivität ihrer Äußerungen charakterisiert. Einzelne Kommunikationssituationen können mithilfe dieser Überlegungen in die vier Dimensionen der medialen und konzeptionellen Mündlichkeit und Schriftlichkeit eingeordnet und so näher beschrieben werden.

5. Bewerten Sie die in den Beispielen (Seite 10) verwendete Sprache: Erkennen Sie darin den von vielen kritisierten Sprachverfall wieder?

_____

_____

_____

_____

_____

_____

6. Der folgende Sachtext beschäftigt sich mit aktuellen Entwicklungen des Deutschen und bereitet Sie so inhaltlich auf die **Zentrale Klausur** vor. Fassen Sie seine wichtigsten Aussagen stichwortartig in der Tabelle unter dem Text zusammen.

Netzsprache: **Mehr Vielfalt oder mehr Einfalt?**
von Markus Reiter

Tweets, SMS, und Netzsprache gefallen den Sprachhütern vom Verein für deutsche Sprache nicht.

Stuttgart – Achtung, es folgt jetzt eine kurze, aber mühsam zu lesende Passage: „Anitzo scheinet es, daß bey uns übel ärger worden und hat der Mischmasch
5 abscheulich überhand genommen, also daß die Prediger auf der Canzel, der Sachwalter auf der Canzley, der Bürgersmann im Schreiben und Reden, mit erbärmlichen Französischen sein Teutsches verderbet. […] Gleichwohl wäre es ewig Schade und Schande, wenn unsere Haupt- und Helden-Sprache dergestalt durch unsere Fahrlässigkeit zu Grunde gehen sollte, so fast nichts Gutes
10 schwanen machen dörfte.“ So würde sich heute niemand mehr ausdrücken. Kein Wunder, denn diese Klage schrieb der Universalgelehrte Gottfried Wilhelm Leibniz bereits im Jahre 1682 – sie ist ein sehr frühes Beispiel für populäre Sprachkritik.

[…] Inhaltlich stimmen viele Deutsche Leibniz zu. Einer Umfrage im
15 Auftrag der Gesellschaft für deutsche Sprache zufolge fürchten 65 Prozent der Deutschen, die Sprache verkomme immer mehr. Organisationen wie der Verein Deutsche Sprache (VDS), Ausrichter der Podiumsdiskussion „Medienkompetenz gut, Deutschkenntnisse ungenügend – wie ist es um die Bildung bestellt?“ […], pflichten der Kritik bei. Sie konzentrieren sich auf zwei Punkte.

20 **Gefahr im Verzug**
Der erste lautet, dass das Deutsche durch englischsprachige Wörter, sogenannte Anglizismen, überflutet werde und dabei seine Identität verliere. Es bilde sich eine Mischsprache, das „Denglische“. Ein Satz wie „Erfolgreiche Consultingprojekte im Business-Continuity- und Disaster-Recovery-Bereich benötigen
25 zwingend Management-Attention“, mit dem eine Schweizer Unternehmensberatung für sich wirbt, kann in der Tat nur Kopfschütteln auslösen. Der VDS-Vorsitzende Walter Krämer kritisierte, dass ein neues Wohnquartier in Düsseldorf „Urban Parklane“ genannt werde und man dort „Seaside Flats“ offeriere. Die englische Zeitung „Times“ bezeichne dies als „sprachliche Un-
30 terwürfigkeit“, so der VDS. Allerdings gebrauchte das Blatt die Formulierung nur ein einziges Mal – in einem Artikel 1960.

Der Sprachwissenschaftler Peter Eisenberg von der Universität Potsdam schätzt die Zahl der Anglizismen im Deutschen auf etwas mehr als 11 000. Der Gesamtwortschatz umfasse fünf Millionen Wörter. Noch Anfang des letz-
35 ten Jahrhunderts wurden nur 3,7 Millionen Wörter verwendet, heißt es im „Bericht zur Lage der Deutschen Sprache“ der Akademie für Sprache und Dichtung. Er wurde Anfang März der Öffentlichkeit präsentiert.

Dennoch sieht der VDS Gefahr in Verzug. Er hat einen Anglizismenindex ins Netz gestellt, der vor vielen englischen Wörtern warnt, die im Begriff
40 seien, ihre deutschen Entsprechungen zu verdrängen.

„Viele der vom VDS monierten Anglizismen werden außerhalb von Marketing und Werbung kaum verwendet“, sagt hingegen der Linguist Thomas Niehr, der sich an der Rheinisch-Westfälischen Technischen Hochschule Aachen mit populärer Sprachkritik beschäftigt. Zumal dienten viele von ihnen der Diffe-
45 renzierung. Ein Nerd ist eben nicht nur ein „Sonderling“ oder „Einfaltspinsel“.

Die VDS-Bemühungen sind keine neue Erscheinung. Die Schriftsteller Philipp von Zesen im 17. und Joachim Heinrich Campe im 18. Jahrhundert schlugen unzählige Übersetzungen für Lehnwörter vor, die damals vor allem aus dem Griechischen, Latein und dem Französischen kamen. Aus Parterre
50 sollte Erdgeschoss werden, aus Horizont Gesichtskreis, aus Bibliothek Bücherei und aus Karikatur Zerrbild. Vielfach haben beide Wörter überlebt, zum Teil jedoch mit unterschiedlicher Bedeutung.

Der Verein für deutsche Sprache e.V. ist ein deutscher Sprachverein mit dem Ziel, die deutsche Sprache zu erhalten und zu fördern, namentlich gegen den dominanten Einfluss des Englischen.

Das Zitat stammt aus Leibniz' Werk „Unvorgreiffliche Gedancken, betreffend die Ausübung und Verbesserung der Teutschen Sprache" (um 1697 entstanden), in dem er die Durchmischung des Deutschen mit dem Französischen kritisiert. Französisch war zu dieser Zeit nicht nur Sprache des Hofes, sondern neben dem Lateinischen auch Verkehrssprache an der Preußischen Akademie, sodass es nachhaltigen Einfluss auf das Deutsche ausübte.

Das Indogermanische, d.h. die Sprachfamilie, aus der auch das Deutsche entstanden ist, kannte neun Fälle – im Gegensatz zum Deutschen, das nur noch vier Fälle kennt. Der Instrumentalis ist einer davon und wird verwendet, um das Mittel zu kennzeichnen, mit dessen Hilfe eine Handlung ausgeführt wird. Im Deutschen wird statt eines eigenen Falles dafür heute eine präpositionale Fügung verwendet, wie z.B. „mit dem Hammer".

Verarmung oder Sprachwandel?

Der zweite Vorwurf lautet, die Grammatik verflache durch Twitter, SMS und
55 Facebook. „Die deutsche Sprache wird immer weniger gepflegt", beklagte jüngst der Vorsitzende des Rechtschreibrates, Hans Zehetmair. Sie werde in den Neuen Medien vereinfacht und ohne Kreativität wiedergekäut. In der Tat bestätigen Wissenschaftler, dass die grammatische Vielfalt abnimmt. „Starke Konjunktive wie ‚hülfe' benutzt kaum noch jemand", sagt Professor Niehr. Sie
60 werden durch Konstruktionen mit „würde" ersetzt. Auch ließen sich Genitiv und Dativ seltener unterscheiden. Dies sei aber Teil einer jahrhundertelangen Entwicklung, nach der die gesprochene Sprache nach Vereinfachung strebe.

Wie bei den grammatischen Fällen: der indogermanische Instrumentalis, der im Althochdeutschen noch erkennbar war, verschmolz mit der Zeit mit
65 dem Dativ. Statt von Verarmung sprechen die Experten deshalb lieber vom Sprachwandel. Den hat der amerikanische Linguist John McWhorter einmal sehr poetisch so beschrieben: „Sprache gleicht den Wolken. Wir schauen auf Wolkengebilde am Himmel und wissen, dass sie flüchtig sind. Wenn wir eine Stunde später wieder nach oben blicken, werden sie mit großer Sicherheit
70 anders aussehen."

Entwicklungstendenzen der deutschen Gegenwartssprache		
Tendenz	Erläuterung	Mögliche Bewertungsaspekte
Anglizismen	Integration englischsprachiger Begriffe ins Deutsche	– sprachpuristische Sichtweise:

7. Ergänzen Sie die Tabelle um weitere Entwicklungstendenzen, die Sie bereits kennen.

8. Diskutieren Sie auf der Grundlage Ihrer Erkenntnisse: Ist das Deutsche in Gefahr zu verarmen?

9. Auch der folgende Sachtext bereitet Sie inhaltlich auf das Rahmenthema der **Zentralen Klausur** vor, da es um die Entwicklung der Schreib- und Sprachkompetenzen heutiger Schülerinnen und Schüler geht. Fassen Sie die wichtigsten Aussagen unter dem Text stichwortartig zusammen.

Schreiben in der Schule

„Voll eklich wg schule *stöhn*"

Simsen macht Schüler nicht dumm. Aber ihre Texte sind heute fehlerhafter als früher.
von Wolfgang Krischke

Kinder lesen zu wenig? Von wegen. Wohl noch nie zuvor haben sie so viel
5 gelesen und geschrieben wie heute. Täglich tippen sie Millionen von Wörtern auf ihren Handy- und Computertastaturen, verbringen Stunden mit der
Lektüre von SMS-Nachrichten, Chat-Sprüchen, E-Mails und Internet-Infos.
Trotzdem kommt bei Pädagogen und Ausbildern keine rechte Freude auf.
Denn den Simsern, Chattern und Twitterern dient die Schrift vor allem als
10 Plaudermedium. Von den Normen der Hochsprache ist ihre Sprechschreibe
Lichtjahre entfernt. Gebilde wie „booaaa mein dad voll eklich wg schule
stöhn haste mo zeit? hdgdl [= hab dich ganz doll lieb]" lässt Freunde des
Dudens und ganzer Sätze noch immer zusammenzucken. Kein Wunder, dass
Handy- und Internetkommunikation immer mal wieder in den Verdacht
15 geraten, die Schreibkultur zu untergraben: Können Jugendliche, die sich in
diesen sprachlichen Trümmerlandschaften bewegen, überhaupt noch einen
lesbaren Aufsatz, einen präzisen Bericht, ein angemessenes Bewerbungsschreiben verfassen?

Die Germanistik-Professorin Christa Dürscheid von der Universität Zürich
20 ist dieser Frage auf den Grund gegangen. Mit ihrem Team hat sie fast 1000
Deutschaufsätze untersucht, verfasst von 16- bis 18-jährigen Schülern aller
Schulformen aus dem Kanton Zürich. Zum Vergleich zog die Sprachwissenschaftlerin über 1100 Texte heran, die dieselben Jugendlichen in ihrer Freizeit
als SMS-Meldungen, E-Mails, Chat-Beiträge und Mitteilungen in Sozialen
25 Netzwerken geschrieben hatten. Dabei interessierten sich die Linguisten nicht
nur für Rechtschreibung, Interpunktion und Grammatik, sondern auch für
den Wortschatz, den Stil und den Aufbau der Texte.

Das Ergebnis: In keinem dieser Bereiche haben die sprachlichen Eigenarten
der Netzkommunikation nennenswerte Spuren in den Schultexten hinter-
30 lassen. Das gilt für Berufsschüler ebenso wie für Gymnasiasten. „Die Schüler
können die Schreibwelten durchaus trennen. Sie wissen, dass in der Schule
und der formellen Kommunikation andere Regeln gelten als beim Chatten
mit Freunden", sagt Christa Dürscheid. Allenfalls ließe sich darüber spekulie-
ren, ob die Lockerheit des elektronischen Schreibschwatzens auf Dauer die
35 Sorgfalt beim „ernsthaften" Schreiben beeinträchtigen könnte. Belege dafür
gibt es aber nicht. Die Ergebnisse der Schweizer Untersuchung lassen sich auf
Deutschland übertragen, meint Christa Dürscheid. Der einzige Unterschied:
Die Zürcher Schüler simsen und chatten fast ausschließlich im Dialekt, was
gelegentlich auch auf den Wortschatz ihrer Schultexte abfärbt.

40 ### Die orthografischen Fähigkeiten der Schüler haben stark nachgelassen

Grund für die Deutschlehrer, sich entspannt zurückzulehnen, liefert die Zürcher Studie trotzdem nicht. Denn auch wenn die elektronische Kommunikation als Verursacher ausscheidet – die Schultexte, die die Germanisten untersucht haben, sind alles andere als fehlerfrei. Vor allem in der Rechtschreibung
45 und Zeichensetzung weisen sie deutliche Defizite auf. Darin spiegele sich ein
generelles Problem mangelnder Normbeherrschung, konstatiert Christa Dürscheid. Ähnlich sehen das die Deutschlehrer, die die Germanistin befragt hat.
Die Mehrheit glaubt, dass die orthografischen und grammatikalischen Fähigkeiten der Schüler in den vergangenen zehn Jahren nachgelassen haben. Ob
50 diese Einschätzung zutrifft, will Sarah Brommer, eine Sprachwissenschaftlerin
aus Dürscheids Team, herausfinden. Sie vergleicht Aufsätze, die zu Beginn der
achtziger Jahre an baden-württembergischen Schulen geschrieben wurden, mit
heutigen Arbeiten. Endgültige Ergebnisse liegen noch nicht vor, aber eine Tendenz zeichnet sich bereits ab. Die gute Nachricht: Heute schreiben die Schüler
55 lebendiger und interessanter als früher. Die weniger gute: Orthografie- und
Grammatikfehler haben zugenommen. Allerdings wird im Deutschunterricht
auf diese formalen Fähigkeiten auch nicht mehr so viel Wert gelegt wie früher.

Der Unterschied zwischen den Schichten ist größer geworden

[…] Wirklichen Aufschluss bringt [in der Studie des Sprachwissenschaftlers
60 Wolfgang Steinig aus dem Jahre 2002] jedoch erst der Blick hinter die Durch-
schnittswerte auf die soziale Herkunft der Schüler. Dort zeigt sich eine be-
trächtliche Schieflage: Kinder aus der Unterschicht haben einen viel höheren
Anteil an der Zunahme der Rechtschreibfehler als ihre Klassenkameraden
aus der Mittelschicht. Auf deren Konto allein geht dafür der Zuwachs im
65 Wortschatz, während das Vokabular bei den Unterschichtkindern im Vergleich
zu 1972 sogar geschrumpft ist. Ähnliche Tendenzen fanden die Forscher bei
der Satz- und Textlänge, bei der Fähigkeit, Nebensätze zu bilden, oder der
korrekten Flexion. Zu Beginn der siebziger Jahre waren schichtenspezifische
Unterschiede noch sehr gering, doch seitdem hat sich die soziale Schere weit
70 geöffnet. Kinder aus der oberen, teilweise auch aus der unteren Mittelschicht
haben ihre Schreibkompetenzen deutlich verbessert. Für ihre Altersgenossen
aus den sozial schwächeren und bildungsfernen Elternhäusern hingegen sind
die Weichen in Richtung Hauptschule gestellt.

[…] Im gegliederten Schulsystem dienen [die formalen Schreibkompeten-
75 zen jedoch] nach wie vor als wichtiges Auswahlkriterium für die Schulempfehlung – von ihrer Bedeutung für das spätere Berufsleben ganz zu schweigen. Kinder aus bildungsnahen Elternhäusern können die Lücken, die der
Schulunterricht lässt, leichter ausgleichen – notfalls mit Unterstützung des
Nachhilfelehrers.

80 Den Einwand, die Defizite resultierten aus der Zweisprachigkeit der
Einwandererkinder, lässt Steinig nicht gelten: „Zweisprachigkeit ist für den
Lernerfolg im Deutschunterricht kein Hindernis. Dazu wird sie erst, wenn
ungünstige soziale Bedingungen hinzukommen." Diesen Zusammenhang
vernachlässige die Bildungspolitik. So ist auch aus dem Blick geraten, dass
85 nicht nur Migranten-, sondern auch deutschstämmige Kinder aus bildungsfernen Schichten Schreibförderung brauchen. 2012 will Steinig eine dritte
Studie starten. Dass sich viel gebessert hat, erwartet er nicht.

Zusammenfassung der wichtigsten Thesen

Ausgangsproblematik: _____

Frage: _____

Antwort: _____

_____

10. Stellen Sie Hypothesen auf, welche Langzeitfolgen – z. B. schulisch und außerschulisch, individuell
und gesellschaftlich – die im Text dargestellten Entwicklungen haben können. Begründen Sie darauf
aufbauend, inwiefern Sie die Beherrschung grundlegender sprachlicher Fähigkeiten heute noch für
relevant halten.

Mögliche Langzeitfolgen: _____

_____

_____

Begründung der Relevanz sprachlicher Fähigkeiten: _____

_____

_____

Training 3: Materialgestütztes Schreiben von informierenden und argumentierenden Texten

Eine abiturrelevante Aufgabenform ist das materialgestützte Schreiben von informierenden oder argumentierenden Texten. Dabei müssen Sie auf der Grundlage vorgegebener Materialien (Texte, Tabellen, Grafiken u. Ä.) und Ihres Vorwissens einen informierenden oder argumentierenden Text zu einem vorgegebenen Thema verfassen. Dieser Text muss adressatenbezogen sowie zielorientiert sein und den Inhalt in kohärenter Weise („einem roten Faden folgend") entfalten. Es liegt auf der Hand, dass die Fähigkeit, Materialien aufzuarbeiten und die in ihnen enthaltenen Informationen weiter zu verwenden, nicht nur für Schule und Abitur von Nutzen ist. Sie werden sie in fast allen Berufszweigen gebrauchen können, ob Sie später nun Ingenieur oder Anwalt werden wollen.

Ob Sie einen informierenden oder argumentierenden Text verfassen müssen, die wesentlichen Arbeitsschritte beim materialgestützten Schreiben sind dieselben. Sie werden im Folgenden zunächst am Beispiel einer Aufgabenstellung zum materialgestützten Schreiben eines informierenden Textes dargestellt und im Anschluss daran am Beispiel einer Aufgabenstellung zum materialgestützten Schreiben eines argumentierenden Textes differenziert und geübt.

1. Materialgestütztes Schreiben eines informierenden Textes

Wie bei allen Aufgaben ist dieser erste Arbeitsschritt die Grundlage für Ihr weiteres erfolgreiches Arbeiten: Die ausführliche Aufgabenstellung gibt Ihnen zahlreiche Hinweise – nicht nur darauf, über welches Thema Sie schreiben sollen, sondern auch für wen Sie schreiben, welche Textsorte Sie verfassen und welche Quellen Sie Ihrem Text zugrunde legen sollen.

1. Markieren Sie in der folgenden Aufgabenstellung in unterschiedlichen Farben die Hinweise, die Sie zum Thema, zum Adressaten, zur Textsorte und zu den gewünschten Quellen erhalten.

KLAUSURTHEMA

Verfassen Sie auf der Basis der Materialien 1–5 einen Informationstext über die Förderung von Zweisprachigkeit bei Kindern aus Migrantenfamilien. Er soll sich an Eltern von Kleinkindern mit Zuwanderungsgeschichte richten und ihnen flächendeckend, z. B. über Kinderarztpraxen, zur Verfügung gestellt werden.

In der Informationsbroschüre sollen die Eltern zum einen über die Merkmale früher Zweisprachigkeit und die Voraussetzungen einer gelungenen Zweisprachigkeit informiert werden, zum anderen sollen ihnen praxisnahe Regeln und Tipps zur Förderung einer optimalen Sprachentwicklung zur Verfügung gestellt werden. Sie können zusätzlich zu den Materialien eigenes Wissen über den Spracherwerb und die kindliche Entwicklung sowie eigene Beispiele einsetzen, um Zusammenhänge zu verdeutlichen.

Verweisen Sie in Ihrem Text auf die Quellen, denen Ihre Informationen entstammen.

Die Materialien auswerten

Nun müssen Sie sich einen Überblick über die Materialien verschaffen, die Ihnen für Ihre Aufgabe zur Verfügung gestellt wurden. Nicht alles davon ist für Ihre Aufgabe relevant und zielführend!

2. Überfliegen Sie die Texte sowie die Schaubilder und markieren Sie die Teile, die für Ihre Aufgabenstellung wichtig sind. Beurteilen Sie auf der Grundlage der Quellenangaben anschließend, welche Materialien Ihnen informativ und glaubwürdig erscheinen, und sortieren Sie gegebenenfalls diejenigen Quellen aus, deren Informationsgehalt und/oder Objektivität zu gering ist.

Markieren als Vorstrukturierung

Sie können die verschiedenen Teilthemen der Aufgabenstellung in verschiedenen Farben markieren, sodass Sie die entsprechenden Informationen bei den weiteren Arbeitsschritten schnell wiederfinden.

Material 1:

Gila Hoppenstedt/Ernst Apeltauer: Einflüsse früher Zweisprachigkeit auf die soziale und kognitive Entwicklung der Kinder

Die frühe Zweisprachigkeit oder Mehrsprachigkeit kann Einfluss auf die emotionale, soziale und kognitive Entwicklung von Kindern nehmen. Je nachdem, unter welchen kulturellen, sozialen oder emotionalen Bedingungen sie erworben wird, kann sie positive oder negative Auswirkungen haben.

5 Man spricht von additiver Zweisprachigkeit, wenn die zweite Sprache einen positiven Einfluss auf die Entwicklung der Kinder hat und die kognitive Entwicklung beflügelt. Beides setzt eine hoch entwickelte Erstsprache voraus.

Additive Zweisprachigkeit findet man überall dort, wo Kinder eine zweite Sprache lernen, die ein hohes Ansehen und eine große Akzeptanz in der Ge-
10 sellschaft hat. Beispiele: Deutsche Kinder, die eine internationale Schule besuchen, Kinder im Immersionsunterricht in Kanada.

Es ist wissenschaftlich belegt, dass sich unter diesen hoch geachteten und gesellschaftlich erwünschten Bedingungen des Spracherwerbs deutliche Gewinne für die Erstsprache und positive soziale Eigenschaften bei den Lernern
15 ergeben. Kinder, die eine additive Zweisprachigkeit erfahren, gelten als sozial interessierter und offener, sprachgewandter, toleranter, intelligenter […].

Der Zweisprachenerwerb kann aber auch negative Auswirkungen auf die Entwicklung des Kindes haben, wenn er unter ungünstigen Bedingungen erfolgt.

20 Von einer subtraktiven Zweisprachigkeit spricht man, wenn die Erstsprache nicht hoch entwickelt ist, vernachlässigt wird oder stagniert. Unter diesen Bedingungen des Erwerbs werden negative Auswirkungen auf die kindliche Entwicklung beobachtet, z.B. eine verzögerte Sprachentwicklung, emotionale Probleme, Identitätsprobleme, schlechte Schulleistungen, soziale Probleme.

25 Für extreme Formen der subtraktiven Zweisprachigkeit wird immer noch der umstrittene Begriff der doppelten Halbsprachigkeit („Semilingualismus") gebraucht. […]

Die Ursachen für diese Probleme sind komplex und werden stark durch soziale Faktoren bedingt. Allgemein werden häufig die folgenden Faktoren
30 genannt:

    1. Die Sprache und Kultur der Familie wird von der Gesellschaft abgelehnt oder diskriminiert.

    2. Zu früh wird eine zweite Sprache an die Stelle der ersten gesetzt.

    3. Die sprachlichen Anregungen in der Erstsprache werden unterbrochen.

35   4. Das Kind lebt in einer für seine Entwicklung ungünstigen Umgebung.

    5. Das Kind hat Entwicklungsverzögerungen, die individuell bedingt sind.

Das Phänomen Semilingualismus ist nicht auf die Zweisprachigkeit an sich zurückzuführen und nicht mit sprachlicher Förderung allein zu beheben. Mit dem Begriff Semilingualismus werden soziale Ursachen für sprachliche Defi-
40 zite und deren negative Bewertungen auf die Kompetenzen eines individuellen Sprechers übertragen. Damit diskriminiert man die Betroffenen.

Immersion: von lat. immersio: Eintauchen. Im Immersions-unterricht lernen Kinder die fremde Sprache wie in einem „Sprachbad", also wie eine Muttersprache.

subtraktiv: von lat. subtrahere: abziehen, vermindern

Material 2: Bildungsbeteiligungs-Quote der 16- bis 30-Jährigen mit und ohne Migrationshintergrund

Autorengruppe Bildungsberichterstattung: Bildung in Deutschland 2014, Daten zu 2012, S. 235
© Mediendienst Integration 2014

Material 3: Vorlesen ist ein Wundermittel

Vorlesen ist Sprachförderung ...

Die Grundlage für die Sprachfertigkeiten Ihres Kindes legen Sie in den ersten Jahren! Das haben Wissenschaftler immer wieder bewiesen.

5 Gut sprechen lernt Ihr Kind am besten durch die Kommunikation mit vertrauten Menschen. Keine CD, kein Fernseher, kein Computer können das ersetzen. Bücher sind ein ideales Mittel, um mit Kindern ins Gespräch zu kommen. Sie zeigen vertraute oder fremde Welten und jedes Kind kann sie so oft und so lange anschauen, wie es will.

... in jeder Sprache

10 Vieles, was Ihr Kind beim Vorlesen und Erzählen lernt, ist nicht an eine bestimmte Sprache gebunden. Tun Sie es in der Sprache, in der Sie auch sonst mit ihm reden. Es muss nicht Deutsch sein. Beim vertrauten Sprachklang fühlt Ihr Kind sich wohl, nimmt neue Ausdrücke auf und stellt Zusammenhänge her. So eignet es sich grundlegende Fähigkeiten an, die es für alle Sprachen 15 brauchen kann.

Vorlesen ist Zuwendung

Eltern fragen sich oft, wie lange sie sich mit ihrem Kind beschäftigen sollen. Im hektischen Alltag ist manchmal wenig Zeit dafür übrig.

Umso wichtiger ist es, dass sich Eltern und andere Bezugspersonen zu be-20 stimmten Zeiten ganz dem Kind zuwenden: mit ihm reden, spielen, kuscheln, essen und draußen toben. Das Vorlesen ist ideal, um Ihr Kind spüren zu lassen, dass Sie sich gerade ganz viel Zeit für es nehmen. [...] Erzählen Sie kleine Geschichten zu den Bildern. Das hilft Ihrem Kind, seinen Alltag zu verstehen.

Material 4: **Der Sprachbaum nach Wolfgang Wendlandt**

Der Sprachbaum symbolisiert die Einflussfaktoren auf die Sprachentwicklung bei Kindern.

Das Bild eignet sich gut zum Erklären dieser Faktoren und ihrer Einflüsse auf Sprachentwicklungsstörungen in der Elternarbeit oder zur Veranschaulichung der Möglichkeiten und Notwendigkeit allgemeiner Sprachförderung. […]

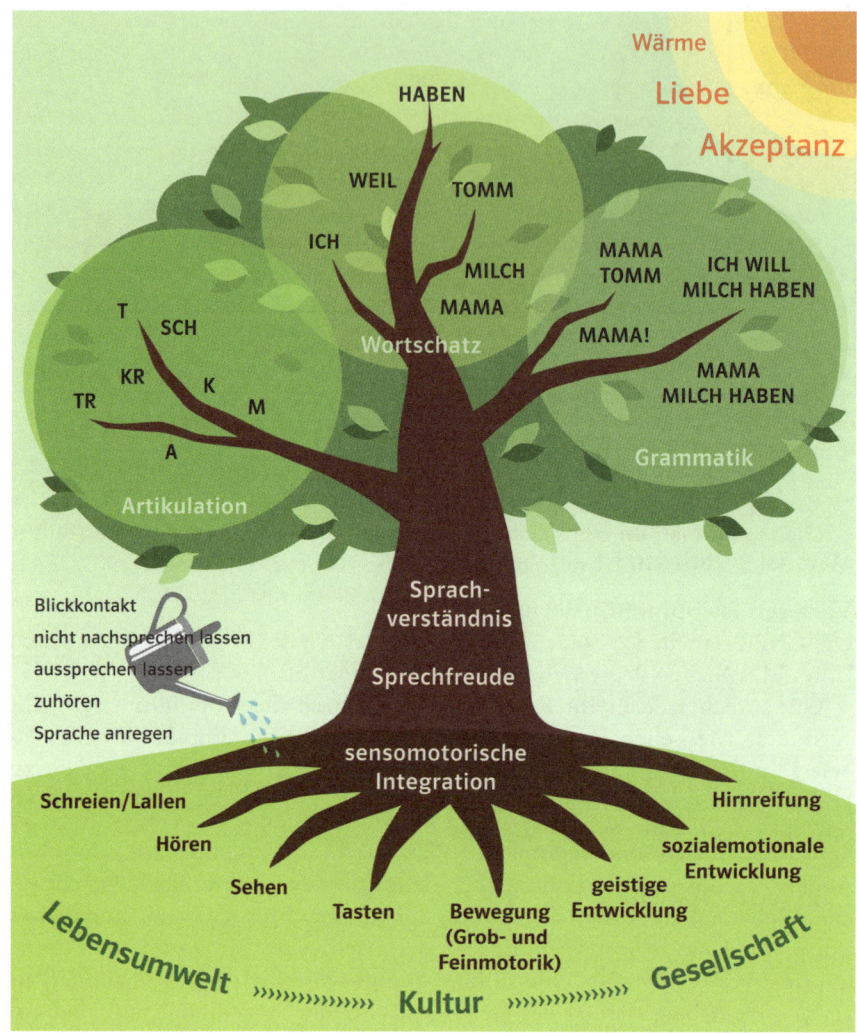

Material 5:
Uwe Hinrichs: **Sprachkontakte –
Wie Migration die deutsche Sprache verändert**

Auf den ersten, groben Blick spiegelt das gesprochene Deutsche – wie vermutet – auf allen Ebenen den Einfluss von Mehrsprachigkeit und Migrantensprachen wider. Dies beginnt bei neuen Wörtern (*Döner, Ayran, Muslima, Hamam, Ramadan*), geht über das Kasus- und Endungs-Karussell (*mit den Motiv, die*
5 *Bedeutung Deutschland_, wir fahren im Urlaub*), über neue Wortmuster (*privates Leben* statt *Privatleben*) über etliche Verschleifungen in der mündlichen Rede (*starkere Argumente*) bis hin zur Bildung von ganzen Slangs („Kiezdeutsch"). Wir werden sehen, dass die Wortebene (die Morphologie) und der Satzbau (die Syntax) am ehesten, schnellsten und nachhaltigsten von Einflüssen be-
10 troffen sind.

Sprachkontakte und Mehrsprachigkeiten sind heute in der Alltagspraxis europäischer Länder, und ganz besonders in Deutschland, selbstverständlich und normal. Sie haben aber nicht nur eine äußerliche, quasi *hörbare*, Seite, sondern auch eine innere, psychische und kognitive Seite: Sie erzeugen schon nach
15 kurzer Zeit ein anderes Sprachbewusstsein. Es ist dieses *von Mehrsprachigkeit*

geprägte neue *Sprachbewusstsein*, das grammatischen Veränderungen mächtig Vorschub leistet. Diese neue Mehrsprachigkeit aber ist ein Kind der Migration. […]

„Anderssprachigkeit"

20 Wenn neue Mehrsprachigkeiten flächendeckend verbreitet sind, gibt es ungezählte Erscheinungsformen und Ausprägungen, weil sich auch jeder Sprecher nach Kenntnis, Talent, Biografie und sozialem Umfeld unterscheidet. Wenn Migranten längere Zeit in einem anderen Land sind (oder: hier zweisprachig aufwachsen), bilden sie langfristig ein Verhältnis zu beiden Sprachen aus, das

25 sich von dem des einsprachigen Muttersprachlers unterscheidet: Wir nennen das hier „doppelte Anderssprachigkeit". Dieser Begriff will die einfache Tatsache erfassen, dass

- das gesprochene Deutsch vieler Migranten nicht identisch ist mit der Standardumgangssprache: Es ist ein Deutsch mit mehrsprachigem Hin-
30 tergrund – ein enorm wichtiges Faktum;
- die gesprochene Herkunftssprache der Migranten in aller Regel nicht mehr ganz die Sprache des Herkunftslandes ist (und immer um einen gewissen Grad abweicht). Denn je länger ein Migrant in Deutschland ist, desto weiter entfernt er sich vom Eigenrhythmus seiner Herkunfts-
35 sprache, und diese kann in Deutschland dann durchaus auch „deutsche" Züge annehmen („Deutschland-Türkisch", „Deutschland-Russisch" etc.).

Dies sollte man im Blick haben, wenn man in der Literatur auf Formulierungen stößt wie die, dass „die Entwicklung tendenziell auf eine große Zahl
40 von ‚schwachen Sprechern'" zulaufe – ein Terminus, den der Eurolinguist Hans-Jürgen Sasse geprägt hat. Denn „schwach" heißt übersetzt nur: nicht mehr streng an eine vorgegebene Hochsprachennorm gebunden, und: von Mehrsprachigkeit geprägt. […]

Die positive Kraft der Mehrsprachigkeit

45 Die Forschung hat mittlerweile erkannt, dass das „Defizit"-Bewusstsein im Generationenfortgang verschwindet und einer neuen, souveränen Art von Sprachbewusstsein und -kompetenz Platz macht. Dies nennen wir „doppelte Anderssprachigkeit". Sie kommt auch dem Erlernen weiterer Sprachen entgegen. Mehrsprachler haben einen Vorteil gegenüber Einsprachigen, und diesen
50 Vorsprung kann man messen. Er lässt sich nachweisen als ein breiteres kommunikatives Repertoire, eine höhere Sprachsensibilität und Flexibilität, als verbesserte Arbeitsleistung des Gehirns, als höhere Sprachintelligenz und ein reiferes kulturelles Bewusstsein. Interessant mag in diesem Zusammenhang sein, dass neue erfolgreiche Literaten in Deutschland oft Mehrsprachige mit
55 Migrationshintergrund sind, z.B. Herta Müller (Rumänien), Sibylle Lewitscharoff (Bulgarien) oder Rafik Schami (Syrien), die das einheimische Schriftstellerdeutsch ordentlich auffrischen und aufmischen.

Herkunftssprache und Migrantendeutsch bilden immer so etwas wie ein vielschichtiges Tandem unter dem Dach der MS. Die Module beider Sprachen
60 „arbeiten zusammen", sie ergänzen sich mit der Zeit immer besser und interagieren miteinander. Bald stellt sich eine neue Perspektive auf Grammatik ein, die nicht mehr rigoros nur auf formale Richtigkeit setzt. Bei sozial intelligenten Sprechern ist Sprechen dann nicht mehr „Fehlervermeidungs-Strategie", die auf eine exakte Richtigkeit zielt. Es wird zu einem kreativen Ereignis, das
65 offen ist für Varianten und flexible Satzgestaltung.

Informationen organisieren und eigenes Wissen einbringen

Aus der Vielzahl der vorliegenden Informationen haben Sie im vorherigen Arbeitsschritt durch das Markieren schon diejenigen herausgefiltert, die für Ihre Aufgabe relevant sind. Diese müssen Sie nun einerseits inhaltlich aufbereiten, andererseits formal Ihrem Adressatenkreis und der geforderten Textsorte anpassen. Zugleich gilt es, Ihr eigenes Wissen und Ihre Erfahrungen einzubringen.

INFO

Tabellenraster als Organisationshilfe nutzen

Für die inhaltliche Aufbereitung können Sie ein Tabellenraster nutzen, in das Sie die Teilthemen und die verwertbaren Informationen aus dem Material sowie Ihr Vorwissen eintragen. Wenn Sie die Teilthemen so anordnen, wie Sie es in der späteren Gliederung planen, wird Ihnen das spätere Formulieren des Textes besonders leichtfallen.

3. Legen Sie eine Tabelle wie im Beispiel an. Notieren Sie die Teilthemen und ergänzen Sie stichwortartig die relevanten und glaubwürdigen Informationen aus den Materialien, inklusive der Quellenangabe. Ergänzen Sie anschließend eigenes Wissen zu den Teilthemen.

Informationen aus dem Text (inkl. Quellenangabe)	Eigenes Wissen und/oder eigene Beispiele
Teilthema: Merkmale früher Zweisprachigkeit	
...	...

Die Informationssammlung bereiten Sie nun so auf, dass Sie sie in einer Art und Weise präsentieren, die den Bedürfnissen Ihrer Adressaten und den Anforderungen der Textsorte möglichst optimal entsprechen. Stellen Sie als Erstes genauere Überlegungen zum Adressaten Ihres Textes an.

INFO

Adressatenbezogen formulieren

Wenn Sie sich zunächst Ihre Zielgruppe möglichst konkret vor Augen führen, wird es Ihnen leichter fallen, adressatenbezogen zu formulieren. Stellen Sie sich den Adressaten, an den Sie sich wenden, möglichst anschaulich mit all seinen relevanten Facetten (Alter, Beruf, soziale Stellung, Vorbildung, vermutliches Interesse an dem Thema …) vor. Die Ergebnisse Ihrer Überlegungen bestimmen dann die sprachliche Gestaltung Ihres späteren Textes mit.

4. Überlegen Sie, welche Besonderheiten Sie im vorliegenden Fall beachten müssen.

> **Adressat: Eltern von Kleinkindern mit Zuwanderungsgeschichte/Migrationshintergrund**
>
> – evtl. geringe Deutschkenntnisse, vor allem im Schriftlichen
>
> – _____
>
> – _____

5. Ziehen Sie aus Ihren Überlegungen zum Adressaten Schlussfolgerungen, wie Ihr Text formuliert sein sollte, und kreuzen Sie in der folgenden Tabelle diejenigen Teile der Begriffspaare an, die Ihnen passend für den Adressatenkreis erscheinen.

Fachsprache	☐	Alltagssprache	☐
hypotaktischer Satzbau (Satzgefüge)	☐	parataktischer Satzbau (Satzreihen)	☐
Aktivformulierungen	☐	Passivformulierungen	☐
kurze Sätze	☐	lange Sätze	☐
Nominalstil	☐	Verbalstil	☐
kurze Kapitel, Zwischenüberschriften	☐	ausführlicher Text	☐
Schwerpunkt: praktische Umsetzung	☐	Schwerpunkt: theoretischer Hintergrund	☐
Abkürzungen	☐	Ausschreibungen	☐

SPO-Satzstellung (Subjekt-Prädikat-Objekt)	☐	Variation der Satzstellung	☐
unpersönliche Formulierungen	☐	direktes Ansprechen des Lesers	☐
Tipps in *man*-Formulierungen oder Infinitiv	☐	Tipps im Imperativ	☐

6. Klären Sie mithilfe der Aufgabenstellung, welche Textsorte Sie verfassen sollen, und machen Sie sich die Konsequenzen für Ihre Darstellungsweise (Stil, Umfang, Quellenangaben …) bewusst, indem Sie im Begriffsspeicher die Begriffe durchstreichen, die nicht zur Textsorte passen.

> abstrakt – anspruchsvoll – ausführlich – detailliert – erzählend – Grundlagen vermittelnd – informativ – knapp – konkret – kurz – mit Nennung von Quellenangaben – objektiv – prägnant – praxisorientiert – sachlich – strukturiert – theoretisierend – übersichtlich gegliedert – umfangreich – Verzicht auf Quellenangaben – wertend – zielorientiert

Die Gliederung erstellen

Für das Verfassen des Hauptteils haben Sie schon zahlreiche Vorarbeiten geleistet, sodass Sie nun das Schreiben des gesamten Informationstextes vorbereiten sollten.

7. Erstellen Sie auf der Grundlage der Aufgabenstellung und Ihrer Vorarbeiten eine Gliederung für die Informationsbroschüre.

Gliederungsvorschlag für den Informationstext: Förderung von Zweisprachigkeit

Einleitung:

interessanter Einstieg, z. B. _____

_____

_____

Hauptteil:

1. Informativer Einstieg/Theorieteil: Besonderheiten früher Zweisprachigkeit und ihre Folgen

   a) Einfluss des Zweitspracherwerbs auf fast alle Aspekte der kindlichen Entwicklung, z. B. …

   b) _____

   c) _____

   d) _____

2. Praktischer Teil: Tipps zur Förderung einer optimalen Sprachentwicklung

   a) Erstsprache beibehalten und pflegen

   b) _____

   c) _____

   d) _____

Schluss:

_____

_____

_____

Den Informationstext schreiben

8. Die folgenden beiden Textbeispiele fassen die Merkmale früher Zweisprachigkeit für unterschiedliche Adressatenkreise zusammen und verwenden daher völlig unterschiedliche sprachliche und formale Darstellungsweisen.
Entscheiden Sie sich für dasjenige Beispiel, das Ihnen für Ihre Aufgabenstellung passend erscheint, und begründen Sie Ihre Wahl.

Beispiel 1	Beispiel 2
Merkmale früher Zweisprachigkeit Frühe Zweisprachigkeit kann sich entweder als additive Zweisprachigkeit äußern, bei der die Zweitsprache vor allem die kognitive und sprachliche Entwicklung positiv beeinflusst, oder als substraktive Zweisprachigkeit, die sowohl den Spracherwerb als auch die kognitive Entwicklung in Form von Sprachentwicklungsstörungen, emotionalen und sozialen Problemen sowie schlechten Schulleistungen beeinträchtigt. Diese Phänomene gewinnen besondere Relevanz vor dem Hintergrund des gegenwärtigen Anteils von Schülerinnen und Schülern mit Zuwanderungsgeschichte an deutschen Schulen: [...]	**Mit zwei Sprachen aufwachsen – eine Ausnahme?** Mit mehr als einer Sprache aufzuwachsen ist in einer deutschen Klasse heute normal: Mehr als 25 % der Schüler in Deutschland haben Eltern, die aus dem Ausland stammen, oder kommen selbst aus dem Ausland. Mit Ihrer Situation sind Sie also nicht alleine – im Gegenteil! **Zweisprachigkeit als Vorteil oder Nachteil** Schon als kleines Kind zwei oder mehr Sprachen zu lernen kann Nachteile und Vorteile haben: Das Lernen der zweiten Sprache kann in manchen Fällen zu schlechten Noten in der Schule, Sprachschwächen und emotionalen oder sozialen Problemen führen. Es kann aber auch große Vorteile haben und die Intelligenz und die Sprachentwicklung Ihres Kindes fördern. Sprachforscher haben herausgefunden, dass Kinder mit gelungener Zweisprachigkeit „sozial interessierter und offener, sprachgewandter, toleranter, intelligenter" (Hoppenstedt/ Apeltauer, Z. 15f.) sind. Mit zwei Sprachen aufzuwachsen ist also eine große Chance für Ihr Kind! Was Sie tun können, damit Ihr Kind erfolgreich zwei Sprachen lernt, erfahren Sie auf den folgenden Seiten. [...]
Begründung:	Begründung:

9. Verfassen Sie nun den in der Aufgabenstellung geforderten Informationstext. Berücksichtigen Sie beim Formulieren die Schreibvorgaben, die Sie für Adressat und Textsorte entwickelt haben, und denken Sie daran, auf Ihre Quellen zu verweisen.

Den Informationstext überarbeiten

10. Die Überarbeitung eines selbstverfassten Textes ist eine schwierige Aufgabe. Gerade bei eigenen Texten hat der Korrekturleser den berühmten „Balken im Auge", und es fällt schwer, Fehler zu finden. Prüfen Sie deswegen die wichtigsten Aspekte in getrennten Arbeitsschritten, um Ihre Aufmerksamkeit soweit wie möglich zu fokussieren.

Leserbezug

✔ Enthält die Einleitung alle notwendigen Informationen, vor allem auch das Ziel der Darstellung?

✔ Wurden alle Materialien ausgewertet und deren Hauptaussagen einbezogen?

✔ Sind alle Punkte der Gliederung bzw. der Aufgabenstellung berücksichtigt? (Dies betrifft nicht nur die Teilthemen, sondern auch Textsorte und Adressaten.)

✔ Wurden eigenes Wissen und eigene Kenntnisse ergänzend hinzugezogen?

✔ Folgt der Gedankengang einem roten Faden?

✔ Orientiert sich der Text an den Adressaten (Beruf, soziale Stellung, Vorbildung, Interesse)?

✔ Sind Belege und Beispiele (aus den Materialien, aus der Lebenswelt) angeführt worden?

✔ Weiterhin: Überprüfen Sie die sprachliche Richtigkeit (vor allem Groß- und Kleinschreibung, *das/dass*-Schreibung).

Meine persönlichen Fehlerschwerpunkte überprüfen:

_____

_____

_____

_____

_____

2. Materialgestütztes Schreiben eines argumentierenden Textes

Die Arbeitsschritte beim materialgestützten Schreiben eines argumentierenden Textes sind im Wesentlichen dieselben wie beim materialgestützten Schreiben eines informierenden Textes. Die Unterschiede ergeben sich dabei aus der veränderten Aufgabenstellung.

1. Lesen Sie die folgende Aufgabenstellung zum materialgestützten Schreiben eines argumentierenden Textes. Benennen Sie die zentralen Unterschiede zum informierenden Schreiben.

KLAUSURTHEMA

Verfassen Sie als Mitglied der Schülervertretung (SV) auf der Basis der bereits bekannten Materialien 1–5 (Seite 18 ff.) einen Kommentar zum Thema „Mehrsprachigkeit von Schülerinnen und Schülern – Multikulti als Gefahr oder Gewinn für die Schule?" zur Veröffentlichung in der Schulzeitung Ihrer Schule.

Hintergrund des Kommentars ist die schulinterne Regel „Auf dem Pausenhof ist nur Deutsch erlaubt", die die Schülervertretung abschaffen möchte. Informieren Sie in Ihrem Kommentar daher allgemein über die Mehrsprachigkeit von Schülerinnen und Schülern sowie ihre Vor- und Nachteile. Stellen Sie außerdem die Position der SV zur Abschaffung der umstrittenen Pausenhofregel dar, indem Sie sprachwissenschaftlich argumentieren. Sie können zusätzlich zu den Materialien eigenes Wissen über Mehrsprachigkeit und das sogenannte „Multikulti-Deutsch" sowie eigene Beispiele einsetzen.

_____

_____

_____

_____

_____

2. Halten Sie fest, welche Position Sie in dem Kommentar vertreten sollen. Sammeln Sie stichwortartig Argumente, die diese Position stützen können.

Position, die vertreten werden soll: _____

_____

Argumente, die diese Position stützen: _____

_____

_____

_____

_____

INFO

Wichtige Textsorten beim materialgestützten argumentierenden Schreiben

Kommentar: Form einer schriftlichen Stellungnahme, in der der/die Schreibende zu einer aktuellen Nachricht oder einem aktuellen Ereignis Stellung bezieht. Über Hintergründe und ggf. übergeordnete Zusammenhänge wird informiert. Argumentativ gestützt werden unterschiedliche Auffassungen beleuchtet und ein eigener Standpunkt vertreten. Persönliche Wertungen können enthalten, müssen aber begründet sein.

Leserbrief: Form einer schriftlichen Stellungnahme, in der der/die Schreibende einen direkten Bezug zu einem Artikel (etwa einem Bericht oder einem Kommentar) meist einer Zeitung herstellt (durch Zitate, Verweise, Zusammenfassung). Ein eigener Standpunkt wird argumentativ gestützt vertreten. Leserbriefe können eine subjektive Komponente enthalten.

Essay: Form einer schriftlichen Stellungnahme, in der meist ein wissenschaftliches, kulturelles oder gesellschaftliches Phänomen aus subjektiver Sicht (d.h. der/die Schreibende will das Thema nicht umfassend behandeln) argumentativ beleuchtet wird. Sprachlich sind Essays in der Regel anspruchsvoll und pointiert.

3. Skizzieren Sie in Stichworten, wie ein Kommentar gegliedert sein kann. Nutzen Sie die Hinweise zur Textsorte in der Infobox.

_____

_____

_____

_____

_____

_____

4. Bewerten Sie die folgende Gliederung für einen Kommentar zum Thema „Mehrsprachigkeit von Schülerinnen und Schülern – Multikulti als Gefahr oder Gewinn für die Schule": Was ist gelungen, was nicht?

Einleitung:

Hinweis auf die bestehende Regelung, auf dem Pausenhof Deutsch sprechen zu müssen.

Hinweis auf die Klagen über Diskriminierung, die die SV immer wieder erreichen.

Hauptteil:

1. Was für die gegenwärtige Pausenhofregel spricht: Abweichung des von Migranten und Migrantennachkommen gesprochenen Deutschs von der deutschen Standardsprache, v. a. in Verschleifungen, Phonetik, Endungs- und Kasusabbau und Wortmustern (Mat. 5) + subtraktive Zweisprachigkeit (vgl. Mat. 1)

2. Widerlegung: Mat. 2 zeigt, dass sich im Jugend- und frühen Erwachsenenalter nur noch geringe Unterschiede bei der Bildungsbeteiligungs-Quote von Schülern mit und ohne Migrationshintergrund zeigen → spätestens mit dem Eintritt in die Sekundarstufe hat sich das „Sprachproblem" ohnehin erledigt. d. h. der Zwang zum Deutsch fördert nicht mehr die Integration

3. Hintergrund:

   – additive Zweisprachigkeit (positiver Einfluss der zweiten Sprache, z. B. auf die kognitive Entwicklung) (Mat. 1)

   – Voraussetzung für einen gelungenen Erwerb der zweiten Sprache sind u.a. die Fortführung der Erstsprache sowie hohes Ansehen und Akzeptanz der Zweitsprache (Mat. 1)

4. eigener Standpunkt: Abschaffung der bestehenden Pausenhofregelung, denn:

   – Stigmatisierung der Erstsprache kann gravierende Folgen für die Entwicklung von Kindern haben – in kognitiver, emotionaler, sozialer und sprachlicher Hinsicht

   – Mehrsprachigkeit der Schülerschaft als soziale Realität, die auch auf dem Pausenhof abgebildet werden soll

   – Deutschpflicht auf dem Schulhof ist keine Sprachförderung – diese muss viel früher, etwa im Kindergartenalter, beginnen

   – Pausenhofregel wird als Diskriminierung von Anders- und Mehrsprachigkeit empfunden

Schluss:

Ob wohl Herta Müller, Sibylle Lewitscharoff und Rafik Schami auch Deutschpflicht auf dem Schulhof hatten? Oder hat deren gelebte Zweisprachigkeit nicht vielmehr deren sprachliche Kreativität beflügelt? – Tatsache ist, dass Mehrsprachigkeit zu höherer Sprachkompetenz, z. B. „als ein breiteres kommunikatives Repertoire, eine höhere Sprachsensibilität und Flexibilität, als verbesserte Arbeitsleistung des Gehirns, als höhere Sprachintelligenz und ein reiferes kulturelles Bewusstsein" (Mat. 5), führt, deshalb: Weg mit der Deutschpflicht

Was an der Gliederung gelungen ist	Was an der Gliederung nicht gelungen ist bzw. fehlt

5. Überarbeiten Sie die Gliederung zu Aufgabe 4 und verfassen Sie anschließend den Kommentar.

6. Lassen Sie Ihren Kommentar von einer Mitschülerin oder einem Mitschüler lesen und sich dazu ein Feedback geben. Überarbeiten Sie Ihren Kommentar gegebenenfalls.

Beispiellösung
Die positve Kraft der Mehrsprachigkeit: Kommentar
56r9w5

Sprachtraining: Das richtige Sprachregister wählen

„Die Schüler können die Schreibwelten durchaus trennen", behauptet die Germanistik-Professorin Christa Dürscheid in dem Zeit-Artikel „Voll eklich wg schule *stöhn*" von Wolfgang Krischke, den Sie in diesem Kapitel erarbeitet haben (Seite 15 f.). Beweisen Sie in den folgenden Übungen, dass die Sprachwissenschaftlerin recht hat.

1. Informieren Sie sich im Schaubild über einige gängige Register der deutschen Sprache.

Register der deutschen Sprache

Standardsprache	Umgangssprache	Jugendsprache	Kiezdeutsch
An sprachlichen Standards orientierte, allgemein-verbindliche Sprache, die in allen Lebensbereichen verwendet werden kann	Nicht-standardisierte, oft saloppe Ausdrucksweise, die im Alltag (vor allem in der mündlichen Kommunikation) benutzt wird	Lebensaltersprache, die unterschiedliche Gruppen von Jugendlichen unterschiedlichen Alters zu unterschiedlichen Zeiten sprechen	Das Deutsch zweisprachig aufgewachsener Jugendlicher in multiethnischen Wohngebieten in informellen Sprecherbeziehungen
Guten Tag! *Auf Wiedersehen!*	*Hallo!* *Tschüss!*	*Ey Alter, was geht?* *Hau rein!*	*Yallah!* *Hadi çüş!*

2. Standardsprache – Umgangssprache – Jugendsprache – Kiezdeutsch: Welches Sprachregister wird jeweils bedient?
Weisen Sie die Sprachbeispiele den vier Registern zu, indem Sie sie mit den Farben markieren, mit denen die Register im Schaubild unterlegt sind. Vorsicht: Zwei Ausdrücke passen nicht in die Rubrik „Sprachregister".

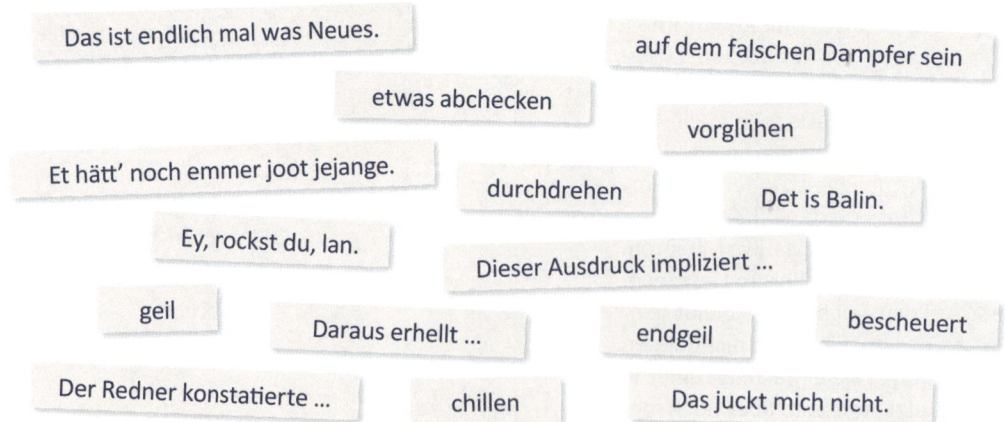

Das ist endlich mal was Neues.

auf dem falschen Dampfer sein

etwas abchecken

vorglühen

Et hätt' noch emmer joot jejange.

durchdrehen

Det is Balin.

Ey, rockst du, lan.

Dieser Ausdruck impliziert ...

geil

Daraus erhellt ...

endgeil

bescheuert

Der Redner konstatierte ...

chillen

Das juckt mich nicht.

3. „Übersetzen" Sie folgende oft verwendeten Wörter aus der Umgangs- und Jugendsprache in das Standarddeutsche.

krass

peinlich

aggro

bombe

chic

stylish

crazy

mega-out

lässig

sexy

zickig

geil

ätzend

top

chillig

hip

4. In dem folgenden Versuch einer Inhaltsangabe zu Dürrenmatts „Physikern" purzeln die Sprachregister durcheinander.
- Unterscheiden Sie die verwendeten Sprachregister, indem Sie Beispiele aus dem Text mit den entsprechenden Farben markieren.
- Diese Inhaltsangabe müsste sicherlich in mancher Hinsicht überarbeitet werden. Sie ersetzen in diesem Fall aber nur alle unangemessenen Ausdrucksformen durch Formulierungen der Standardsprache.

Nachdem Dr. von Zahnd die Weltformel geklaut hat, steht der Loser Möbius voll im Abseits. Keine Chance, aus der Irrenanstalt zu türmen; denn die Chefärztin hat alle Insassen
5 hops genommen. Es wird aber noch peinlicher: Schwester Monika ist scharf auf Möbius. Sie versucht ihn anzubaggern, indem sie ihm weismachen will, dass sie den Blödsinn von den Salomo-Erscheinungen glaubt. Mit ihrem
10 Heiratsantrag geht die Bitch ihrem Liebsten irgendwie so auf den Zeiger. Doch bleibt der cool und lässt sich von der Tussie nicht dissen. Stattdessen er murkst sie einfach mit einer Vorhangkordel ab. Jetzt steht ihm aber noch mehr
15 Zoff bevor; denn Frau Dr. von Zahnd kann jetzt das Physik-Ass endgültig in Schach halten.

Erweiterung der Grundkenntnisse: Fachsprachen

Verstehen Sie nur Bahnhof, wenn Sie das Kleingedruckte in den Abrechnungen Ihrer ec-Karte lesen? Verursacht Ihnen das Fachchinesisch beim Arzt Bauchschmerzen? Dann geht es Ihnen wie vielen, die als Laien mit Berufsgruppen wie Juristen, Verwaltungsbeamten, Bankexperten oder Medizinern zu tun haben. Höchste Zeit also, sich mit den Fachsprachen, die sie verwenden, zu beschäftigen!

Anhand diverser Beispiele und mehrerer Hintergrundtexte
- wiederholen und üben Sie in diesem Kapitel die Merkmale von Fachsprachen,
- bewerten Sie die Vor- und Nachteile von Fachsprachen und
- diskutieren Sie, inwiefern der Gebrauch von Fachsprachen in Abhängigkeit von Situation und Adressat angemessen ist.

Diese Inhalte dienen dabei als Materialfundus für das übergeordnete Thema des Kapitels: der Analyse und Erörterung von Sachtexten. Hier
- lernen Sie verschiedene Methoden kennen und anwenden, um den Inhalt und den Aufbau eines Sachtextes zu erschließen,
- üben Sie die Gliederung von Analyseergebnissen sowie ihre Zusammenfassung in einem gut strukturierten, leserfreundlichen Text und
- werten Sie diskontinuierliche Texte wie Diagramme und Grafiken aus.

Die Vorkenntnisse überprüfen

1. Erläutern Sie, was man unter Standardsprache (auch Schrift- oder Hochsprache) versteht.

_____

_____

_____

_____

DIE deutsche Sprache gibt es nicht – nur unzählige Variationen des Deutschen. Schon jeder einzelne Sprecher beherrscht je nach Situation und Gegenüber verschiedene Kommunikationsweisen (auch „innere Mehrsprachigkeit" genannt). Darüber hinaus unterscheidet sich jeder Sprecher vom anderen wiederum in zahlreichen Faktoren (in seiner Aussprache, seinem Vokabular, seiner Sprechweise, seinem Stil …). Und wenn Sie nun noch diese Variationen der deutschen Sprache mit 170 Millionen multiplizieren – denn etwa so viele Menschen sprechen weltweit Deutsch als Muttersprache oder Fremdsprache – ergeben sich mehrere Milliarden Möglichkeiten, deutsch zu sprechen.

Um solch ein komplexes System wie Sprache zu betrachten, ist es daher sinnvoll, verschiedene Dimensionen festzulegen, innerhalb derer das Sprachsystem untersucht werden soll.

Üblicherweise unterscheidet man vier (nicht klar voneinander abgegrenzte) Dimensionen, nach denen Sprache und Sprachvariationen eingeteilt werden können:

Die Architektur von Sprache

Stadien	Register	Dialekte	Soziolekte
Historisch betrachtet, verändert Sprache sich allmählich, sodass man verschiedene Stadien der deutschen Sprache voneinander abgrenzen kann.	Ein Sprecher verwendet verschiedene Stilebenen von Sprache, je nachdem mit wem, wann und wie er kommuniziert.	In den verschiedenen Regionen eines Sprachgebiets werden unterschiedliche Mundarten gesprochen.	Verschiedene soziale Gruppen verwenden unterschiedliche Sprachvarietäten.

2. Ordnen Sie den Definitionen die passenden Beispiele zu.

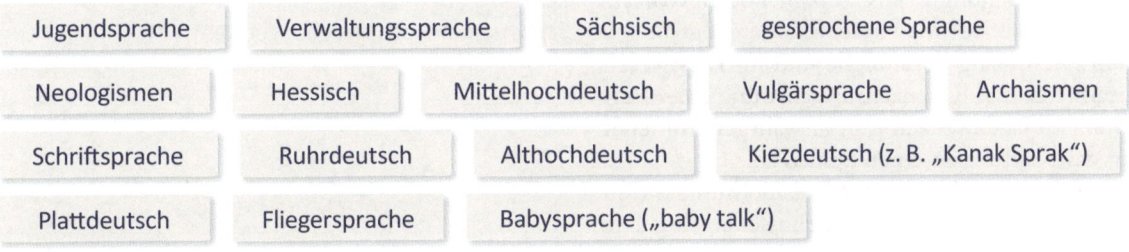

Jugendsprache Verwaltungssprache Sächsisch gesprochene Sprache

Neologismen Hessisch Mittelhochdeutsch Vulgärsprache Archaismen

Schriftsprache Ruhrdeutsch Althochdeutsch Kiezdeutsch (z. B. „Kanak Sprak")

Plattdeutsch Fliegersprache Babysprache („baby talk")

3. In welches Teilgebiet der Sprache gehören die Fachsprachen? Ordnen Sie sie zu und begründen Sie Ihre Entscheidung.

_____

_____

_____

4. Die folgende Parodie nimmt eine typische deutsche Fachsprache aufs Korn, indem sie ihre Merkmale nachahmt und übertreibt. Lesen Sie den Text und notieren Sie in der Spalte neben dem Text Merkmale, die Ihnen typisch erscheinen. Achten Sie nicht nur auf den verwendeten Wortschatz, sondern auch auf Syntax und Stil. Stellen Sie anschließend eine Vermutung auf, welche Berufsgruppe diese Fachsprache verwendet.

Textbeispiel für _____ _____	Beobachtung/Merkmal

Im Kinderanfall unserer Stadtgemeinde ist eine hierorts wohn-
hafte, noch unbeschulte Minderjährige aktenkundig, welche
durch ihre unübliche Kopfbekleidung gewohnheitsmäßig Rotkäppchen genannt zu werden pflegt. Der Mutter besagter R.
5 wurde seitens ihrer Mutter ein Schreiben zustellig gemacht, in
welchem dieselbe Mitteilung ihrer Krankheit und Pflegebe-
dürftigkeit machte, worauf die Mutter der R. dieser die Auflage
machte, der Großmutter eine Sendung von Nahrungs- und Ge-
nussmitteln zu Genesungszwecken zuzustellen.
10 Vor ihrer Inmarschsetzung wurde die R. seitens ihrer Mutter
über das Verbot betreffs Verlassens der Waldwege auf Kreisebene
belehrt. Dieselbe machte sich infolge Nichtbeachtung dieser Vorschrift straffällig und begegnete beim Übertreten des amtlichen
Blumenpflückverbotes einem polizeilich nicht gemeldeten Wolf
15 ohne festen Wohnsitz. Dieser verlangte in gesetzwidriger Amts-
anmaßung Einsichtnahme in das zu Transportzwecken von Kon-
sumgütern dienende Korbbehältnis und traf in Tötungsabsicht die
Feststellung, dass die R. zu ihrer verschwägerten und verwandten,
im Baumbestand angemieteten Großmutter eilend war.
20 Da seitens des Wolfes Verknappungen auf dem Ernährungssektor
vorherrschend waren, fasste er den Beschluss, bei der Großmutter
der R. unter Vorlage falscher Papiere vorsprachig zu werden. Weil
dieselbe wegen Augenleidens krank geschrieben war, gelang dem
in Fressvorbereitung befindlichen Untier die diesfallsige Täu-
25 schungsabsicht, worauf es unter Verschlingung der Bettlägerigen
einen strafbaren Mundraub zur Durchführung brachte.
Ferner täuschte das Tier bei der später eintreffenden R. seine
Identität mit der Großmutter vor, stellte ersterer nach und in der
Folge durch Zweitverschlingung der R. seinen Tötungsvorsatz
30 erneut unter Beweis. […]
Der sich auf einem Dienstgang befindliche und im Forstwesen
zuständige Waldbeamte B. […] [gab nach] Beschaffung einer Pulverschießvorrichtung zu Jagdzwecken […] in wahrgenommener
Einflussnahme auf das Raubwesen einen Schuss ab.
35 Dieses wurde in Fortführung der Raubtiervernichtungsaktion
auf Kreisebene nach Empfangnahme des Geschosses ablebig. Die
gespreizte Beinhaltung des Totgutes weckte in dem Schussgeber
die Vermutung, dass der Leichnam Menschenmaterial beinhalte.
Zwecks diesbezüglicher Feststellung öffnete er unter Zuhilfe-
40 nahme eines Messers den Kadaver zur Totvermarktung und stieß
hierbei auf die noch lebhafte R. nebst beigehefteter Großmutter.
[…] Der Vorfall wurde von den kulturschaffenden Gebrüdern
Grimm zu Protokoll genommen und starkbekinderten Familien
in Märchenform zustellig gemacht.
45 Wenn die Beteiligten nicht durch Hinschied abgegangen und in
Fortfall gekommen sind, sind dieselben derzeitig noch lebhaft.
(Thaddäus Troll: Rotkäppchen, in amtlichem Deutsch beinhaltet, 1953)

Fachtermini aus dem Bereich:

Funktionsverbgefüge/feste Verbindungen von Verb und Objekt, z. B.

Satzbau:

5. Systematisieren Sie Ihre Erkenntnisse über die Merkmale von Fachsprachen mithilfe der folgenden Liste. Kreuzen Sie an, durch welche sprachlichen Merkmale Fachsprachen sich (nicht) auszeichnen.

Merkmal	trifft zu	trifft nicht zu	Beispiel aus „Rotkäppchen, in amtlichem Deutsch beinhaltet"/Anmerkungen
Lexik (Wortschatz)			
spezifischer Fachwortschatz	☐	☐	
Mehrdeutigkeit	☐	☐	
Anglizismen	☐	☐	
Komposita (Wortzusammensetzungen)	☐	☐	
Abkürzungen	☐	☐	
Metaphern und bildlicher Sprachgebrauch	☐	☐	
Syntax (Satzbau)			
parataktischer Satzbau	☐	☐	
hypotaktischer Satzbau	☐	☐	
unpersönliche, passivische Formulierungen	☐	☐	
Satzkürze	☐	☐	
Nominalstil	☐	☐	
komplexe Attribute statt Attributsätze	☐	☐	
Funktionsverbgefüge	☐	☐	
SPO-Satzstellung (Subjekt-Prädikat-Objekt)	☐	☐	

Auch wenn Thaddäus Troll seine „Rotkäppchen"-Fassung sicher nicht ganz ernst gemeint hat – sie führt dem Leser die Nachteile von Fachsprachen recht deutlich und eindringlich vor Augen. Doch Fachsprachen, im Text auf Seite 32 Wissenschaftssprache genannt, haben auch zahlreiche Vorteile! Der folgende Sachtext führt Sie daher grundlegend in die Thematik der Fachsprache ein.

⊕
Beispiellösung
Erarbeitung des Textes mit der Konspekt-methode
u9v4mu

6. Erschließen Sie die Kernaussagen des folgenden Textes mithilfe der Konspektmethode.

METHODE

Konspekt

Unter dem Konspekt versteht man eine Inhaltsübersicht, mit deren Hilfe einerseits der Inhalt eines Textes gesichert wird, andererseits aber auch Gedankengang und Struktur des Textes verdeutlicht werden.

- Hierzu notiert der Leser **Randbemerkungen** am Text, die die Sinnabschnitte kurz inhaltlich und argumentativ charakterisieren, z.B. durch Begriffe wie These, Argument, Beispiel. Der Konspekt unterscheidet sich vom Exzerpt, das durch eine bestimmte Fragestellung an den Text gelenkt ist.
- Zusätzlich kann der Leser die **gedankliche Struktur** des Textes **visualisieren**, indem er Schlüsselwörter und zentrale Aussagen farblich hervorhebt sowie mit verschiedenen Arten von Pfeilen logische Beziehungen zwischen Textaussagen markiert.

Diese Vorarbeiten dienen als Grundlage für eine spätere schriftliche Analyse des Textes.

Tanja Zieger: Notwendiger Expertenjargon oder Fachchinesisch?

[…] Wissenschaft ist kompliziert und für den Laien manchmal schwer oder gar nicht zu verstehen. Das erfahren Patienten im Krankenhaus, Studenten an der Universität und auch Laien beim Lesen eines Fachjournals. Aber muss die Sprache, in der uns Physiker, Mediziner und Philosophen versuchen, die
5 Welt zu erklären, wirklich so kompliziert und schwer verständlich sein? Kann die wissenschaftliche Wahrheit nicht auch mit einfachen, alltäglichen Worten beschrieben werden? Oder verfälscht sich dadurch der Inhalt? […]

Substantive, Passiv, eigentümlicher Satzbau
Anders als in der Alltagssprache verkürzen und verdichten Wissenschaftler ihre
10 Aussagen häufig. Sie verwenden lieber Passiv statt Aktiv – zum Beispiel im folgenden Satz: „Wasser wird bei 100 Grad verdampft." Außerdem bevorzugen sie Substantive. Das lässt den Wissenschaftsjargon für interessierte Laien befremdlich klingen.

Fachbegriffe statt langer Erklärungen
15 Wissenschaftler – egal ob Physiker, Biologen, Soziologen oder Juristen – verwenden häufig Begriffe, unter denen sich die Öffentlichkeit nicht viel vorstellen kann. Für die Experten selbst stellen sie eine Form von komprimiertem Wissen dar, mit deren Verwendung sich sogar Zeit sparen lässt. Fachbegriffe machen wissenschaftliche Aussagen klarer und präziser. Ohne sie bedarf es
20 unter Umständen langer, ausschweifender Erklärungen. Darüber hinaus gibt es Begriffe, die in der Alltagssprache zwar auch vorkommen, mit denen Wissenschaftler aber etwas ganz anderes meinen. […]

Vereinfachung gleich Verflachung?
Ginge es nicht auch einfacher? Ja, aber das kann und will nicht jeder Wis-
25 senschaftler. Manche verstecken sich hinter einer elaborierten, also hoch ausgebildeten Sprache, andere hinter ihren Mathematikformeln. Nicht nur den Laien, sondern auch Kollegen gegenüber. Manchmal sind die Aussagen dahinter durchaus dürftig, was die Kollegen zwar durchschauen, aber nicht immer offenlegen. […]
30 Vereinfachung birgt auch Gefahren. Wissenschaftliche Aussagen verlieren dann an Genauigkeit. Und das Publikum neigt dazu, nur das zu hören, was es eh schon weiß.

Demokratie statt Expertokratie
Genau wie Wissenschaftler sich in der Öffentlichkeit verständlich ausdrücken
35 können, sollte das Publikum selbst entscheiden dürfen, welcher Experte recht hat und welcher vielleicht nicht. So lassen sich zum Beispiel die Aussagen von Klimaskeptikern auch von Laien entkräften, die sich nur wenig mit dem Thema Klimawandel beschäftigt haben.
„Man kann das nicht mit der gleichen Genauigkeit machen, wie im Labor
40 oder an der Universität. Aber man kann einen Eindruck vermitteln. Man kann Appetit machen. Wenn ich einen öffentlichen Vortrag halte, dann versuche ich immer, mich über ein Niveau von etwas niedriger Genauigkeit an so ein Thema heranzuarbeiten." (Harald Lesch, Astrophysiker an der LMU München) […]

Titel: Kontrastierung von Positionen zur Fachsprache

Einführung der Problemfrage:

7. Sammeln Sie auf einem gesonderten Blatt Vor- und Nachteile des Gebrauchs von Fachsprache. Verwenden Sie sowohl Argumente aus dem Text als auch eigene Argumente.

Training 1:
Analyse diskontinuierlicher Texte

Unter diskontinuierlichen Texten versteht man nicht fortlaufend geschriebene Texte, also Kombinationen aus Text und anderen Materialien wie Karten, Diagrammen, Tabellen, Schaubildern usw. Die Funktion Letzterer ist es meist, den Text durch prägnante Grafiken zu veranschaulichen oder zu ergänzen.

Nicht nur die Buchstabenschrift, sondern auch Grafiken, Diagramme, Tabellen, Schaubilder etc. muss man lesen lernen. Unsere Wahrnehmung wird in den Printmedien wie in den elektronischen Medien mit diesen Darstellungs- und Informationsformen immer mehr überschwemmt. Vom Fahrplan bis zum Wirtschaftsteil der Zeitung, von der Website bis zur Tagesschau – im Alltag müssen wir oft blitzschnell auf diskontinuierliche Texte reagieren können. Deshalb haben die Bildungsplaner vor einigen Jahren die Analyse diskontinuierlicher Texte als neuen, verbindlichen Unterrichtsstoff in die Lehrpläne aufgenommen.

1. Erschließen Sie die folgende Grafik mithilfe des beispielhaften Fragekatalogs in der Tabelle.

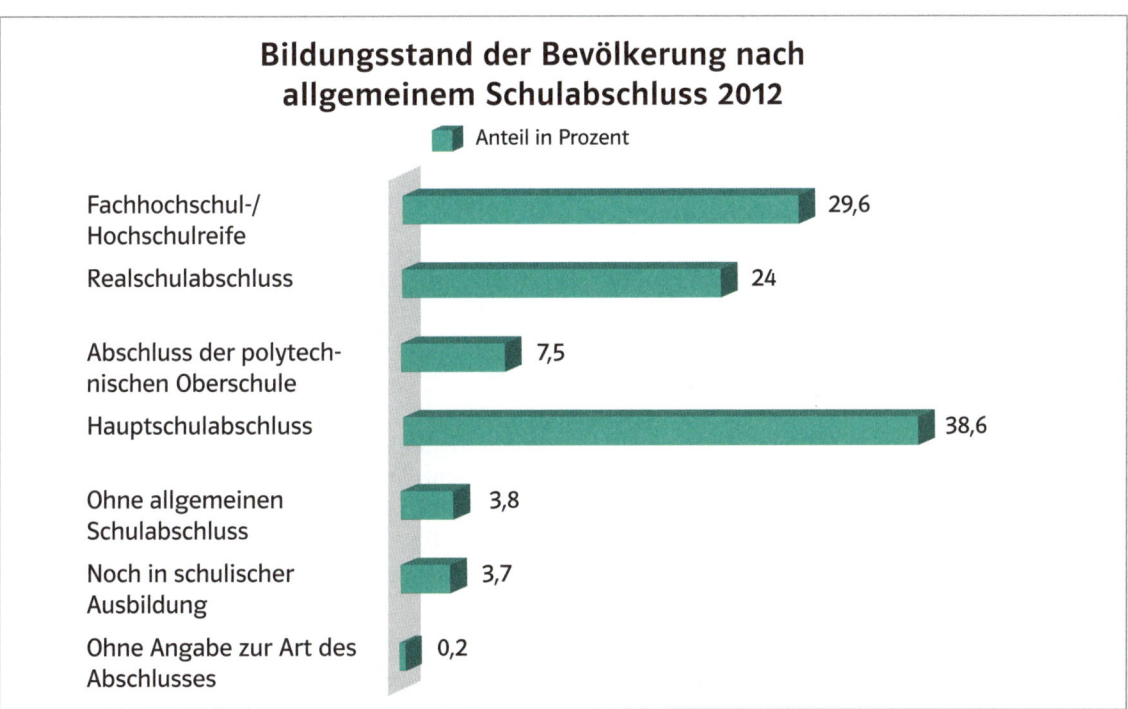

Bildungsstand der Bevölkerung nach allgemeinem Schulabschluss 2012

■ Anteil in Prozent

Fachhochschul-/ Hochschulreife	29,6
Realschulabschluss	24
Abschluss der polytechnischen Oberschule	7,5
Hauptschulabschluss	38,6
Ohne allgemeinen Schulabschluss	3,8
Noch in schulischer Ausbildung	3,7
Ohne Angabe zur Art des Abschlusses	0,2

Grafik erstellt nach: Statistisches Jahrbuch 2013. Der Mikrozensus erfasste Personen im Alter von 15 Jahren und mehr.

Die Polytechnische Oberschule (POS) war die allgemeine, zehnjährige Schulform der DDR und entspricht etwa der Sekundarstufe I der Gesamtschule in NRW.

Analyse diskontinuierlicher Texte

Erschließungsebene	Fragestellung	Ergebnisse
Wiedergeben	1. Welches Thema/welcher Sachverhalt wird dargestellt?	
Wiedergeben	2. Wann und wo ist die Grafik erschienen? Welche Daten liegen ihr zugrunde?	

Beschreiben	3. Wie ist die Grafik aufgebaut (z.B. Kreis-, Balken-, Säulen-, Liniendiagramm, Flussdiagramm, Tabelle)?	
Beschreiben	4. Welche Zahlen und Größen werden angegeben (z.B. absolute Zahlen/ Prozentzahlen, Messeinheiten)?	
Beschreiben	5. Welche Aussagen veranschaulicht die Grafik?	
Bewerten	6. Welche Schlussfolgerungen lassen sich aus der Grafik ziehen?	
Bewerten	7. Welche Informationen fehlen im Schaubild?	

2. Die folgende Grafik stammt aus einer Studie der Universität Hohenheim, die 2010 untersuchte, wie verständlich die Berichterstattung zur Bundestagswahl 2009 in einzelnen Print- und Online-Medien gestaltet war.
Analysieren Sie die Grafik mithilfe des Fragenkatalogs in der Tabelle.
Erläutern Sie anschließend mögliche Folgen, die die unterschiedlich verständliche Berichterstattung in den Medien haben kann.

PolitMonitor der Universität Hohenheim. Untersuchungsgrundlage: 464 Artikel, darunter etwa 100 Artikel der „Bild"-Gruppe, etwa 150 Artikel der „Spiegel"-Angebote und etwa 200 Artikel der Medien der „Süddeutschen Zeitung".

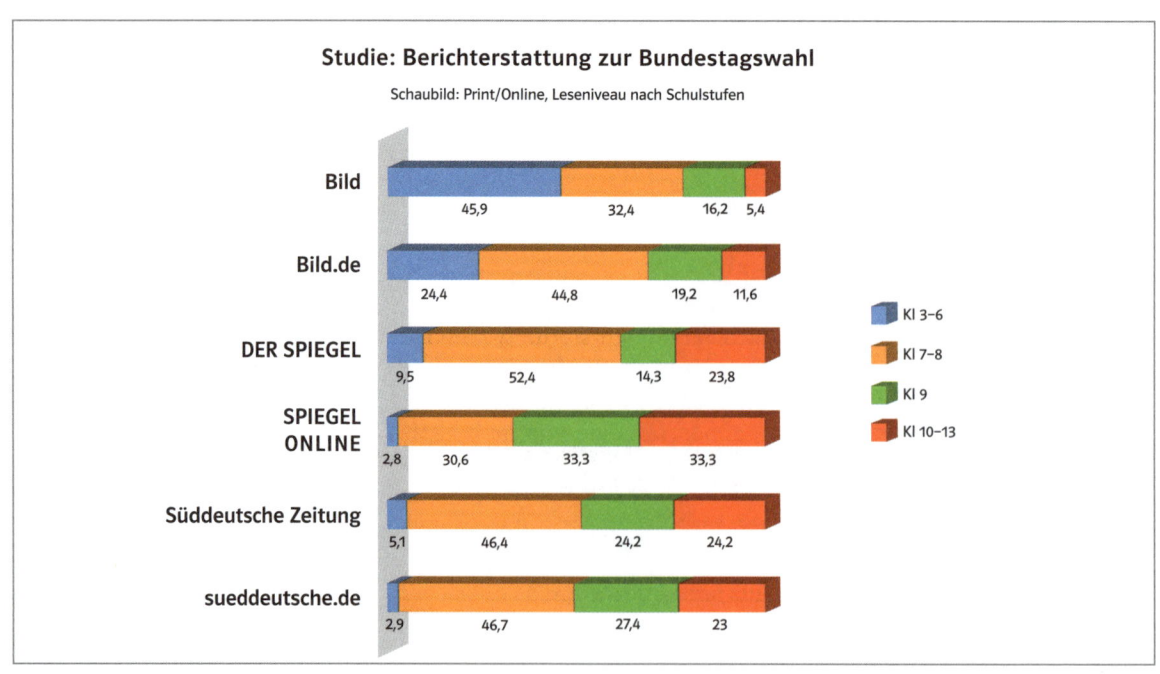

Studie: Berichterstattung zur Bundestagswahl

Schaubild: Print/Online, Leseniveau nach Schulstufen

Bild: 45,9 | 32,4 | 16,2 | 5,4
Bild.de: 24,4 | 44,8 | 19,2 | 11,6
DER SPIEGEL: 9,5 | 52,4 | 14,3 | 23,8
SPIEGEL ONLINE: 2,8 | 30,6 | 33,3 | 33,3
Süddeutsche Zeitung: 5,1 | 46,4 | 24,2 | 24,2
sueddeutsche.de: 2,9 | 46,7 | 27,4 | 23

KI 3–6
KI 7–8
KI 9
KI 10–13

Analyse diskontinuierlicher Texte

Erschließungsebene	Arbeitsschritt	Ergebnisse
Wiedergeben	1. Thema/Sachverhalt?	
Wiedergeben	2. Erscheinungsort und -datum? Datengrundlage?	
Beschreiben	3. Aufbau der Grafik?	
Beschreiben	4. Angabe von Zahlen und Größen?	
Beschreiben	5. Aussagen?	
Bewerten	6. Schlussfolgerungen?	
Bewerten	7. Fehlende Informationen?	

Folgen der unterschiedlich verständlichen Berichterstattung in den Medien: _____

_____

_____

_____

_____

Training 2: Sachtexte schriftlich analysieren und zu ihnen Stellung beziehen

1. Sachtexte schriftlich analysieren

Die Aufgabenstellung erfassen und einen Überblick über den Text gewinnen

Der erste Arbeitsschritt ist so selbstverständlich, dass man ihn fast schon wieder vergisst: Lesen Sie sich als Erstes stets die Aufgabenstellung sorgfältig durch. Aus der Vielzahl möglicher Aspekte, die man an einem Sachtext analysieren könnte, wählt sie schon vor Arbeitsbeginn konkrete, zielführende Untersuchungsaspekte für Sie aus.

1. Markieren Sie in der folgenden Aufgabenstellung die Untersuchungsaspekte, die Sie auf den Text anwenden sollen.

Markierungen nutzen

Verwenden Sie für verschiedene Untersuchungsaspekte unterschiedliche Farben und benutzen Sie diese „Farbensprache" auch beim Markieren im Text – so finden Sie die passenden Textbeispiele für den jeweiligen Untersuchungsaspekt beim Schreiben schnell wieder.

KLAUSURTHEMA

Analysieren Sie den Sachtext „Wissenschaftssprache: Zwischen Verständlichkeit und Fachterminologie",
indem Sie

- Textaufbau und Argumentation untersuchen,
- Sprache und Stil erläutern sowie
- die Wirkung auf den Leser und die Intention des Autors erschließen.

Diskutieren Sie anschließend, inwiefern Sie Sprache und Argumentation des Autors für angemessen und überzeugend halten.

Beispiellösung
Erarbeitung
des Textes mit
der Konspekt-
methode
i4f2ui

2. Verschaffen Sie sich einen Überblick über den Text, indem Sie Ihre Analyse mithilfe der oben erläuterten Konspektmethode vorbereiten.

Marc Scheloske: **Wissenschaftssprache: Zwischen Verständlichkeit und Fachterminologie**

Wann es selbstverständlich ist, selbst verständlich zu schreiben – und wann nicht

Über die Sprache der Wissenschaft wird gerne gelästert. Die wissenschaftlichen Texte – zumal in Deutschland! – seien kaum zu verstehen. Und Wissenschaftler, die sich ver-
5 *ständlich und ohne das lästige Fachchinesisch mitteilten, seien so rar wie Giraffen am Nordpol. Ist das so? Oder gibt es für die Komplexität des wissenschaftlichen Jargons vielleicht sogar gute Gründe?*
Kein Zweifel: Es gibt Wissenschaftler, die ihre dürftigen Erkenntnisse durch allerlei sprachliche Pirouetten und jede Menge Fachterminologie kaschie-
10 ren. Aber sind die akademischen Phrasendrescher, die zwar jede Menge Text, aber wenig Inhalte produzieren wirklich die Regel? Und ist es grundsätzlich verwerflich, wenn ein wissenschaftlicher Text von Laien nicht auf Anhieb verstanden wird?

Immer auf die Kleinen

15 Besonders häufig stehen die Sozial- und Geisteswissenschaften in der Kritik. Disziplinen wie die Soziologie könnten kaum mit substantiellen Erkenntnissen aufwarten und müssten zwangsweise durch die Produktion von Fachbegriffen und nichtssagenden Worthülsen beeindrucken. Die aufgeblähte, tendenziell hermetische[1] Sprache sei in Wirklichkeit nur akademisches Imponiergehabe.

20 Diese altbekannte Argumentation findet man u.a. auch in einem aktuellen FAZ-Text[2]. Dort kann man lesen:

„Wissenschaftler und Studenten benutzen gerne Fremdwörter und bauen Schachtelsätze. Sie wollen gelehrt klingen. Oft haben sie aber nur Angst davor, verstanden zu werden."

25 Daran ist manches wahr. Und doch ist es viel weniger als die halbe Wahrheit. Und die Frage, für wen denn eigentlich jeweils kommuniziert werden soll, wird leider auch nicht gestellt.

Verständliche Wissenschaftskommunikation: Die Zielgruppe entscheidet

Denn mit der Kritik am Fachchinesisch macht man es sich nach meinem
30 Empfinden deutlich zu einfach. Und vor allen Dingen ist man viel zu schnell. Zuerst stellt sich nämlich die Frage, von welchen Texten wir jeweils sprechen: Ist es ein soziologischer Fachaufsatz oder ein Text eines Soziologie-Professors im FAZ-Feuilleton[3]? Im ersten Fall kann ich nichts Schlimmes daran finden, wenn der Bankkaufmann, die Physikerin und der Anwalt nach den ersten
35 Absätzen aufgeben, weil sie eben kaum etwas verstehen. Wenn allerdings der FAZ-Artikel (der ja eben eine ganz andere Zielgruppe hat) die allermeisten Leser ratlos macht, dann ist wirklich etwas schiefgegangen.

Also nochmal: Bevor pauschal an vermeintlich unverständlichen Texten von Wissenschaftlern rumgemäkelt wird, sollte man sich zuerst die Frage nach der
40 Textgattung stellen. Geht es um die Wissenschaftskommunikation gegenüber einer allgemein interessierten Öffentlichkeit, dann sollte es für jeden Wissenschaftler selbstverständlich sein, selbst möglichst verständlich zu schreiben. Von Schachtelsätzen und Fachkauderwelsch ist dabei abzuraten. ;-)

Anders sieht es allerdings aus, wenn sowieso die Fachkollegen angesprochen
45 sind. Hier gelten vollkommen andere Kriterien. Der Fachaufsatz des Linguisten darf den Archäologen ruhig überfordern! Ich halte es da mit dem Historiker Oliver Hülden, der in diesem Kommentar im RKB-Blog[4] schrieb (unter „3."):

„Insofern richten sich wissenschaftliche Texte auch nicht an die Allgemeinheit, sondern primär an Spezialisten, und diese entscheiden dann auch über
50 Verständlichkeit und Relevanz für die Forschung."

Dieses Statement wurde an anderer Stelle als „arrogant" kritisiert. Wie gesagt: ich kann nichts daran finden, wenn sich die Wissenschaftler untereinander mit Fachbegriffen halb totschlagen. Wenn's der Wahrheitsfindung dient … ;-)

Fachterminologie dient der Markierung von Zugehörigkeiten: Wer
55 ## die Texte versteht, gehört zur Familie.

Es ließen sich an der Stelle noch viele Gedanken zum Sinn und Zweck von Fachbegriffen anstellen. Klar ist, dass die (scheinbar) hermetische Sprache u.a. der Markierung von Zugehörigkeiten dient: Wer die Texte versteht (oder wenigstens so tut) gehört zur Familie, alle anderen sind folglich als Nicht-
60 Fachkollegen markiert und für die weitere Diskussion irrelevant.

---

[1] **hermetisch:** in sich geschlossen, hier: schwer verständlich, unverständlich
[2] **FAZ:** Frankfurter Allgemeine Zeitung
[3] **Feuilleton:** Kulturteil einer Zeitung, eins der klassischen fünf Zeitungsressorts
[4] **Verweis auf den Blog „Rezensieren – Kommentieren – Bloggen:** Wie kommunizieren Geisteswissenschaftler in der digitalen Zukunft?", unterstützt von der Universität Köln, der Bayrischen Staatsbibliothek und dem Leibniz-Institut für Europäische Geschichte.

Und noch ein letzter Verweis sei mir erlaubt: Fachbegriffe müssen nicht zwingend in der Gestalt von Fremdwörtern daherkommen. Die vielgescholtene Soziologie ist (aus eben diesem Grund) ein gutes Beispiel dafür (und das Nicht-Erkennen von Fachbegriffen teilweise ein Grund für die Kritik an
65 vermeintlich belanglosen soziologischen Texten). Für den nicht eingeweihten Leser sind manche soziologischen Texte nämlich durchaus lesbar. Begriffe wie „Macht", „Struktur", „Handlung" oder „Kommunikation" kennt man schließlich, oder?

Das mag sein. Doch ohne Kenntnis der spezifisch soziologischen Be-
70 deutungsebenen solcher Fachbegriffe kommt der Laie möglicherweise zum Schluss, dass hier nur viel Worte für wenig Inhalte bemüht werden. Für einen Soziologen jedoch war derselbe Text möglicherweise ein Erkenntnisgewinn.

Fachbegriffe: Bedeuten manchmal eine ganze Welt
Man nehme nur einmal den Begriff „modern" oder „Moderne". Für den
75 Laien mag „modern" heißen, dass etwas neu und technisch auf dem aktuellen Stand ist. Für Soziologen freilich verbergen sich hinter solchen Begriffen komplexe theoretische Positionen und Traditionen. Und während für einen Laien des Wort „Gestell" nur die Bezeichnung für eine Apparatur ist, so verbindet sich für den Heidegger-Leser mit dem „Gestell" eine ganze Philosophie.
80 Womit ich mich zu guter Letzt als Soziologie und Heidegger-Fan geoutet hätte. Auch solche Sachen gibt's.

Den Text aspektorientiert untersuchen

Nun müssen Sie, ausgehend von der Aufgabenstellung und Ihrem Konspekt, den Sachtext genauer untersuchen.

INFO

Die Argumentation untersuchen

Die wenigsten Argumentationen sind nach dem simplen Schema These – Argument – Beispiel – Appell aufgebaut. Es gibt viel mehr mögliche Sprechhandlungen (so der Fachbegriff), die ein Autor verwenden kann, z. B. bewerten – schlussfolgern – Bedingungen aufstellen – zitieren/sich auf etwas oder jemanden berufen – widerlegen – einschränken – kontrastieren – bestätigen – ausschließen – hervorheben – vergleichen …

3. Beschäftigen Sie sich mit der Argumentation des Textes und überlegen Sie, wie der Text aufgebaut ist.

Textaufbau und Argumentation

Titel:

_____

_____

Z. 1–7: Einführung in die Problematik:

_____

_____

_____

_____

_____

_____

_____

Sprache und Stil untersuchen

Anapher, Parallelismus, Ellipse, Antithese, Akkumulation, Vergleich, Periphrase, Hyperbel, rhetorische Frage und Ironie sind rhetorische Mittel, derer sich Sachtexte häufig bedienen. Sachtexte, die Sie analysieren, sollten Sie im Hinblick auf diese Mittel und andere sprachliche Auffälligkeiten untersuchen.

4. Wiederholen Sie gegebenenfalls einzelne rhetorische Mittel und „scannen" Sie den Sachtext auf ähnliche Formulierungen und sprachliche Auffälligkeiten. Sammeln Sie Ihre Ergebnisse.

Sprache und Stil: _____

_____

_____

_____

_____

_____

5. Schätzen Sie die Wirkung der Argumentation auf den Leser ein und bestimmen Sie die Intention des Autors.

Wirkung auf den Leser und Intention des Autors: _____

_____

_____

_____

_____

_____

_____

_____

Untersuchungsergebnisse ordnen

6. Beurteilen Sie Argumentation und Sprache im Hinblick auf ihre Angemessenheit und Überzeugungskraft.

Angemessenheit und Überzeugungskraft von Sprache und Argumentation: _____

_____

_____

_____

_____

_____

Die Gliederung erstellen

7. Erstellen Sie auf der Grundlage der Aufgabenstellung und der erarbeiteten allgemeinen Untersuchungsaspekte eine Gliederung für die Sachtextanalyse von Scheloskes Text (Seite 38 ff.).

Gliederungsvorschlag für „Wissenschaftssprache: Zwischen Verständlichkeit und Fachterminologie":

_____

_____

_____

_____

_____

_____

_____

_____

_____

_____

_____

_____

Die Einleitungsfragen klären und den Einleitungssatz formulieren

Kennen Sie die Funktion „Satzbausteine" bei Word? Ähnlich sollten Sie beim Formulieren eines Einleitungssatzes vorgehen.

8. Erstellen Sie aus den notwendigen Informationen ein Textmuster, das Sie immer wieder verwenden können, indem Sie nur die neuen Informationen einsetzen.

Autor	Titel	Jahr	Textsorte	Thema

Marc Scheloske (Autor) beschäftigt sich in den _____

_____

_____

_____

_____

_____

_____

_____

Auf der Grundlage der Vorarbeiten eine Sachtextanalyde verfassen

Auch wenn noch ein leeres, weißes Blatt vor Ihnen liegt – Sie fangen beim Schreiben nur scheinbar ganz von vorn an. Mit Ihrem Konspekt und Ihren Arbeitsergebnissen zu den verschiedenen Untersuchungsergebnissen stehen Sie bereits auf sicherem Fundament, um mit dem „Bau" Ihres Textes zu beginnen.

9. Verfassen Sie auf der Grundlage Ihrer Vorarbeiten eine Analyse des Sachtextes „Wissenschaftssprache: Zwischen Verständlichkeit und Fachterminologie" (Seite 38 ff.).

SPRACHTIPP

Konnektoren nutzen

Nutzen Sie beim Formulieren sogenannte „Konnektoren", d.h. Pronomina, Präpositionen und Konjunktionen, die logische Beziehungen zwischen Gedanken verdeutlichen, z.B.:

weil, folglich, demnach, im Gegensatz zu, wenn, beispielsweise, einerseits/andererseits ...

Die Sachtextanalyse überarbeiten

10. Kontrollieren Sie den fertigen Text auf die häufigsten Fehler, die bei Sachtextanalysen unterlaufen. Nutzen Sie dafür die folgende Checkliste. Ergänzen Sie sie vorher mit Ihren eigenen Fehlerschwerpunkten, die Sie inzwischen erkannt haben.

CHECKLISTE

Die Sachtextanalyse überarbeiten

✔ Enthält die Einleitung alle notwendigen Informationen?
✔ Sind alle Punkte der Gliederung bzw. Aufgabenstellung abgearbeitet?
✔ Folgt die Darstellung der Gedankengänge des Textes einem roten Faden?
✔ Ist die Argumentation des Textes klar herausgearbeitet?
✔ Wurden Fachbegriffe verwendet?
✔ Wurde der Konjunktiv bei der Redewiedergabe verwendet?
✔ Sind Textbelege vorhanden?

Meine persönlichen Fehlerschwerpunkte überprüfen:

_____

_____

_____

_____

_____

---

2. Zu Sachtexten schriftlich Stellung beziehen

An eine Sachtextanalyse kann sich eine schriftliche Stellungnahme anschließen, z. B. in Form eines Leserbriefs oder eines Kommentars (vgl. dazu die Textsortenübersicht im INFO-Kasten auf Seite 26). Einer solchen Stellungnahme liegt in der Regel eine Entscheidungsfrage zugrunde, auf die Sie begründet (erörternd) antworten müssen. Ihre Vorgehensweise unterscheidet sich dabei in zwei wesentlichen Punkten von der beim Schreiben einer Sachtextanalyse:

Eine eigene Position entwickeln

Dieser Arbeitsschritt ergänzt den Schritt „Untersuchungsergebnisse ordnen" bei der Sachtextanalyse. Zu der kritischen Bewertung der Argumente eines Autors gehört hierzu auch das Formulieren eigener Gedanken.

1. Im Text von Marc Scheloske (Seite 38 ff.) wird folgende Entscheidungsfrage gestellt: „Ist es grundsätzlich verwerflich, wenn ein wissenschaftlicher Text von Laien nicht auf Anhieb verstanden wird?" (Seite 38, Zeile 11 ff.) Untersuchen Sie die Formulierung der Frage und erläutern Sie, weshalb auf die Frage in dieser Form fast mit Nein geantwortet werden muss.

2. Leiten Sie aus Ihren Überlegungen zur Wortwahl Scheloskes (Aufgabe 1) eine eigene Position zur Frage, wie verständlich wissenschaftssprachliche Texte sein sollten, ab und formulieren Sie sie aus.

3. Stellen Sie dar, wie Marc Scheloske den Einwand, Sprache diene in wissenschaftlichen Arbeiten oft genug nur einem „akademische[n] Imponiergehabe" (Zeile 19), bewertet, und beurteilen Sie seine Position.

4. Sammeln Sie (weitere) Argumente für Ihre Position zur Frage, wie verständlich wissenschaftssprachliche Texte sein sollten. Arbeiten Sie auf einem gesonderten Blatt.

Die Gliederung erstellen

Dieser Schritt bei der Sachtextanalyse ist um die Anordnung der Argumente und Gegenargumente zu ergänzen. Bewährt haben sich dabei folgende Gliederungsmodelle:

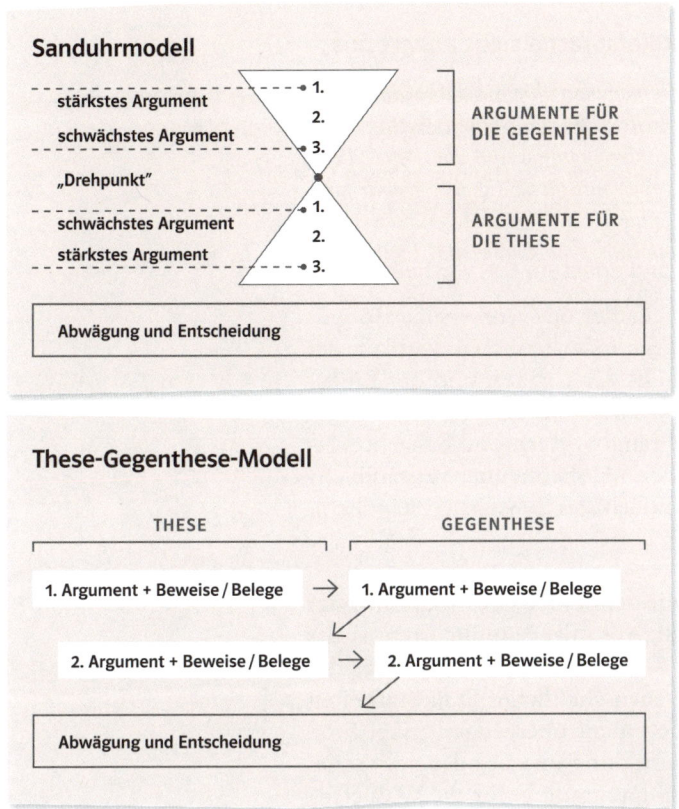

5. Formulieren Sie, in welchen Fällen man sich für welches Gliederungsmodell entscheiden wird.

_____

_____

_____

_____

6. Stellen Sie sich vor, eine Aufgabenstellung verlangte, im Anschluss an die Analyse des Sachtextes „Wissenschaftssprache" von Marc Scheloske in einem Leserbrief zu dessen zentraler These Stellung zu nehmen. Entwerfen Sie eine Gliederung zum Aufbau eines solchen Leserbriefs. Selbstverständlich könnten Sie im Anschluss diesen Leserbrief schriftlich ausformulieren.

_____

_____

_____

_____

_____

3. Den Lernfortschritt überprüfen

1. Analysieren Sie den folgenden Text, indem Sie
- Textaufbau und Inhalt untersuchen sowie
- die Grafik auswerten.

Diskutieren Sie anschließend die Vor- und Nachteile von Fachsprachen am Beispiel von Politikersprache. Gehen Sie hierzu auch auf die Folgen der Verwendung von Politikersprache ein.

⊕
Beispiellösung
Muster-
ergebnisse der
Sachtextanalyse
895k94

Universität Hohenheim: Verständliche Politikersprache sieht anders aus

Politik gilt als bürgerfern, unverständlich und intransparent. Damit die Wählerinnen und Wähler eine begründete Wahlentscheidung treffen können, sollten Parteien ihre Positionen klar und verständlich darstellen. Die Wahlprogramme sind dabei ein Mittel, um die eigenen Positionen darzulegen. Parteien gehen mit dieser Chance jedoch fahr-
5 *lässig um, meint Prof. Dr. Frank Brettschneider, Kommunikationswissenschaftler an der Universität Hohenheim. Mit dem PolitMonitor informiert die Universität Hohenheim ab sofort kontinuierlich über Parteien-Verständlichkeit.*

In einem Forschungsprojekt haben Wissenschaftler der Universität Hohenheim und des Instituts CommunicationLab die formale Verständlichkeit der
10 Wahlprogramme der CDU, der SPD, der FDP, der Grünen und der Links-Partei für die Landtagswahl in Nordrhein-Westfalen untersucht. Sie suchten u.a. nach Satz-Ungetümen, Fachbegriffen, Fremdwörtern und Schachtelsätzen. Anhand dieser Merkmale bildeten sie den „Hohenheimer Verständlichkeitsindex". Er reicht von 0 (völlig unverständlich) bis 20 (sehr verständlich).

15 **Das Ergebnis ist enttäuschend**
Bei den Langfassungen der Wahlprogramme schneidet das Programm der CDU noch am besten ab (Indexwert: 11,8). Am unverständlichsten ist das Programm der FDP. Mit einem Wert von 5,8 liegt es nur knapp über der durchschnittlichen Verständlichkeit politikwissenschaftlicher Doktorarbeiten
20 (4,3). „Wer nicht verstanden wird, kann auch nicht überzeugen", sagt Prof. Dr. Frank Brettschneider. „Ohne ein hohes Bildungsniveau oder politisches Fachwissen sind die Inhalte der Landtagswahlprogramme für die Wählerinnen und Wähler nur schwer verständlich." Allerdings: Bis auf die CDU bieten sämtliche Parteien neben der Langfassung auch eine Kurzfassung ihres
25 Programms an. Diese Kurzfassungen sind verständlicher formuliert. Die SPD erreicht einen Wert von 17,2, die Grünen kommen auf 12,7, die FDP auf 12,4 und die Links-Partei auf 7,8. Dass die CDU auf eine Kurzfassung verzichtet, liegt vor allem daran, dass sie mit 28 Seiten (8626 Wörter) ohnehin die kürzeste Langfassung zu Papier gebracht hat. Die Langfassung des Wahlprogramms
30 der Grünen erstreckt sich hingegen auf 228 Seiten (59 677 Wörter).

Fachsprache und Fremdwörter zuhauf
Bei sämtlichen Parteien finden sich Verstöße gegen grundlegende Verständlichkeitsregeln. So erschweren Fremdwörter und Fachbegriffe das Textverständnis, wenn sie nicht erläutert werden. In den Programmen aller Parteien finden sich
35 sprachliche Kuriositäten: Die „kooperativen Versorgungsstrukturen" (CDU), das „doppische Haushaltswesen" (FDP), das „Konnexitätsprinzip" (SPD, Grüne), die „Sequestrierung" (Grüne) und die „korruptiven Sachverhalte" (Linke) sind Beispiele für Begriffe, die meist nur von Insidern verstanden werden. Und auch Begriffe wie „Bundesschienenwegeausbauplan" (FDP)
40 gehen einem nicht eben flott von der Zunge. Prof. Dr. Frank Brettschneider: „Für viele Bürgerinnen und Bürger bleibt dieser Jargon unverständlich. Er ist meist das Ergebnis von innerparteilichen Expertenrunden. Sie verwenden ihre von Bürokratismen durchzogene Fachsprache. An den Bedürfnissen der Leserinnen und Leser, die sich nicht tagtäglich mit diesen Themen beschäfti-
45 gen, schreiben sie vorbei."

Lösungen zum Arbeitsheft

978-3-12-350517-1

Analyse von Kommunikations-situationen in alten und neuen Medien

Erweiterung der Grundkenntnisse: Kommunikation

Die Vorkenntnisse überprüfen

>> Seite 4

1.

A *Unter Kommunikation versteht man* ... die Interaktion zwischen einem Sender und einem (oder mehreren) Empfängern, bei der Informationen („Nachrichten") übertragen oder ausgetauscht werden. Beide können sich dabei verbaler und/oder nonverbaler Kommunikationsmittel bedienen.

B *Unter Medien versteht man* ... im weitesten Sinne Mittel zur Übertragung und eventuell auch Speicherung von Informationen. Dazu zählen sowohl Medien zur Individualkommunikation (direkt, ohne Medieneinsatz: Sprache, Gestik, Mimik usw. sowie technisch vermittelt: Telefon, E-Mail, Chat, Videokonferenz usw.) als auch Medien zur Massenkommunikation (klassische Massenmedien: Radio, Printmedien, Fernsehen, Kino usw. sowie neue Massenmedien: Websites, Internetradio, Web-TV, Handy-Informationsdienste usw.).

C *Die drei Sprachfunktionen, die eine sprachliche Äußerung nach Karl Bühlers Organon-Modell enthält, sind* ... Darstellung (d.h. die Weitergabe von Sachinformationen über etwas), Ausdruck (d.h. der Ausdruck persönlicher Gedanken und Empfindungen) und Appell (d.h. die Aufforderung des Gegenübers zu etwas).

2.

	Sachinhalt: In ein paar Tagen ist der 14. Februar.	
Selbstoffenbarung: Ich vermisse Aufmerksamkeiten von dir.	Bald ist Valentinstag.	**Appell:** Denk dir etwas Romantisches für mich aus!
	Beziehung: Ich wünsche mir, dass du mehr Zeit und Aufmerksamkeit in unsere Beziehung investierst.	

>> Seite 5

3. Mindmap: Kommunikation und Medien, vgl. Seite 2.

Training 1: Kommunikation in literarischen Texten

>> Seite 6

1. Entwicklung des Gesprächs: Was zunächst wie das Gespräch zwischen zwei Freundinnen über die Abendgestaltung mit ihren Ehemännern erscheint, entpuppt sich als verstecktes Angeben und Rivalisieren beider um den meistbeschäftigten und erfolgreicheren Ehemann. Der Dialog endet mit mehr oder minder offensichtlichen Angriffen und Beleidigungen gegen den vermeintlichen beruflichen Erfolg der Ehemänner – sozusagen als Stellvertreter-Auseinandersetzung zwischen zwei gelangweilten Hausfrauen.

>> Seite 7

2.

Charakterisierung von Walters Ehefrau	Charakterisierung von Peters Ehefrau
Konstruktives, eher defensives Gesprächsverhalten; passt ihre Äußerungen denen der Gesprächspartnerin an, um eine harmonische Stimmung zu schaffen. Erst nach einer Vielzahl verdeckter Aggressionen fragt sie nach („Wie meinst du das?", Z. 39), um eine offene Aussprache zu erreichen. Nach dem Scheitern dieses Versuchs geht sie ebenfalls zu einem destruktiven Gesprächsverhalten über („Und solche, die müssen mit ständiger Präsenz daran erinnern, dass es sie noch gibt.", Z. 54f.)	Dominante Gesprächsrolle, da sie mit ihren verdeckten Aggressionen zunehmend den Gesprächsverlauf bestimmt; destruktives Gesprächsverhalten, da sie mit indirekten Angriffen auf den Ehemann der Gesprächspartnerin permanent und offensiv den Konflikt sucht, möglicherweise als Ventil für ihre eigene Unzufriedenheit. An einer Problemlösung nicht interessiert, wie das dauernde Fortsetzen der Angriffe zeigt.

>> Seite 8

3.

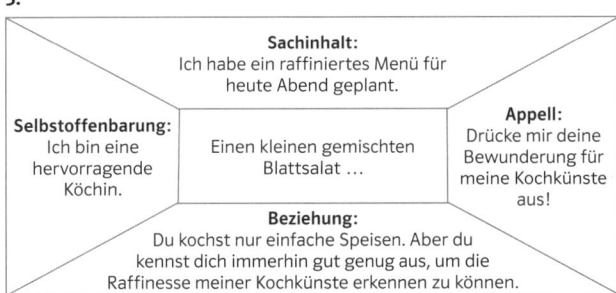

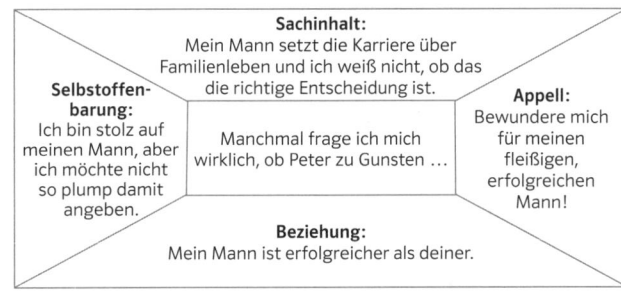

4. Wechselwirkung zwischen Medium und Kommunikation, hier: wahrscheinlich Telefon wegen „Ich muss Schluss machen" (Z. 1) und Fehlen von Informationen zu Mimik und Gestik im Text, reiner Gesprächsmitschnitt. Beleidigungen und Angriffe fallen am Telefon, ohne Blickkontakt leichter als in der Face-to-face-Kommunikation → Eskalation des Gesprächs hängt auch mit dem Medium zusammen.

5. Mindmap: Mediatisierung interpersonaler Kommunikation, vgl. Seite 2.

Training 2: Kommunikation in sozialen Netzwerken

>> Seite 10

1. **<gggg>** = sehr breites Grinsen
;-))) = breites, schelmisches Grinsen
@-->-->-- = Rose
„M" verlässt den Channel = „M" loggt sich aus dem Chat aus.

>> Seite 5

3. Mindmap: Kommunikation und Medien

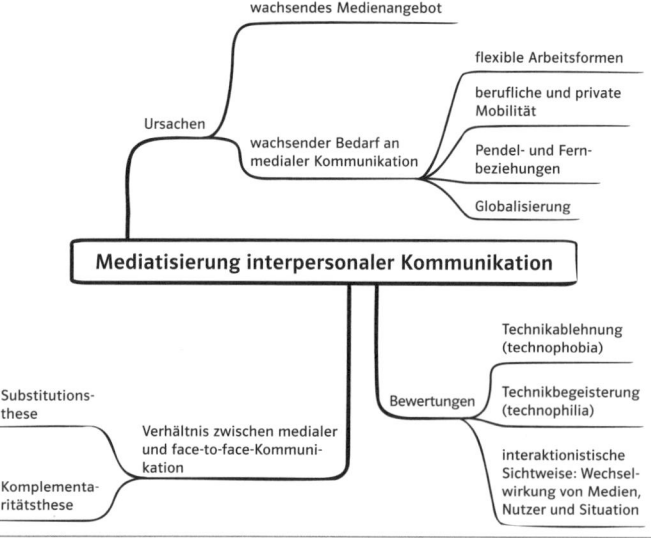

Organon-Modell — Karl Bühler

Inhalts- und Beziehungsaspekt — Paul Watzlawick

Man kann nicht nicht kommunizieren

double bind

Kommunikationsquadrat — Friedemann Schulz von Thun

vier Ohren bzw. vier Schnäbel

Modelle

direkt („face to face")

computervermittelt (E-Mail, Chat, WhatsApp usw.) — Individualkommunikation

klassische Massenmedien (Print, Fernsehen, Radio usw.) — Massenkommunikation

neue Massenmedien (Internet, Websites, Weblogs usw.)

Medien

Kommunikation

Formen

verbal

nonverbal — Gestik und Mimik / Körperhaltung und -bewegung / Augenkontakt

paraverbal — Artikulation und Sprachmelodie / Sprechtempo / Lautstärke

Kommunikationsstörungen

Ursachen
- Umwelteinflüsse (Lärm u. Ä.)
- Codedifferenz (Verwendung unterschiedlicher Dialekte u. Ä.)
- widersprüchliche Botschaften in verbaler und nonverbaler Kommunikation (inkongruente Nachrichten)
- einseitige Kommunikationsgewohnheiten bei Sender und Empfänger (Überbewertung einzelner „Schnäbel" und „Ohren")
- innere Befindlichkeit von Sender und Empfänger (Müdigkeit, Desinteresse, Ablenkung u. Ä.)

Lösungsmöglichkeiten/ Bedingungen gelungener Kommunikation — Ich-Botschaften / Metakommunikation / aktives Zuhören

>> Seite 8

5. Mindmap: Mediatisierung interpersonaler Kommunikation

Ursachen
- wachsendes Medienangebot
- wachsender Bedarf an medialer Kommunikation — flexible Arbeitsformen / berufliche und private Mobilität / Pendel- und Fernbeziehungen / Globalisierung

Mediatisierung interpersonaler Kommunikation

Verhältnis zwischen medialer und face-to-face-Kommunikation — Substitutionsthese / Komplementaritätsthese

Bewertungen
- Technikablehnung (technophobia)
- Technikbegeisterung (technophilia)
- interaktionistische Sichtweise: Wechselwirkung von Medien, Nutzer und Situation

Auslösung (Appell): „Tretet mit mir in Kontakt! Unterhaltet euch mit mir!"

Besonderheiten der Internetkommunikation in Chats und sozialen Netzwerken
- Prinzip der Flüchtigkeit
- vor allem zwei Ziele: Knüpfen und Pflegen von sozialen Kontakten sowie Zeitvertreib und Unterhaltung → soziale Beziehung zwischen Sender und Empfänger steht deutlich im Vordergrund, daher werden in den sprachlichen Äußerungen auch diese Aspekte betont
- Die Vermittlung von Informationen steht in den allermeisten Chats dagegen völlig im Hintergrund (abgesehen z. B. von Expertenchats zu Lehrveranstaltungen, Fernsehsendungen u. Ä.).

>> Seite 12

4.

Merkmale schriftlichen Sprachgebrauchs	Merkmale mündlichen Sprachgebrauchs
- Medium: schriftliche Realisation des Chats „auf der Tastatur" - Hervorhebung durch Großschreibung	- Verwendung von Umgangssprache - Reduktionen/Auslassungen von Lauten, Silbern und Wörtern - Verwendung von Gesprächspartikeln und Lautwörtern

Fazit: Beim Chatten (und anderen internetbasierten Kommunikationsformen wie Instant Messaging, Kommunikation in Sozialen Netzwerken, E-Mail) handelt es sich um eine Kommunikationsform, die zwar schriftlich realisiert („getippt") wird, sich aber an den Regeln für mündliche Kommunikation orientiert.
Hinzu treten nur für die internetbasierte Kommunikation typische Merkmale wie die Verwendung von Inflektiven, Emoticons und lautnaher Schreibung.

>> Seite 11

2. Anglizismen: 1, 2; Auslassungen von Lauten, Silben & Wörtern: 2, 5; Gesprächspartikel/Lautwörter: 2, 5; Inflektive und Inflektivkonstruktionen: 2, 5; Umgangssprache: 1, 3, 4, 5; Neologismen: 1, 2; Emoticons & ikonische Zeichen: 1, 3, 4, 5; Kurzformen/Chatslang: 3, 5; Hervorhebung durch Großschreibung, Wiederholung von Satzzeichen u. Ä.: 1, 3, 4, 5; Lautnahe Schreibung: 1, 2, 5; Iteration: 5; Verstärkung durch Lautwiederholung: 2, 5

3. Darstellung: „Mit kleinen Aufmerksamkeiten für die Männer und Frauen im Chat sage ich allen Hallo."
Ausdruck (Kundgabe): „Ich bin ein interessanter Mensch. Ich verhalte mich allen gegenüber freundlich und offen."

5. Nein, denn:

Viele Schreibfehler sind wohl als Flüchtigkeitsfehler zu werten, die sich aus dem möglichst schnellen, ökonomischen Tippen und der quasi-synchronen Kommunikation ergeben, und nicht als mangelnde Sprachbeherrschung.

Die besondere Sprachverwendung aus Umgangssprache, Anglizismen usw. ist typisch für diese Medien; die gleichen Sprecher wären in einem anderen Medium (Brief, schriftliche Prüfung etc.) aber selbstverständlich in der Lage, ein anderes, angemessenes Sprachregister zu verwenden.

Die Abweichungen von der Standard- und Normsprache zeigen ein hohes Maß an sprachlicher Kreativität und Humor, die sich im Spiel mit der Orthografie, Typografie und Grammatik ausdrücken → da im Chat und im sozialen Netzwerk nicht der inhaltliche Aspekt, sondern der Beziehungs- und Selbstdarstellungsaspekt im Vordergrund stehen, wird auf die ansprechende, interessante und humorvolle Gestaltung der sprachlichen Äußerung besonderer Wert gelegt.

>> Seite 13/14

6./7. Tabelle vgl. unten.

8. Deutsch in Gefahr zu verarmen?
- aus sprachgeschichtlicher Sicht ist eine Gefahr für das Deutsche klar zu verneinen: normaler Prozess der Übernahme von Lehnwörtern und der sprachlichen Vereinfachung
- aber: Einfluss der (neuen) Medien auf den Sprachgebrauch ist nicht abzustreiten: Mischung von Mündlichkeit und Schriftlichkeit, Mediatisierung der Kommunikation, sprachliche Kreativität durch Normabweichungen

- Verzerrung der Sichtweise durch die große Präsenz der sprachpuristischen Position in den Medien, z.B. durch ihr im Verein für deutsche Sprache institutionalisiertes Auftreten

9. Zusammenfassung der wichtigsten Thesen
- Ausgangsproblematik: Kinder und Jugendliche lesen und schreiben zwar mehr als früher, verwenden dabei aber nur selten Hochsprache.
- Frage: Können Jugendliche trotzdem noch schriftsprachlich normgerecht schreiben?
- Antwort: Christa Dürscheids Sprachstudie
  - Vorstellung der Rahmenbedingungen der Studie
  - Vorstellung der Ergebnisse: keine Belege für eine Beeinträchtigung der schriftsprachlichen Fähigkeiten Jugendlicher durch die Mischung mit informellen Schreibweisen
- Einschränkung der scheinbar positiven Ergebnisse: große Defizite v.a. in Rechtschreibung und Zeichensetzung, was auch durch die Studien Sarah Brommers gestützt wird. Positiv allerdings: Schülertexte sind im Vergleich zu früher lebendiger und interessanter geschrieben.
- genauere Analyse der Ergebnisse: Abhängigkeit der Schreib- und Sprachkompetenzen von der sozialen Herkunft – nicht vom eventuellen Migrationshintergrund
- Beispiele für die Relevanz der Schreib- und Sprachkompetenzen: Schulempfehlung, Schullaufbahn, Berufsleben

>> Seite 16

10. Mögliche Langzeitfolgen:
- individuell: schlechtere Schulnoten, nicht nur in Deutsch, sondern in allen Fächern → schlechtere Abschlussnoten, niedriger qualifizierte Abschlüsse → schlechter qualifizierte Berufe → geringeres Einkommen

>> Seite 13/14

6./7.

Entwicklungstendenzen der deutschen Gegenwartssprache		
Tendenz	Erläuterung	Mögliche Bewertungsaspekte
Anglizismen	Integration englischsprachiger Begriffe ins Deutsche	- sprachpuristische Sichtweise: „sprachliche Unterwürfigkeit", Verdrängung deutscher Wörter durch Anglizismen, Entstehung einer unverständlichen Mischsprache „Denglisch" - gemäßigte Sichtweise: normaler Sprachwandel, Differenzierung des deutschen Wortschatzes durch neue Lehnwörter, geringe Anzahl und Verwendung von Anglizismen im Alltag
Vereinfachung der Sprache	Abnahme der grammatischen Vielfalt (z.B. Dativ, Genitiv, *würde*-Konstruktion statt starker Konjunktive, *weil*-Sätze mit Verb in Hauptsatzstellung)	- Sprachverfall, Verflachung der grammatischen Ausdrucksfähigkeit - Sprachwandel, normaler sprachgeschichtlicher Prozess der Vereinfachung
Mediatisierung der zwischenmenschlichen Kommunikation	zunehmende Nutzung von Medien für die Individual- und Massenkommunikation in allen Lebensbereichen	- Technikablehnung - Technikbegeisterung - interaktionistische Sichtweise
Vermischung von Mündlichkeit und Schriftlichkeit in den neuen Medien („Renaissance der Mündlichkeit")	besondere Sprachverwendung bei internetbasierten Kommunikationsformen, die trotz schriftlicher Realisation den Merkmalen mündlichen Sprachgebrauchs folgt	- sprachliche Kreativität und Innovation in internetbasierten Kommunikationsformen - Ausdruck sprachlichen Verfalls und mangelnder Normbeherrschung schriftlicher Kommunikationsformen
Abnahme der sprachlichen Fähigkeiten bei Schülerinnen und Schülern	Defizite in Orthografie, Zeichensetzung und Grammatik bei Schülerinnen und Schülern aus bildungsfernen Familien	- beeinträchtigende Langzeitfolgen für die schulische und berufliche Entwicklung; große schichtspezifische Unterschiede - positive Entwicklungen: lebendiger und interessanter Schreibstil
Mehrsprachigkeit als Regelfall, „Multikulti-Deutsch"	Einfluss von Migration, Sprachkontakt und Mehrsprachigkeit auf das Deutsche: phonetisch (Akzente wie „isch" statt „ich"), morphologisch („privates Leben" statt „Privatleben"), syntaktisch (Kasusabbau wie „ein" statt „einen") und semantisch (neue Lehnwörter aus dem Türkischen, Arabischen …)	- Sprachverfall, „Pidginisierung" des Deutschen, „doppelte Halbsprachigkeit" der Migranten, die keine der Sprachen perfekt beherrschen - Vergrößerung des Sprachbewusstseins und der Sprachkompetenz durch Mehrsprachigkeit, kreativer Sprachgebrauch durch Codeswitching, Beflügelung der sprachlichen Kreativität, z.B. bei Literaten

- gesellschaftlich: geringere schulische Aufstiegschancen für Kinder aus bildungsfernen Familien; ungerechte Verteilung von Bildungschancen in der Gesellschaft; Vergrößerung der sozialen Unterschiede („soziale Schere") und Unzufriedenheit

Begründung der Relevanz sprachlicher Fähigkeiten:
- enge Beziehung zwischen Sprache und Kommunikation; Sprache als das wichtigste menschliche Kommunikationsmedium → kompetente Sprachbeherrschung als Voraussetzung für erfolgreiche Kommunikation in Privat- und Berufsleben
- eingeschränkte sprachliche Ausdrucksmöglichkeiten haben auch eingeschränkte Möglichkeiten zur gesellschaftlichen Teilhabe zur Folge, z.B. beim Verstehen von Texten in Medien, Bürokratie und Politik
- hoher Stellenwert von Schrift und Sprache in den allermeisten Berufen, v.a. in akademischen Berufen
- Sprache als „Visitenkarte" für Persönlichkeit und Kompetenz; wer sich gut ausdrücken kann, wirkt fachlich kompetenter und ist beruflich erfolgreicher
- aber: Hilfsmittel wie die computergestützte Rechtschreib- und Grammatikprüfung können Defizite zumindest teilweise kompensieren

Training 3: Materialgestütztes Schreiben von informierenden und argumentierenden Texten

1. Materialgestütztes Schreiben eines informierenden Textes

>> Seite 17

1. Verfassen Sie auf der Basis der Materialien 1–5 einen Informationstext über die Förderung von Zweisprachigkeit bei Kindern aus Migrantenfamilien. Er soll sich an Eltern von Kleinkindern richten, die selbst aus Migrantenfamilien stammen, und ihnen flächendeckend, z.B. über Kinderarztpraxen, zur Verfügung gestellt werden.
In der Informationsbroschüre sollen die Eltern zum einen über die Merkmale früher Zweisprachigkeit und die Voraussetzungen einer gelungenen Zweisprachigkeit informiert werden, zum anderen sollen ihnen praxisnahe Regeln und Tipps zur Förderung einer optimalen Sprachentwicklung zur Verfügung gestellt werden.
Sie können zusätzlich zu den Materialien eigenes Wissen über den Spracherwerb und die kindliche Entwicklung sowie eigene Beispiele einsetzen, um Zusammenhänge zu verdeutlichen. Verweisen Sie in Ihrem Text auf die Quellen, denen Ihre Informationen entstammen.

>> Seite 22

2./3.

Informationen aus dem Material (inkl. Quellenangabe)	Eigenes Wissen und/oder eigene Beispiele
Teilthema: Merkmale früher Zweisprachigkeit	

- positive und negative Folgen der Zweisprachigkeit möglich:
  • additive Zweisprachigkeit (positiver Einfluss der zweiten Sprache, z.B. auf die kognitive Entwicklung)
  • substraktive Zweisprachigkeit (negativer Einfluss der zweiten Sprache, sowohl auf den Spracherwerb als auch auf die kognitive Entwicklung, z.B. in Form von Sprachentwicklungsstörungen, emotionalen Problemen, Identitätsproblemen, sozialen Problemen, schlechten Schulleistungen) (Mat. 1)
- Einfluss des Zweitspracherwerbs auf fast alle Aspekte der kindlichen Entwicklung: „Kinder, die eine additive Zweisprachigkeit erfahren, gelten als sozial interessierter und offener, sprachgewandter, toleranter, intelligenter" (Mat. 1)
	- Sprachverfall, „Pidginisierung" des Deutschen, „doppelte Halbsprachigkeit" der Migranten, die keine der Sprachen perfekt beherrschen
	- Vergrößerung des Sprachbewusstseins und der Sprachkompetenz durch Mehrsprachigkeit, kreativer Sprachgebrauch durch Codeswitching, Beflügelung der sprachlichen Kreativität, z.B. bei Literaten

Teilthema: Voraussetzungen gelungener Zweisprachigkeit	
- hohes Ansehen der Zweitsprache in der Gesellschaft (Mat. 1) - Fortführung und sprachliche Anregung der Erstsprache (Mat. 1) - im Jugend- und frühen Erwachsenenalter zeigen sich nur noch geringe Unterschiede bei der Bildungsbeteiligungs-Quote von Schülern mit und ohne Migrationshintergrund → Mehrsprachigkeit als gesellschaftlicher Normalfall, Migrationshintergrund nicht als Nachteil betrachten (Mat. 2) - Interaktion und Kommunikation mit vertrauten Personen, z.B. gemeinsam Dinge tun, Erzählen, Vorlesen … (Mat. 3) - Kommunikation mit Blickkontakt, Ausreden und Zuhören (Mat. 4) - insgesamt eine förderliche Lernumwelt, die von Wärme, Liebe und Akzeptanz geprägt ist (Mat. 4)	- Beginn des Spracherwerbs weit vor den ersten Wortäußerungen → Sprachförderung von Anfang an - Stellenwert der Ammensprache („Motherese") für die frühe Sprachentwicklung; intuitive Anwendung durch Erwachsene und sogar ältere Kinder - Voraussetzung für einen gelungenen Zweitspracherwerb ist der erfolgreiche Erwerb der Erstsprache, der Familiensprache → Eltern sollten nicht die Umgebungssprache mit dem Kind sprechen, sondern die Sprache, in der sie sich am sichersten fühlen
Teilthema: Tipps zur Förderung einer optimalen Sprachentwicklung	
- Erstsprache beibehalten und pflegen (Mat. 1) - Wertschätzung für alle Sprachen ausdrücken (Mat. 1) - viel mit dem Kind kommunizieren (Mat. 3) - Vorlesen und Geschichten erzählen (Mat. 3) - Medien wie CD, Fernseher etc. können die Kommunikation von Mensch zu Mensch nicht ersetzen! (Mat. 3) - Motivieren und Loben (Mat. 4) - „normale" Kommunikation: spontan und situativ, Blickkontakt, einander aussprechen lassen, einander zuhören – nicht Auswendiggelerntes nachsprechen lassen (Mat. 4)	- Eltern als sprachliches Vorbild: deutlich und betont sprechen, viel sprechen - gemeinsam Singen und Reimen - Sprache anregen: gemeinsam malen, spielen, basteln – und dabei Handlungen verbalisieren, miteinander sprechen, das Kind mit einbeziehen - Fehler nicht verbessern, sondern indirekt durch Paraphrasieren verbessern („David tlinken" – „Trinken möchtest du? Was möchtest du denn trinken? Möchtest du Wasser trinken?")

4. – Adressat: Eltern von Kleinkindern mit Zuwanderungsgeschichte/Migrationshintergrund
   – Vokabular: auf Fachtermini soweit wie möglich verzichten, andernfalls erklären. Alltagssprache verwenden.
   – Satzbau: kurze, prägnante Sätze (parataktischer Satzbau), keine Verschachtelungen. Aktiv statt Passiv.
   – Gliederung: übersichtliche, klare Gliederung des Textes; kurze Kapitel/Zwischenüberschriften. Schwerpunkt auf praktische Tipps statt auf theoretischen Hintergrund legen.
   – Sonstiges: Adressaten direkt ansprechen: „Liebe Eltern …"

5. Folgende Begriffe sind anzukreuzen:
   Alltagssprache, parataktischer Satzbau, Aktivformulierungen, kurze Sätze, Verbalstil, kurze Kapitel, Zwischenüberschriften, Schwerpunkt: praktische Umsetzung, Ausschreibungen, SPO-Satzstellung, direktes Ansprechen des Lesers, Tipps im Imperativ

>> Seite 23

6. – Textsorte: Informationstext für eine Broschüre, flächendeckende Verteilung
   – Schlussfolgerungen für den Text: sachlich, objektiv, Verzicht auf Wertungen und zu viele Details, allgemeinverständlich formuliert, knapp und übersichtlich, Quellenangaben kurz und im Fließtext, evtl. Verweis auf weiterführende Literatur am Ende.

7. **Gliederungsvorschlag für den Informationstext:**
   Förderung von Zweisprachigkeit
   Einleitung: Interessanter Einstieg, z.B. Zitat, Beispiel, aktueller/persönlicher Bezug
   – Thema benennen

   Hauptteil:
   – Informativer Einstieg/Theorieteil: Besonderheiten früher Zweisprachigkeit und ihre Folgen
   – Praktischer Teil: Tipps zur Förderung einer optimalen Sprachentwicklung

   Schluss:
   – evtl. Zusammenfassung
   – Abschluss: Zitat, Appell, Ziel/Ausblick
   – Evtl. Verweis auf weiterführende Literatur

2. Materialgestütztes Schreiben eines argumentierenden Textes

>> Seite 25

1. Die zentralen Unterschiede bestehen darin, dass man nicht mehr nur informiert, sondern einen Standpunkt begründet vertreten muss, und in der Folge auch andere Textsorten als der Informationstext an Bedeutung gewinnen (im konkreten Fall der Kommentar).

>> Seite 26

2. – Position, die vertreten werden soll:
   Aus der Sicht eines SV-Vertreters soll gegen Deutsch als Pflichtsprache auf den Pausenhof argumentiert werden.
   – Argumente, die diese Position stützen:
   Vgl. dazu Aufgabe 4.

3. Überschrift
   – Einleitung, die den Bezug zur aktuellen Nachricht oder dem aktuellen Ereignis herstellt (hier also die Diskussion um die Abschaffung der Pausenhofsprachregel)
   – Nennung des wichtigsten Gegenarguments und dessen Entkräftung
   – Einbeziehung weiterer Fakten
   – Darlegung des eigenen Standpunktes und dessen Begründung
   – Schluss mit Appell, Fazit o. Ä.

4. – gelungen: nachvollziehbare, klare Gliederung; nachvollziehbare Argumentation, die von Sachkenntnis zeugt; Stichpunkte ausführlich formuliert (insbesondere mit Zitaten und Verweisen auf die Materialien)
   – nicht gelungen: Überschrift fehlt; Aufbau der Gliederung ist stellenweise unübersichtlich
   Zu beachten ist, dass sich das Verständnis der Materialien hier auch darin zeigt, dass auf die Materialien 3 und 4 kein Bezug genommen wird.

>> Seite 27

5. Die positive Kraft der Mehrsprachigkeit: Kommentar, vgl. Online-Bereich

Sprachtraining: Das richtige Sprachregister wählen

>> Seite 28

2. *Standardsprache:* Der Redner konstatierte …, Dieser Ausdruck impliziert …, Daraus erhellt …

   Umgangssprache: Das ist endlich mal was Neues., bescheuert, etwas abchecken, Das juckt mich nicht., auf dem falschen Dampfer sein, durchdrehen, geil

   Jugendsprache: chillen, vorglühen, endgeil

   Kiezdeutsch: Ey, rockst du, lan., Et hätt' noch emmer joot jejange., Det is Balin.

   Anmerkung: Vielleicht wundern Sie sich, dass „endlich mal was Neues" als umgangssprachlich einzuordnen ist. Die hochsprachliche Formulierung müsste heißen „endlich einmal etwas Neues". Doch hat sich die Verkürzung „einmal" → „mal" und „etwas" → „was" so eingebürgert, dass der Sprecher kaum mehr merkt, dass er umgangssprachlich formuliert.

>> Seite 29

3. *krass:* Ausruf des Erstaunens; *peinlich:* beschämend; *aggro:* aggressiv; *bombe:* oft für „Kot"; *chic:* großartig; *stylish:* stilvoll; *crazy:* toll, komisch; *mega-out:* aus der Mode, überholt; *lässig:* leicht; *sexy:* erotisch attraktiv; *zickig:* überspannt, *geil:* toll; *ätzend:* sehr schlecht; *top:* in hohem Maß; *chillig:* entspannend, bequem; *hip:* modern, zeitgemäß

4. Umgangssprache, Jugendsprache, Kiezdeutsch

Nachdem Dr. von Zahnd die Weltformel geklaut hat, steht der Loser Möbius voll im Abseits. Keine Chance, aus der Irrenanstalt zu türmen; denn die Chefärztin hat alle Insassen hops genommen. Es wird aber noch peinlicher: Schwester Monika ist scharf auf Möbius. Sie versucht ihn anzubaggern, indem sie ihm weismachen will, dass sie den Blödsinn von den Salomo-Erscheinungen glaubt. Mit ihrem Heiratsantrag geht die Bitch ihrem Liebsten irgendwie so auf den Zeiger. Doch bleibt der cool und lässt sich von der Tussie nicht dissen. Stattdessen er murkst sie einfach mit einer Vorhangkordel ab. Jetzt steht ihm aber noch mehr Zoff bevor; denn Frau Dr. von Zahnd kann jetzt das Physik-Ass endgültig in Schach halten.

Nachdem Dr. von Zahnd die Weltformel gestohlen hat, steht Möbius als der große Verlierer da. Er hat keine Chance, aus der Irrenanstalt zu entkommen; denn die Chefärztin hat alle Insassen festgenommen. Die Lage wird aber noch vertrackter, da Schwester Monika sich in Möbius verliebt hat. Sie erklärt ihm ihre Liebe und versichert ihm, dass sie an seine Salomo-Erscheinungen glaubt. Ihr Wunsch, mit Möbius eine Familie zu gründen, bringt dessen Pläne völlig durcheinander. Doch weiß der Erfinder der Weltformel einen Ausweg und lässt sich von der Krankenschwester nicht von seinen Zielen abbringen. Stattdessen erdrosselt er sie mit einer Vorhangkordel. Daraufhin stehen ihm aber noch weitere Konflikte bevor; denn Frau Dr. von Zahnd bekommt jetzt den genialen Physiker endgültig unter Kontrolle.

Anmerkung: Nicht immer lassen sich in einer lebendigen, sich wandelnden Sprache die Register trennscharf abgrenzen.

Analyse von Sachtexten

Erweiterung der Grundkenntnisse: Fachsprachen

Die Vorkenntnisse überprüfen

>> Seite 30

1. „Standardsprache" ist die wissenschaftliche Bezeichnung für eine kodifizierte Sprache, wie sie durch eine allgemein als verbindlich angesehene schriftliche Niederlegung von Wortschatz, Grammatik und Aussprache erfolgt. Allgemeine Verbindlichkeit entsteht in der Regel dadurch, dass sich der Staat hinter die Kodifizierung stellt und diese Sprachnorm z. B. für den amtlichen Sprachgebrauch oder die Lehrpläne an Schulen vorschreibt.

>> Seite 31

2.

Stadien	Register	Dialekte	Soziolekte
– Althochdeutsch – Archaismen – Neologismen	– Schriftsprache – gesprochene Sprache – Vulgärsprache – Babysprache („baby talk")	– Sächsisch – Ruhrdeutsch – Plattdeutsch – Hessisch	– Jugendsprache – Kiezdeutsch („Kanak Sprak") – Fliegersprache – Verwaltungssprache

3. Da es sich bei Fachsprachen um Sprachen handelt, die von bestimmten Berufs- oder Expertengruppen verwendet werden, gehören sie zu den Soziolekten.

4. Textbeispiel für Amtsdeutsch/Juristendeutsch
Beobachtung/Merkmal:
- Fachtermini aus dem Bereich der Amtssprache/Juristensprache: *wohnhaft, unbeschult, aktenkundig* …
- zahlreiche Substantivierungen bzw. Funktionsverbgefüge/feste Verbindungen von Verb und Objekt, z. B. *Mitteilung machen* statt *mitteilen, die Auflage machen* statt *verpflichten, beauftragen, Sendung zustellen* statt *senden.*
- Verwendung von Abkürzungen: *R.* statt *Rotkäppchen*
- Satzbau: hypotaktisch
- zahlreiche Präpositionalobjekte und adverbiale Bestimmungen/Umstandsangaben in Form präpositionaler Fügungen
- zahlreiche präpositionale Fügungen mit in der Alltagssprache selten gebrauchten Präpositionen, z. B. *seitens ihrer Mutter, betreffs Verlassens, infolge Nichtbeachtung* …
- Adjektivierung von Verben, z. B. *zustellig machen* statt *zustellen, vorsprachig zu werden* statt *vorsprechen, ablebig werden* statt *sterben.*
- Partizipialkonstruktionen (Adverbien als Attribute), z. B. *eilend war, vorherrschend waren.*
- zahlreiche Attribute, die ihrem Bezugswort vorangestellt werden, z. B. *zu ihrer verschwägerten und verwandten, im Baumbestand angemieteten Großmutter, [d]er sich auf einem Dienstgang befindliche und im Forstwesen zuständige Waldbeamte B.*
- häufige Verwendung des Genitivs (als Attribut/als Objekt), z. B. *das Verbot betreffs Verlassens der Waldwege, Nichtbeachtung dieser Vorschrift, wegen Augenleidens.*
- lange, abstrakte Fachtermini statt umgangssprachlicher Begriffe, z. B. *Schreiben* statt *Brief, Baumbestand* statt *Wald, Korbbehältnis* statt *Korb, ablebig werden* statt *sterben, Totgut* statt *Leiche.*
- Fachtermini häufig in Form langer Komposita (zusammengesetzte Wörter), z. B. *Pulverschießvorrichtung* statt *Gewehr, Raubtiervernichtungsaktion* statt *Tötung, Schussgeber* statt *Schütze.*
- Neologismen, z. B. *diesfallsig, starkbekindert, Totgut.*

>> Seite 33

5.

Merkmal	trifft zu	trifft nicht zu	Beispiel aus „Rotkäppchen, in amtlichem Sprachgut beinhaltet"/Anmerkungen
Lexik (Wortschatz)			
spezifischer Fachwortschatz	X		*wohnhaft, unbeschult, Kreisebene, angemietet, aktenkundig*
Mehrdeutigkeit		X	
Anglizismen		X	Fachsprachen können Anglizismen verwenden; ihre Verwendung ist aber kein konstituierendes Merkmal.
Komposita	X		*Pulverschießvorrichtung, Raubtiervernichtungsaktion, Schussgeber*
Abkürzungen	X		*R., B.*
Metaphern und bildlicher Sprachgebrauch		X	Zwar gibt es fachsprachliche Metaphern, wie z. B. *Zahn, Kopf* und *Mutter* für mechanische oder technische Teile, jedoch sind sie selten und erfüllen keine ästhetische Funktion.
Syntax (Satzbau)			
parataktischer Satzbau		X	
hypotaktischer Satzbau	X		*Der Mutter besagter R. wurde seitens ihrer Mutter ein Schreiben zustellig gemacht, in welchem dieselbe Mitteilung ihrer Krankheit und Pflegebedürftigkeit machte, worauf die Mutter der R. dieser die Auflage machte, der Großmutter eine Sendung von Nahrungs- und Genussmitteln zu Genesungszwecken zuzustellen.*
unpersönliche, passivische Formulierungen	X		*Der Mutter besagter R. wurde seitens ihrer Mutter ein Schreiben zustellig gemacht ...* *... wurde von den kulturschaffenden Gebrüdern Grimm zu Protokoll genommen und starkbekinderten Familien in Märchenform zustellig gemacht.*
Satzkürze		X	
Nominalstil	X		hier: Nominalgruppen/Satzglieder ersetzen Gliedsätze *Vor ihrer Inmarschsetzung wurde die R. seitens ihrer Mutter über das Verbot betreffs Verlassens der Waldwege auf Kreisebene belehrt.* *... worauf es unter Verschlingung der Bettlägerigen einen strafbaren Mundraub zur Durchführung brachte.* *Nach Beschaffung einer Pulverschießvorrichtung zu Jagdzwecken ...*
komplexe Attribute statt Attributsätze	X		*... zu ihrer verschwägerten und verwandten, im Baumbestand angemieteten Großmutter ...* *Der sich auf einem Dienstgang befindliche und im Forstwesen zuständige Waldbeamte B. ...*
Funktionsverbgefüge	X		*Mitteilung machen* statt *mitteilen, die Auflage machen* statt *verpflichten, beauftragen, Sendung zustellen* statt *senden*
SPO-Satzstellung		X	

6. Erarbeitung des Textes mit der Konspektmethode, vgl. Online-Bereich.

>> Seite 34

7.

Vorteile von Fachsprachen	Nachteile von Fachsprachen
– Kürze und Ökonomie – Genauigkeit – Eindeutigkeit der Begriffe – Verständlichkeit gegenüber anderen Fachleuten – Erkenntnisinstrument, vor allem in den Geisteswissenschaften – Vermittlung eines Zusammengehörigkeitsgefühls innerhalb der Expertengruppe – Wissenszuwachs kann durch die Neubildung von Fachwörtern adäquat abgebildet werden, z. B. durch Komposita, Kurzwörter und Abkürzungen.	– mangelnde Verständlichkeit gegenüber Außenstehenden („Informationsbarriere"), gegenüber den Experten anderer Fachwissenschaften → verhindert den Wissensaustausch und die Kooperation verschiedener Disziplinen untereinander – mangelnde Verständlichkeit gegenüber Außenstehenden („Informationsbarriere"), gegenüber der Öffentlichkeit → Gefahr der Verschleierung von Inhalten und Manipulation von Öffentlichkeit, vor allem in politischen Debatten

Training 1: Analyse diskontinuierlicher Texte

>> Seite 35

1.

Erschließungsebene	Fragestellung	Ergebnisse
Wiedergeben	1. Welches Thema/welcher Sachverhalt wird dargestellt?	Bildungsstand der Bevölkerung in Deutschland im Jahre 2012
Wiedergeben	2. Wann und wo ist die Grafik erschienen? Welche Daten liegen ihr zugrunde?	Statistisches Jahrbuch 2012 des Statistischen Bundesamtes; Datengrundlage ist der Mikrozensus, d.h. eine repräsentative statistische Befragung der in Deutschland lebenden Bevölkerung.
Beschreiben	3. Wie ist die Grafik aufgebaut (…)?	Balkendiagramm mit sieben Balken, die die vier mögliche allgemeinbildenden Abschlüsse sowie drei weitere Möglichkeiten (noch in schulischer Ausbildung, ohne allgemeinen Schulabschluss und ohne Angaben) repräsentieren
Beschreiben	4. Welche Zahlen und Größen werden angegeben (…)?	Bildungsstand wird über den höchsten erreichten allgemeinbildenden Schulabschluss definiert. Angaben des Anteils der Schulabschlüsse in Prozent
Beschreiben	5. Welche Aussagen veranschaulicht die Grafik?	Der häufigste Schulabschluss in der Bevölkerung Deutschlands ist der Hauptschulabschluss, den fast 40 % der Befragten besitzen. Der zweithäufigste Abschluss ist die (Fach-)Hochschulreife, den knapp 30 % der Befragten erreicht haben. Den Realschulabschluss sowie den in etwa vergleichbaren POS-Abschluss besitzen zusammen etwa 30 % der Bevölkerung. Damit verfügen mehr als 92 % der Bevölkerung über einen Schulabschluss, nur etwa die Hälfte der verbleibenden 8 % befindet sich entweder noch in der Ausbildung oder verfügt über keinen allgemeinen Schulabschluss (3,8 %).
Bewerten	6. Welche Schlussfolgerungen lassen sich aus der Grafik ziehen?	Nur wenige Personen verfügen über keinerlei allgemeinbildenden Schulabschluss, wohl ein Erfolg der Schulpflicht und der dualen Berufsausbildung. Insgesamt weist Deutschland im internationalen Vergleich einen überdurchschnittlichen Bildungsstand auf. Jedoch ist ein Anteil von 30 % mit (Fach-)Hochschulreife als Bildungsziel noch zu niedrig, da die Wahrscheinlichkeit für Erwerbslosigkeit sinkt, je höher der erreichte Schulabschluss ist. Außerdem erhöht ein hoher Schulabschluss die Chancen auf aktive Teilnahme am gesellschaftlichen Leben.
Bewerten	7. Welche Informationen fehlen im Schaubild?	Keine weitere Aufschlüsselung der Informationen, z.B. nach Geschlecht, Bildungsabschluss der Eltern oder Alter. Interessant wäre ein Vergleich mit verwandten Daten, z.B. den beruflichen Bildungsabschlüssen, der Erwerbstätigkeit oder dem Einkommen.

>> Seite 36

2.

Erschließungsebene	Arbeitsschritt	Ergebnisse
Wiedergeben	1. Thema/Sachverhalt?	Schwierigkeitsgrad der Berichterstattung zur Bundestagswahl 2009 in sechs verschiedenen Medienangeboten
Wiedergeben	2. Erscheinungsort und -datum? Datengrundlage?	PolitMonitor der Universität Hohenheim, Analyse aus dem Jahr 2010; Datengrundlage waren knapp 500 Artikel, davon etwa 100 aus der „Bild"-Gruppe, 150 aus der „Spiegel"-Gruppe, 200 aus den Medien der „Süddeutschen Zeitung"
Beschreiben	3. Aufbau der Grafik?	Balkendiagramm, dessen Balken die sechs untersuchten Medienangebote repräsentieren: die Print- und Onlineangebote von „Bild", „Spiegel" und der „Süddeutschen Zeitung"
Beschreiben	4. Angabe von Zahlen und Größen?	Einordnung der untersuchten Artikel in Leseniveaus, die Schulstufen entsprechen: vier Leseniveaus für die Schulstufen 3–6, 7–8, 9 sowie 10–13. Wie viele Artikel im jeweiligen Leseniveau formuliert bzw. diesem zuzuordnen sind, wird in Prozent angegeben und durch verschiedene Farben verdeutlicht.
Beschreiben	5. Aussagen?	Im Vergleich der Printmedien untereinander waren die Artikel von „Bild" am verständlichsten (45 % Niveau Kl. 3–6, nur 5 % Niveau 10–13), die Artikel im „Spiegel" und in der „Süddeutschen Zeitung" in etwa gleich schwer verständlich (10 % bzw. 5 % auf Niveau Kl. 3–6, dagegen beide 24 % auf Niveau Kl. 10–13). Auch im Vergleich der Online-Portale waren die Artikel bei „Bild" am verständlichsten (24 % Niveau Kl. 3–6 gegenüber beide 3 %). Vergleicht man die jeweilige Print- und Online-Ausgabe miteinander, sind bei „Bild" und „Spiegel" die Print-Ausgaben leichter verständlich als die Online-Ausgabe; bei der „Süddeutschen Zeitung" gibt es keine Unterschiede in der Verständlichkeit beider Formate.

Erschließungsebene	Arbeitsschritt	Ergebnisse
Bewerten	6. Schlussfolgerungen?	Die Analyse offenbart die Einschränkung von Menschen, die ein niedriges Leseniveau beherrschen, bei der Wahl der täglichen Berichterstattung. Sie können sich bei der Wahl-Berichterstattung faktisch nur durch die Print-Ausgabe der „Bildzeitung" informieren (46% verständliche Artikel). Bezieht man alle Leseniveaus mit ein, die einem mittleren Schulabschluss entsprechen (Leseniveau Kl. 9), sind in der gedruckten „Bildzeitung" sogar 95% der Artikel verständlich, in den Angeboten vom „Spiegel" und der „Süddeutschen Zeitung" immerhin noch ca. 75% (außer „Spiegel" Online: 66%). Die leichtere Verfügbarkeit und weitere Verbreitung von Online-Angeboten führt erstaunlicherweise nicht zu höherer Verständlichkeit in der Darstellung.
Bewerten	7. Fehlende Informationen?	Betreffen diese Erkenntnisse zur Verständlichkeit nur die Berichterstattung vor der Bundestagswahl oder lassen sie sich verallgemeinern?

Folgen der unterschiedlich verständlichen Berichterstattung in den Medien: Für die meisten Menschen sind die Medien vor der Bundestagswahl die einzige Möglichkeit, sich über die Parteien und ihre Zielsetzungen zu informieren. Setzt man voraus, dass das erreichte Leseniveau in den meisten Fällen dem erreichten allgemeinen Schulabschluss entspricht, ergeben sich u. a. diese Folgen:
- Für die Bevölkerung, die über einen höheren Schulabschluss wie Fachhochschul- oder Hochschulreife verfügt (etwa 30%, siehe S. 33), ergeben sich keine Einschränkungen, da sie neben den Print- und Onlineangeboten von „Spiegel" und „Süddeutscher Zeitung" vermutlich zahlreiche weitere angemessene Angebote findet, die sie verständlich über die Bundestagswahl informiert.
- Eingeschränkt in der Wahl des Medienangebotes sind bereits Menschen mit einem Leseniveau der Kl. 9, was etwa einem Hauptschul-, Realschul- oder POS-Abschluss entspricht, über den etwa 70% der Bevölkerung in Deutschland verfügen. Für sie sind bei der „Süddeutschen Zeitung" (Print/Online) nur etwa 50% der Artikel, beim Spiegel (Print) immerhin 62% und bei der Bildzeitung Print 78% der Artikel verständlich.
- Menschen mit einem Leseniveau von Kl. 3–6 sind bei der „Süddeutschen Zeitung" und beim „Spiegel" als Leser fast vollkommen ausgeschlossen, bei „Bild.de" verstehen sie immerhin ein Viertel, bei „Bild" (Print) 45% der Artikel. Dieses Leseniveau haben aber nicht nur Menschen mit Lernbehinderung, sondern auch funktionale Analphabeten, Menschen mit geringen Deutschkenntnissen und Menschen mit keinem oder niedrigem Schulabschluss (vgl. ca. 4% ohne allgemeinen Schulabschluss). Damit werden diese durch die einseitig anspruchsvolle Sprache in den meisten Medien bei der Berichterstattung zur Wahl benachteiligt und damit auch bei ihrer Entscheidung für eine politische Partei. Sie sind faktisch gezwungen, sich durch die „Bildzeitung" informieren, mit all ihren bekannten Nachteilen wie Vereinfachung, Polemik und tendenziöser Berichterstattung, und damit in ihrer Teilhabe am politischen, demokratischen Geschehen eingeschränkt.

Training 2:
Sachtexte schriftlich analysieren und zu ihnen Stellung beziehen

1. Sachtexte schriftlich analysieren

>> Seite 38

1. Analysieren Sie den Sachtext „Wissenschaftssprache: Zwischen Verständlichkeit und Fachterminologie", indem Sie
   - Textaufbau und Argumentation untersuchen,
   - Sprache und Stil erläutern sowie
   - die Wirkung auf den Leser und die Intention des Autors erschließen.

   Diskutieren Sie anschließend, inwiefern Sie Sprache und Argumentation des Autors für angemessen und überzeugend halten.

2. Erarbeitung des Textes mit der Konspektmethode, vgl. Online-Bereich.

>> Seite 40

3. Textaufbau und Argumentation
   - Titel: pointierte Formulierung des Dilemmas der Wissenschaftssprache bzw. Fachsprache zwischen den Antipoden (Allgemein-)Verständlichkeit und Fachterminologie
   - Z. 1–7: Einführung in die Problematik: Wiedergabe der Position der Gegner von Wissenschaftssprache und Infragestellung dieser Position mithilfe rhetorischer Fragen
   - Z. 8–13: Vorwegnahme von Einwänden/Argumenten gegen Wissenschaftssprache; rhetorische Frage nach der Verwerflichkeit von Wissenschaftssprache
   - Z. 14–24: Wiedergabe der Kritik an sozial- und geisteswissenschaftlichen Fachsprachen; Untermauerung durch ein Zitat aus der FAZ

   - Z. 25–27: teilweise Zustimmung des Autors zu dieser Kritik; dann Einschränkung der Zustimmung
   - Z. 28–37: Argument 1 für die Verwendung von Wissenschaftssprache: Differenzierung nach Adressatenkreis; Angemessenheit von Fachsprache unter der Voraussetzung, dass der Text sich an Fachpublikum wendet
   - Z. 38–53: Paraphrase Argument 1; Untermauerung durch ein Zitat, Exkurs/ Abschweifung (Meinung anderer über dieses Zitat); Wiederholung des eigenen Standpunktes
   - Z. 54–60: Argument 2 für die Verwendung von Wissenschaftssprache: Funktion zur Markierung von Zugehörigkeiten
   - Z. 61–72: Exkurs/Beispiel: Verwendung von Fachterminologie in den Sozialwissenschaften, Verteidigung der Sozialwissenschaften
   - Z. 73–81: Schluss: ironisches Spiel mit der geringen Popularität von Soziologie bzw. Heidegger und – angedeutet – von Wissenschaftssprache im Allgemeinen

>> Seite 41

4. Sprache und Stil
   - Konjunktiv II zur Wiedergabe der Gegenposition und zur gleichzeitigen Distanzierung davon
   - zahlreiche rhetorische Fragen
   - pejorative (abwertende Formulierungen), die die Abwertung der Wissenschaftssprache durch ihre Gegner zitieren („akademische Phrasendrescher", „aufgeblähte, tendenziell hermetische Sprache", „akademisches Imponiergehabe", „Fachchinesisch" …)
   - Zitate illustrieren dem Leser, dass der Text Teil einer größeren Diskussion um Vor- und Nachteile von Wissenschafts- bzw. Fachsprache ist
   - umgangssprachliche Formulierungen (z. B. „rumgemäkelt", „sowieso", „oder?", „geoutet") → Blog-Medium, das ja ursprünglich eine Art Online-Tagebuch war, erlaubt solche umgangssprachlichen Formulierungen
   - Emoticons zum Ausdruck von Humor und Ironie, nicht ungewöhnlich für Blogeinträge

5. Wirkung auf den Leser und Intention des Autors
   - Wirkung auf den Leser: hohe Verständlichkeit der gewählten Sprache und Eingängigkeit der Argumente → passend zum Blog-Medium, das sich an Blog-Abonnenten, interessierte Öffentlichkeit und zufällig „vorbeisurfende" Internetnutzer wendet. Gemeinsam ist allen, dass sie keiner bestimmten Fachwissenschaft angehören, die ohnehin vom Nutzen ihrer Fachsprache überzeugt sind, sondern Nicht-Fachwissenschaftler sind.
   - Intention des Autors: wie bei den meisten Einträgen in Blogs handelt es sich auch hier um die Meinungsäußerung des Autors zu einem bestimmten Thema. Einerseits versucht er die Leser seines Blogs von seiner Meinung zu überzeugen, will andererseits aber auch eigene Kommentare der Leser und Diskussionen mit ihnen anregen – eine Möglichkeit, die der Blog durch das Posten von Leserkommentaren bietet.

6. Angemessenheit und Überzeugungskraft von Sprache und Argumentation
   - Überzeugungskraft der Argumentation: nur wenige substantielle Argumente für die Verwendung von Wissenschaftssprache (Verständlichkeit in Fachkreisen und Markierung von Zugehörigkeit). Weitere Argumente wie die Vorteile Kürze, Präzision und Eindeutigkeit von Fachterminologie werden nicht genannt.
   - keine stringente Argumentation: Redundanzen (z. B. Z. 39–44), Ende des Textes eher eine Apologie der Sozialwissenschaften als ein Plädoyer für die Verwendung von Wissenschaftssprache
   - Sprache: keine hochsprachliche Verteidigung von Wissenschaftssprache, sondern allgemeinverständlich formuliert, d. h. der Autor vertritt die – in der Öffentlichkeit eher unpopuläre Position *für* die Verwendung von Fachsprachen, ohne aber in seiner Argumentation Fachsprache zu verwenden. Was auf den ersten Blick unpassend erscheint, erfüllt in Anbetracht des gewählten Mediums und seiner Zielgruppe eine Funktion: Da ein Blog sich an eine interessierte, nichtfachwissenschaftliche Öffentlichkeit richtet, ist diese Sprache geeignet, um ein möglichst großes Publikum von seiner Position zu überzeugen.

>> Seite 42

7. Gliederungsvorschlag für die Sachtextanalyse von „Wissenschaftssprache: Zwischen Verständlichkeit und Fachterminologie"

   Einleitung
   - Autor und Titel
   - Textsorte
   - Publikationsform, -ort und -zeit
   - Thema des Textes
   Hauptteil: Untersuchung von …
   - Inhalt
   - Textaufbau und Argumentation
   - Sprache und Stil
   - Wirkung auf den Leser und Intention des Autors
   Schluss: Diskussion von Sprache und Argumentation des Autors nach den Kriterien von Angemessenheit und Überzeugungskraft

8. Mein Textmuster für einen Einleitungssatz:
   Marc Scheloske (Autor) beschäftigt sich in seinem Blogbeitrag (Textsorte) „Wissenschaftssprache: Zwischen Verständlichkeit und Fachterminologie", (Titel) der am 4. November 2012 (Erscheinungsdatum) auf seinem Blog „Wissenswerkstatt" (Erscheinungsort) veröffentlicht wurde, mit dem Dilemma von Wissenschaftssprachen, sich zwischen Verständlichkeit für Laien und der Verwendung von präziser Fachterminologie entscheiden zu müssen (Thema).

2. Zu Sachtexten schriftlich Stellung beziehen

>> Seite 44

1. Entscheidend sind die Einschränkungen „grundsätzlich" und „nicht auf Anhieb" sowie die Wortwahl bezüglich des Adjektivs „verwerflich", das den Aspekt der moralischen Schuld in die Fragestellung bringt.

2. Natürlich wird es nicht immer gelingen (vgl. „grundsätzlich"), einen wissenschaftlichen Text so zu formulieren, dass er von Laien, die sich um dessen Verständnis bemühen (vgl. „auf Anhieb"), auch tatsächlich verstanden wird. Es ist aber auch nicht einzusehen, weshalb man nicht umgekehrt genau diesen grundsätzlichen Anspruch haben sollte. Ihre Position könnte folglich so lauten: Die Autoren von wissenschaftlichen Texten sollten sich bemühen, so zu schreiben, dass ihre Arbeiten auch von interessierten Laien mit einem entsprechenden Bemühen verstanden werden können.

3. Scheloske stimmt scheinbar zu (vgl. „Daran ist manches wahr."), behauptet dann aber, ohne dies zu begründen: „Und doch ist es viel weniger als die halbe Wahrheit." (Z. 25) D. h. Scheloske übergeht diesen Einwand letztlich einfach.

>> Seite 45

4. Mögliche Argumente (neben der auch von Scheloske akzeptierten Feststellung, dass wissenschaftliches Schreiben oft „akademisches Imponiergehabe" sei) für die Position, Wissenschaftler sollten sich bemühen, verständlich zu schreiben:
   - Wissenschaftler werden letztlich von der Allgemeinheit bezahlt und sollten deshalb beim Schreiben der Allgemeinheit zumindest entgegenkommen.
   - Allgemeinverständliches Schreiben stärkt die Position der Wissenschaft in der Gesellschaft.
   - Allgemeinverständliches Schreiben fördert die eigene gedankliche Klarheit.

5. Eine Gliederung nach dem Sanduhrmodell ist insgesamt übersichtlicher und bietet sich insbesondere dann an, wenn nicht jedes Argument der Gegenseite widerlegt werden kann. Kann dagegen jedes Argument der Gegenseite widerlegt werden, ist das These-Gegenthese-Modell überzeugender.

6. Der Leserbrief sollte zunächst den Bezug zum Text von Scheloske herstellen, d. h. Autor und Titel müssen genannt und die zentrale These Scheloskes mit Begründung dargestellt werden. Diese These kann dann mit der eigenen Position kontrastiert werden, die im Anschluss mit mindestens zwei Argumenten zu begründen wäre. Der Schluss des Leserbriefs kann eine Forderung oder ein Fazit (auch in Form einer Bewertung des Textes von Scheloske) enthalten.

3. Den Lernfortschritt überprüfen

>> Seite 46

1. Musterergebnisse der Sachtextanalyse, vgl. Online-Bereich.

Sprachtraining: Den Umgang mit der Fachsprache verbessern

>> Seite 48

1./2. 1. Parallelismus, 2. Ellipse, 3. rhetorische Frage, 4. Ironie,
5. paraverbal, 6. Hyperbel, 7. Rhythmus, 8. Akkumulation,
9. Soziolekt, 10. Euphemismus;
Lösungswort: Periphrase (Umschreibung)

>> Seite 49

4./5.

Klimax	9.+10.	stufenweise Steigerung im Aussageinheit
Euphemismus	1.	beschönigende Umschreibung
Antithese	6.	Gegenüberstellung zweier Gedanken
Asyndeton	5.	Häufung von Begriffen, die nicht durch „und" oder „oder" verbunden sind
Parallelismus	7.	Wiederholung der Satzteilreihenfolge in mehreren aufeinanderfolgenden Sätzen, Gliedsätzen oder Syntagmen
pars pro toto	2.	Benennung des Teils statt des Ganzen
Trikolon	5.+9.	ein aus drei gleich langen und gleich gebauten Bestandteilen (Kola) zusammengesetztes Satzgefüge
Pleonasmus	3.	Wiederholung derselben Bedeutung auf verschiedene Weise innerhalb einer Wortgruppe
Paradox	8.	scheinbarer oder tatsächlich unauflösbarer Widerspruch
Ironie	11.	(im antiken Sinne:) Verstellung, die das Gegenteil des Gemeinten formuliert
Wortspiel	4.	meist als humorvoll oder geistreich beabsichtigte Umstellung oder Verdrehung eines Wortes oder Wortbestandteils

6.

Akkumulation: Um das Ausmaß der Handy- und Internetaktivitäten der Kinder zu unterstreichen, nutzt Krischke die Möglichkeiten der Akkumulation und häuft in einer Aufzählung die verschiedensten sprachlichen Betätigungen in elektronischen Medien auf: „Täglich tippen sie Millionen von Wörtern auf ihren Handy- und Computertastaturen, verbringen Stunden mit der Lektüre von SMS-Nachrichten, Chat-Sprüchen, E-Mails und Internet-Infos." (Z. 2 ff.)

Trikolon: Demselben Zweck dient auch das Trikolon „den Simsern, Chattern und Twitterern" (Z. 6), das zusätzlich durch seinen eingängigen Rhythmus auf den Leser wirkt.

Übertreibung/Metapher/Beispiel: Die nachvollziehbare Abneigung des Lesers gegen den Sprachverfall bei dem computerfixierten Nachwuchs veranschaulicht er zum einen durch Übertreibung, wenn er unterstellt, die Sprache der Kinder sei „Lichtjahre" (Z. 8) von der Hochsprache entfernt, zum andern durch abwertende Metaphern und ein ausgesucht abstoßendes Beispiel: „booaaa mein dad voll eklich wg schule *stöhn* haste mo zeit? hdgdl" (Z. 8 f.). Wenn er außerdem von „sprachlichen Trümmerlandschaften" (Z. 11) spricht, wird der voreingenommene Leser in seiner Voreingenommenheit bestätigt, und auf das gewählte Zitat wird er wegen der einschlägigen Abkürzungen mit Unverständnis reagieren. Darüber hinaus richtet es sich inhaltlich gegen die Schule, also gegen die Vermittlerin der Standardsprache.

Ironie: Die gesamte Tendenz dieser Zeilen ist ironischer Natur. Das zeigt sich vor allem in der Wortwahl, wenn der Verfasser zum Beispiel die Verfechter der Hochsprache unterdreibend „Freunde … ganzer Sätze" (Z. 9 f.) nennt oder die Hochsprache abwertend als „Sprechschreibe" (Z. 7) kennzeichnet.

rhetorische Frage: Auch die abschließende rhetorische Frage (Z. 10 ff.) ist eigentlich eine ironische Frage: Sie lässt nämlich ausnahmsweise zwei Antworten zu – je nachdem, wer Sie beantwortet. In den Augen des fiktiven Lesers handelt es sich um eine echte rhetorische Frage, weil sie die Antwort schon enthält: Ja, wird der Leser sagen, diese „Computerkids" werden nie ein formal richtiges Bewerbungsschreiben verfassen können. Die Tendenz des Artikels ist aber eine andere: Die später zitierten Fachleute werden behaupten, dass der Nachwuchs sehr wohl zwischen den Sprachregistern unterscheiden und sich angemessen in der Standardsprache ausdrücken kann.

Analyse und Interpretation erzählender Texte

Training 1: Eine Inhaltswiedergabe verfassen

1. Die Vorkenntnisse überprüfen

>> Seite 50

1.

Es war einmal ein kleines Mädchen, Rotkäppchen genannt, das seine kranke Großmutter besuchen sollte, um ihr einen Korb mit Leckereien zu bringen. Rotkäppchen ging, ein Liedchen pfeifend, durch den Wald, als plötzlich ein Wolf aus dem Gebüsch auftauchte. Der Wolf horchte Rotkäppchen über den Gesundheitszustand und die Wohnverhältnisse der Großmutter aus, eilte schneller als das Mädchen zu ihrem Häuschen und frisst die Ärmste. Er legt sich als Großmutter verkleidet ins Bett und wartet auf Rotkäppchen. Bald darauf erreicht Rotkäppchen das Haus, tritt ein und begibt sich an Großmutters Bett. Da wundert es sich über die Gestalt der Großmutter und fragt erstaunt: „Aber Großmutter, was hast du für ein entsetzlich großes Maul!" – „Dass ich dich besser fressen kann", grunzt daraufhin der Wolf und verschlingt die dumme Göre.	*Erzählform – Märchenform* *falsches Tempus: Präteritum* *Nacherzählung von Bewegungsabläufen; Ausschmückung, Dramatisierung* *Tempuswechsel* *Reihung, zu viele Handlungsdetails, keine Konzentration auf das Wesentliche* *wörtliche Rede/szenische Darstellung* *falsches Sprachregister: Erzählung statt sachlicher ,Bericht' (Ab-)wertung*

2. Eine Inhaltswiedergabe systematisch erarbeiten

>> Seite 51

1.

W-Fragen	„Der Filialleiter"
Wer spricht/ wer handelt?	Willy P., Filialleiter eines Supermarktes
Mit **wem**?	Maria-Lisa, seine Ehefrau
Wo und **wann**?	am späteren Abend eines beliebigen Wochentages; nicht näher bestimmte Gegenwart
Worüber?	im Fernsehen: Maria-Lisas Abneigung gegenüber ihrem Ehemann Zuhause: nahezu sprachloser Alltag, vor allem Schilderung von Bewusstseinsinhalten
Warum?	Maria-Lisa: Hass und Ekel Willy P.: emotionale Vernachlässigung seiner Frau
Wozu, mit welchem Ziel?	*bleiben ausgespart*
Wie, auf welche Weise?	Willy P.: Erschütterung über die Zerstörung seiner Beziehung und seiner Alltagsroutine

>> Seite 52

2.
1. Z. 1–7: vgl. Arbeitsheft
2. *Zuspitzung der Beschämung* (Z. 8–14): Die Eröffnung seiner Frau, dass sie ihn nicht nur hasst, sondern sich sogar vor ihm ekelt, trifft den Filialleiter wie ein Schock.
3. *unmittelbare Folgen der öffentlichen Bloßstellung* (Z. 15–28): Der Filialleiter ist desorientiert und versucht sich krampfhaft in seiner gewohnten Umgebung zurechtzufinden.
4. *weiter reichende Folgen der öffentlichen Bloßstellung* (Z. 29–40): Der Filialleiter sieht seine Existenz zerstört.
5. *Schluss* (S. 41–45): *Verdrängung des Konflikts bzw. der Katastrophe:* Das Ehepaar verzichtet darauf, den Konflikt auszutragen, und kehrt zu seinen Alltagsritualen zurück.

>> Seite 53

3.

Autor/Autorin	Thomas Hürlimann
Titel	„Der Filialleiter"
Jahr der Abfassung oder der Veröffentlichung	1992 in dem Sammelband „Die Satellitenstadt" veröffentlicht
Ort der Veröffentlichung	Zürich
Textsorte	Kurzgeschichte oder „Kürzestgeschichte"
Thema	Entlarvung einer ruinierten Ehe

>> Seite 54/55

4.

> In dieser[1] Kurzgeschichte „Der Filialleiter", geschrieben von Thomas Hürlimann[2], geht es um einen Filialleiter namens Willy P.[3], der nach der Arbeit seine Füße badet und dabei fernsieht[4].

1. Bz: Die Kurzgeschichte wird durch das Pronomen „dieser" schon als bekannt vorausgesetzt. Es fehlen wesentliche Angaben zu den W-Fragen.
2. Sb: Falsche Partizipialkonstruktion. Besser: „die von Th. H. verfasst wurde."
3. Es geht nicht um die Einzelperson „Willy P.", sondern um die Lebenslüge eines Ehepaares.
4. Es werden Handlung und Thema verwechselt.

5.

Form A – die einfache Inhaltswiedergabe	Form B – die strukturierte/ analytische Inhaltswiedergabe
Vor- und Nachteile: 1. Sie müssen sich nicht auf zwei Aspekte gleichzeitig konzentrieren. 2. Die einfache Inhaltswiedergabe lässt sich flüssiger „herunterschreiben" und setzt nicht so viel analytische Vorarbeit voraus. 3. Der Leser wird behutsam von einem Schritt zum nächsten geführt. 4. Die Darstellung wirkt umständlicher und weniger elegant: Wenn Sie in der folgenden Analyse die Struktur der Handlung erläutern, müssen Sie auf die Inhaltswiedergabe zurückgreifen.	Vor- und Nachteile: 1. Dem Leser wird gleichzeitig mit dem Abriss der Handlung deren Aufbau vermittelt. Eine zusätzliche Aufbau-Analyse führt oft zu Wiederholungen. 2. Die Gefahr einer Nacherzählung ist von vornherein ausgeschlossen. 3. Die analytische Inhaltswiedergabe setzt voraus, dass der Verfasser schon eine präzise Analyse des Textes durchgeführt hat.

6.

Inhalt des Abschnitts (für Form A und B)	Funktion des Textabschnitts (für Form B)	Fließtext der Inhaltswiedergabe
1. vgl. AH	vgl. AH	vgl. AH
2. Willy P. sitzt weiterhin mit seiner Frau vor dem Fernseher und weiß nicht, wie er mit dem Gesehenen umgehen soll.	*Zuspitzung der Beschämung*	… Damit ist schon zu Beginn der Erzählung der Konflikt dramatisch zugespitzt.

3. Das hat unmittelbar zur Folge, dass der Filialleiter völlig entsetzt reagiert und nicht mehr zwischen seiner Alltagswirklichkeit und der Wirklichkeit im Medium Fernsehen zu unterscheiden weiß. Krampfhaft versucht er, sich in seinem gewohnten Umfeld, das sich durch die öffentliche Bloßstellung verfremdet hat, neu zu orientieren.

4. Ihm wird zunächst klar, dass als weiterreichende Folge der Bloßstellung seine Existenz als achtbarer Supermarktleiter und untadeliger Ehemann gescheitert ist.

5. Trotzdem tragen er und seine Frau diesen fundamentalen Konflikt nicht aus, sondern setzen am Schluss dieser „Kürzestgeschichte" ihre abendlichen Alltagsrituale fort.

>> Seite 57

9. Konspekt:
1. Einleitende Klärung der Situation: Blinde wollen eine Vorstellung davon gewinnen, wie ein Elefant beschaffen ist.
2. Hauptteil:
   a) Die Blinden berühren den Elefanten an verschiedenen Körperteilen.
   b) Die Blinden haben alle verschiedene innere Bilder vom Elefanten entwickelt und vergleichen ihn mit den verschiedensten Gebilden aus der ihnen bekannten Wirklichkeit.
   [3. Schluss(folgerung): Sie fehlt, denn der Leser soll sie selbst ziehen.]
   Nikos Kazantzakis, „Die Blinden": Inhaltswiedergabe, vgl. Online-Bereich.

3. Den Lernfortschritt überprüfen

>> Seite 58

1.

Im Kinderbuch „Vorstadtkrokodile", <u>geschrieben von Max von der Grün</u> im Jahre 1977, <u>geht es über</u> eine Bande, die aus neun Jungen und einem Mädchen besteht.	*Thema und gegebenenfalls Erscheinungsort fehlen. A/Gr: „geht es um" Lösungsvorschlag: Das Kinderbuch „Vorstadtkrokodile", das Max von der Grün im Jahre 1977 veröffentlicht hat, handelt von der Integration eines Behinderten in eine Kinderbande.*
Die Kurzgeschichte „Nachts schlafen die Ratten doch", <u>geschrieben von Wolfgang Borchert</u>, <u>dreht sich um</u> den neunjährigen Jungen Jürgen.	*Thema, Zeit und gegebenenfalls Erscheinungsort fehlen. A: „handelt von" Lösungsvorschlag: Die von Wolfgang Borchert 1947 verfasste Kurzgeschichte „Nachts schlafen die Ratten doch" spielt im Zweiten Weltkrieg in einer durch den Bombenkrieg zerstörten Stadt. Einem völlig verzweifelten Jungen, der bei einem Angriff seinen Bruder verloren hat, versucht ein Fremder neue Hoffnung zu geben.*
Der Jugendroman „Die Wolke" von Gudrun Pausewang ist 1987 erschienen.	*Thema und gegebenenfalls Erscheinungsort fehlen. Lösungsvorschlag: Der 1987 erschienene Jugendroman „Die Wolke" von Gudrun Pausewang schildert das Schicksal der vierzehnjährigen Schülerin Janna-Berta, die bei einem Reaktorunfall ihre Familie verliert und selber radioaktiv verstrahlt wird.*

2.

Eine Prinzessin, <u>die so schön ist, dass die Sonne selbst sich jedes Mal verwundert, wenn sie auf ihr Gesicht scheint,</u> <u>spielte</u> in der Nähe des Brunnens mit ihrer goldenen Kugel. Die Kugel <u>fiel</u> in den Brunnen, worauf die Prinzessin sehr traurig war. Ein Frosch versprach ihr, die Kugel wiederzubringen, wenn die Prinzessin ihm einige Zugeständnisse macht: <u>Er wolle ihr Geselle und Spielkamerad sein, an ihrem Tischlein neben ihr sitzen, aus ihrem Becherlein trinken und in ihrem Bettlein</u>	*Zu detailliert, sprachlicher Schmuck Erzähltempus* *Wortmaterial der Märchenvorlage, zu detailliert*
<u>schlafen.</u> Die Prinzessin <u>verspricht</u> es ihm, denkt jedoch nicht daran, dieses Versprechen einzuhalten. Als der Frosch später kommt, um das Versprechen einzufordern, wird der Vater zornig und fordert von seiner Tochter, dass sie hält, was sie dem Frosch versprochen hat: <u>„Wer dir geholfen hat, als du in Not warst, den sollst du hernach nicht verachten!"</u> Die Prinzessin gehorcht ihrem Vater, doch als der Frosch zu ihr ins Bett kommt, wirft ihn die Prinzessin voll Ekel an die Wand. Der Froschkönig verwandelt sich in einen <u>Königssohn mit schönen freundlichen Augen</u> und erzählt ihr, dass er von einer bösen Hexe verwünscht worden war und niemand ihn <u>erlösen hätte können</u> als eben die Prinzessin alleine.	*Tempuswechsel* *wörtliche Rede* *sprachlicher Schmuck* *Gr/St: „hätte erlösen können"*

„Der Froschkönig": Inhaltswiedergabe, vgl. Online-Bereich.

>> Seite 59

4.

Sinn der Inhaltswiedergabe	Unsinn der Inhaltswiedergabe
Man lernt, ... sich auf das Wesentliche eines Textes zu konzentrieren,	Die Regeln pressen den Schreiber in ein enges Korsett.
... Zusammenhänge zu erfassen und wiederzugeben,	Alles, was die Erzählung „schmückt", ihr ganz besonderer Stil, an dem der Autor wahrscheinlich lange gefeilt hat, soll weggestrichen werden. Auch die „Spannung" muss aus der Handlung herausgenommen werden.
... Distanz zu einem (u. U. spannenden oder faszinierenden) Text zu gewinnen.	Um eine Inhaltsangabe sinnvoll schreiben zu können, muss man den Text vollständig verstanden haben. Das setzt eine Menge Vorleistungen voraus, sodass es schwierig ist, den Inhalt zu Beginn einer Analyse wiederzugeben.

Training 2: Erzähltechnik und Sprache untersuchen

1. Die Vorkenntnisse überprüfen

>> Seite 60

1. 1. Perspektive, 2. episches Genre, 3. Rückblende, 4. Sympathie, 5. Ordnung, 6. neutral, 7. auktorial, 8. Leerstelle; Lösungswort: personal

2. Formen des Erzählverhaltens beschreiben, unterscheiden und erklären

>> Seite 61/62

1./2.

	A Neugier – dein Name ist Weib	B Die Heinzelmännchen von Köln	C Des Schneiders Weib
Unterschiede in der Erzählweise	– ausführliche Einleitung mit Benennung des Ortes und der Zeit (Ab-ovo-Eingang) – Einführung der Handlungsträger und ihrer Funktion – Rückblicke und zukunftsgewisse Vorausdeutungen – Innenperspektive: Wissen über die Motive der Figuren – Präteritum als Erzähltempus – unmittelbare Anrede an den Leser – Reflexionen und Kommentare des Erzählers – Abschluss durch Resümee	– Verzicht auf Beantwortung der W-Fragen (In-medias-res-Eingang) – unbeteiligte Außensicht; kein Einblick in das Fühlen, Denken und Wollen der Figuren – Reduktion auf die beobachtbaren Ereignisse und Redebeiträge – Präsens wegen der Gleichzeitigkeit zum beobachtenden Kamera-Auge – schlichte Syntax, karge Wortwahl, keine charakterisierenden Attribute – Wortschatz ohne bewertende Elemente, objektiv-sachlicher Stil	– Verzicht auf Beantwortung der W-Fragen (In-medias-res-Eingang) – Innensicht und Perspektive einer einzigen Figur – Erzähler nur selten als Vermittler tätig (z. B. „Tring, die Schneidersfrau") – Wahrnehmungen und Gedanken der Figur durch erlebte Rede – Nähe zur direkten Rede durch Ausrufe und Floskeln – Rückblick, aber ansonsten gegenwartsbezogen, parallel zum Geschehen – keine übergeordnete Instanz, die die Figur kritisiert und die Konsequenzen ihres Verhaltens aufzeigt
Unterschiede in der Wirkung	– Nachahmung der ursprünglichen Erzählsituation: Der Erzähler will den Leser durch möglichst farbige Schilderung in seiner Wunderwelt gefangen nehmen. – Erzähler wirkt zuverlässig, verlässlich – Einbezug des Lesers als eines konkreten Partners – parteiische Lenkung und Belehrung des Lesers aus der Position eines Überlegenen und Weisen	– steht dem Bericht näher als dem Erzählen, der Autor fungiert als unparteiischer Augenzeuge; deshalb informierende Wirkung – naturwissenschaftlich-sachlich – kühl, ohne innere Beteiligung des Erzählers, deshalb wenig Einfluss auf die Gefühlswelt des Lesers, keine (Sympathie-)Steuerung – ohne „Moral", ohne Kommentar, deshalb Freiheit des Lesers, seine eigene „Moral" zu bilden	– wirkt spontan, vom gegenwärtigen Augenblick eingegeben – Illusion, Wirklichkeit mitzuerleben – Teilnahme des Lesers an der Innenwelt der Figur (ohne dass er notwendigerweise für diese Sympathie empfinden müsste) – Freiheit des Lesers insofern, als er die Figur und ihr Verhalten selber beurteilen muss

3./4.
Die Er-/Sie-Erzählung
Beschreibung:

Der Erzähler (dunkle Kleidung) hebt die Gehirnplatten an und schaut in die Köpfe hinein. Er steht außerhalb der Gesprächsrunde und nimmt am Gespräch nicht teil. Seine Position ist erhöht, seine Blickrichtung führt von oben nach unten. Die Uhr um seinen Hals soll wohl andeuten, dass er Herr über die Zeit ist.	Der Erzähler schaut durch ein Fenster auf das Geschehen. Dieses ist identisch mit dem Kopf einer der Figuren. Er verschmilzt also partiell mit dieser (Reflektor-)Figur. Dadurch befindet er sich auf gleicher Ebene wie die Figuren. In der Hand trägt er sein Schreibgerät, mit dem er seine Eindrücke gleichzeitig zum Geschehen notieren wird.	Der Erzähler befindet sich außerhalb des Kreises der Figuren. Ihm fehlt der Überblick; er kann in keine Figur hineinschauen. Er beteiligt sich auch nicht (wie die entsprechende Figur im 2. Bild) am Gespräch. Er kann nur registrieren, was er sieht. Deshalb ist sein Kopf durch eine Kamera ersetzt.

Erklärung der Funktion:

	auktorial	personal	neutral
Standort	Erzähler steht über dem erzählten Geschehen („Vogelperspektive").	Erzähler ist über seine Reflektorfigur (die Figur, aus deren Perspektive er erzählt) am Geschehen unmittelbar beteiligt („Normalsicht").	Erzähler steht an einem fixen Punkt außerhalb des Geschehens („Kamera-Auge").
Wissen	Erzähler kennt Hintergründe, Zusammenhänge und den Ausgang des fiktiven Geschehens.	Erzähler weiß nur das, was seine Reflektorfigur über das Geschehen weiß.	Erzähler weiß nur das, was von außen zu sehen ist.
Innensicht	Erzähler kann die Innenperspektive aller Figuren annehmen.	Erzähler kennt nur das Innere seiner Reflektorfigur.	Erzähler hat überhaupt keine Innenperspektive.
Wertung	Erzähler kann das Gesamtgeschehen kommentieren und bewerten.	Erzähler ist an die Weltauffassung seiner Reflektorfigur gebunden.	Erzähler wertet nicht, erzählt sachlich und „neutral".

>> Seite 63

5.

Wie kommt die Verstörung des Filialleiters zustande?	Wie kommt die Verstörung des Lesers zustande?
vgl. AH. – Die Talkshow entlarvt die Scheinwelt seiner Ehe, in der er bisher lebte. – Die Ehefrau tritt ihm unvermittelt im Medium Fernsehen entgegen, während sie gleichzeitig „real" an seiner Seite sitzt. – Die Enthüllungen im Fernsehen stehen in keinem Kontext (z. B. einer Ehekrise) und sind durch nichts vorbereitet.	vgl. AH. – Er tappt wie Willy P. im Dunkel, da er an dessen Perspektive gebunden ist und nur das kennt und weiß, was Willy P. kennt und weiß. – Er muss die Zusammenhänge sukzessive rekonstruieren. – Da er der Hauptfigur sehr nahe ist, empfindet er die Peinlichkeit der Demaskierung ebenfalls als beschämend.

Bezeichnung und Erklärung des Erzählverhaltens: Der personale Erzähler nutzt Willy P. als Medium/als Reflektorfigur. Dadurch wird die Wahrnehmung auf das Bewusstsein der Hauptfigur eingeschränkt. Er stellt szenisch dar: Der Leser verfolgt gleichzeitig mit der Figur das Geschehen (nur im letzten Satz findet ein Zeitsprung mit größerer Zeitraffung statt). Die Vermittlung der Wirklichkeit geschieht zum großen Teil durch die erlebte Rede, also durch einen Einblick in die spontanen Bewusstseinsvorgänge der Figur.

3. Die Rede- und Gedankenwiedergabe analysieren

1.

Originaltext: erlebte Rede	Umformung in indirekte Rede
a) Hier, fand er, war sie flacher als im Leben. […]	a) Der Filialleiter fand, dass sie hier flacher sei als im Leben.
b) Kein Spuk – Wirklichkeit!	b) Nein, dachte er, das könne kein Spuk sein, das sei Wirklichkeit.
c) Ungeheuerlich! Auf dem Schirm wurde das emotionale Defizit eines Ehemanns behandelt, und dieser Ehemann war er selbst, der Filialleiter Willy P.!	c) Er war der Auffassung, dass das, was da ablief, ungeheuerlich sei. Auf dem Schirm werde das emotionale Defizit eines Ehemanns behandelt, und dieser Ehemann sei offensichtlich niemand anderer als er selbst, der Filialleiter Willy P.!

>> Seite 64

2.

	Originaltext: erlebte Rede	Umformung in indirekte Rede
Beschreibung	1. Hauptsätze, die Redeformel in diese eingeschoben 2. wörtliche Wiedergabe 3. Ausrufe und Ellipsen (verkürzte Sätze), Verzicht auf Überflüssiges 4. Indikativ Präteritum	1. Nebensätze, abhängig von einer Redeeinleitung („er fand") 2. Wiedergabe durch den Erzähler 3. Der Rede- oder Gedankeninhalt wird als Äußerung einer anderen Person vermittelt. 4. Konjunktiv I, der wegen seiner Seltenheit heute nicht mehr von allen Sprechern beherrscht wird
Erklärung (Wirkung)	1. wirkt spontan und direkt 2. wirkt emotionaler 3. lässt den Leser an Innenwelt der Figur teilhaben	1. wirkt steif und umständlich 2. Außensicht und Konjunktiv bewirken Neutralität und 3. dadurch größere Distanz

3.

	Außensicht (Maria-Lisa)	Innensicht (der Filialleiter)
Darstellung einer Figur durch ...	Sie wird durch fremde Augen gesehen, hier durch die des Erzählers und ihres Ehemanns. Authentisch gespiegelt wird sie nur in ihrer wörtlichen Rede und in dem, was sie tut, also dem, was von außen sichtbar ist. Aufgrund der fehlenden Innensicht wird sie u. U. perspektivisch verfremdet und verzerrt („Hier, fand er, war sie flacher als im Leben"). Ihre Motive bleiben teilweise ungeklärt (warum akzeptiert sie trotz ihres Ekels vor dem Mann weiterhin die Rolle als dienende Ehefrau?).	Die Psychologie der Figur und damit die Motive ihres Verhaltens werden offengelegt. Die Bewusstseinsvorgänge laufen konkret und unmittelbar vor dem Leser ab.
Einschätzung der Figur durch den Leser	Zwischen Figur und Leser besteht eine größere Distanz. Der Leser hat ein Informationsdefizit und damit Schwierigkeiten, die Wünsche, Sehnsüchte, Erfahrungen, Beweggründe etc. der Figur zu rekonstruieren. Es ist deshalb möglich, dass er die Figur falsch oder ungerecht einschätzt.	Der Leser befindet sich nahe bei der Figur, aber hegt nicht unbedingt Sympathie für die Figur. Dank intimerer Kenntnis der Innenwelt ist ihm eine genauere Beurteilung der Figur und ihres Wesens möglich. Durch die Verzerrungen und Übertreibungen wirkt der Erzähler indirekt auf die Einschätzung des Lesers ein.

>> Seite 65

4. Beziehung zwischen den Figuren in Hürlimanns „Der Filialleiter"

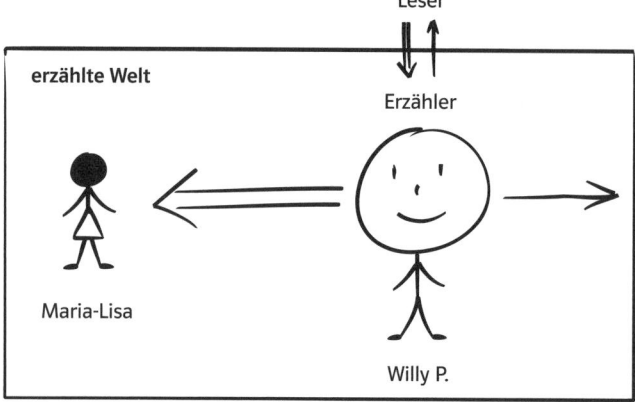

5. Thomas Hürlimann, „Der Filialleiter": Analyse des Erzählverhaltens, vgl. Online-Bereich.

6. Thomas Hürlimann, „Der Filialleiter": Erzählung aus Sicht von Maria-Lisa, vgl. Online-Bereich.

4. Den Lernfortschritt überprüfen

>> Seite 66

1. … als auktorialer Erzähler: Es geschah am späten Mittwochnachmittag im finstern Monat November kurz vor Geschäftsschluss in Düsseldorf-Benrath. Andrea L., die Bankangestellte, wollte gerade die Kasse schließen, sie träumte vom Feierabend, dachte an ihren Freund, da passierte, was ihr noch nie passiert war: Ein maskierter Bankräuber hielt ihr die Pistole unter die Nase. Bankräuber F. brauchte nur diese blonde Tussi zu sehen, um zu wissen: Dieses Würstchen da hinter der Kasse hatte gegen ihn keine Chance.
Ja, lieber Leser, das ist der Lauf der Welt: Gewalt geht vor Recht.

… als personaler Erzähler: „Hände hoch!", schallt es durch den Kassenraum. Andrea L., die Frau hinter dem Schalter, schrickt zusammen. Ein maskierter, offensichtlich jugendlicher Bankräuber ist aus dem Dunkel der Straße mit gezückter Pistole vor ihr aufgetaucht. Das muss natürlich mir passieren, dachte Andrea L. Schon lange stand sie im Dienst der NRW-Bank, aber einen Überfall hatte sie noch nie erlebt. Verdammt, wo ist der rote Knopf? Der Kerl scheint ja wirklich nicht mit sich spaßen zu lassen.

… als neutraler Erzähler: Draußen dunkelt es schon. Der Räuber betritt die Bankfiliale. Er hat sich maskiert. Er richtet die Pistole auf die Frau hinter den Schalter. Er ruft: „Hände hoch!" Die Frau hebt die Hände. Sie versucht keine Gegenwehr. Die Banknotenbündel liegen griffbereit zur Übergabe da.

2. Richtig: A, E, F, G, H, J, M; Korrektur:
   B: Er kann nur in den Kopf einer Figur blicken.
   C: Kein Mensch ist allwissend. Der personale Erzähler weiß so viel und so wenig wie seine Reflektorfigur.
   D: Der personale Erzähler weiß weniger als die Figuren, da er von keiner eine Innensicht besitzt.
   I: Es kann einen neutralen Ich-Erzähler geben, aber nur in ganz seltenen Fällen. Er muss aber jede persönliche Sicht auf das Erzählte ausschalten.
   K: Der personale Erzähler ist an die Gegenwart seiner Reflektorfigur gebunden. Er kann Vermutungen über die Zukunft anstellen, aber er hat kein Wissen über die Zukunft.
   L: Ich-Erzähler können v.a. dann auktorial sein, wenn das Ich aus dem Rückblick erzählt. Er besitzt die Fähigkeit, die erzählte Welt aus der Retrospektive mit neuen Einsichten zu ordnen.

>> Seite 67

3. A: Neutrales Erzählverhalten
   – Das Geschehen wird von außen betrachtet.
   – Der Erzähler besitzt keine Innensicht in eine der Figuren.
   – Er reiht seine Beobachtungen aneinander, ohne Bezüge und Zusammenhänge herzustellen.
   – Er verzichtet auf jegliche Wertung und auf sprachlichen Schmuck, der eine Wertung mit sich bringen könnte. Er erzählt wie das Objektiv einer Kamera.
   B: Auktoriales Erzählverhalten
   – Der Erzähler beantwortet einleitend die W-Fragen und orientiert den Leser genau über die Zentralfigur.
   – Er hat den Überblick, kann zurückschauen und vorausdeuten.
   – Er kennt Beziehungen und Zusammenhänge.
   – Er kommentiert und bewertet massiv nicht nur das Geschehen, sondern auch die Moral seiner Hauptfigur.
   C: Personales Erzählverhalten
   – Obwohl in Er-Form erzählt wird, nimmt der Erzähler die Innenperspektive ein („das merkte er wohl").
   – Er nimmt beim Blick auf die Außenwelt ebenfalls die Perspektive, die Wahrnehmung und die Weltauffassung seiner Reflektorfigur – seines Mediums – ein (er versucht, die Veränderung seiner Stimme auf natürlichem Wege zu erklären).
   – Der Erzähler verfügt über kein Wissen, das über das Wissen der Reflektorfigur hinausginge (Erinnerung an früheres Aufstehen); deshalb ist er an deren Gegenwart gebunden (Vermutung, kein Wissen, wie sich das Aufstehen gestalten könnte).

4. a) „Sterben in der ersten Person" ist in einer „natürlichen" Erzählsituation ausgeschlossen. Trotzdem kommt dieser Fall in der neueren Erzählkunst immer wieder vor. Während früher (vor allem im 18. Jh.) nur Wahrscheinliches erzählt werden sollte, kann heute der Ich-Erzähler durchaus auktoriales Wissen besitzen und Ereignisse und Zusammenhänge schildern, die nicht auf seine direkte Wahrnehmung oder seine Erfahrung beschränkt sind.
   b) Nein. Vollkommene Neutralität gibt es nur in der Mathematik. Wo immer Sprache verwandt wird, schwingt z.B. in der Wortwahl oder in der Verknüpfung der Satzteile und Sätze oder in der Auswahl des Erzählten Subjektives mit.
   c) Nein. Der Leser erfährt zwar u.U. sehr Intimes über die Figur, und es liegt oft nahe, sich mit ihr zu identifizieren. Er muss aber immer die Selbstständigkeit im Denken und im Beurteilen besitzen, um sich möglicherweise von der Figur zu distanzieren. Oft setzt der Erzähler auch durch den Zusammenhang Signale, die deutlich machen, wie er das Wesen oder das Verhalten der Figur beurteilt.
   d) Obwohl der Ich-Erzähler vorgibt, seine eigenen Erlebnisse oder Vorkommnisse aus seiner eigenen Erfahrung zu erzählen und quasi als Augenzeuge auftritt, gilt er prinzipiell als unzuverlässig, weil er u.U. nicht nur subjektiv, naiv oder emotionsbetont erzählt, sondern auch oft mit dem Erzählakt konkrete persönliche Interessen verfolgt. So will er sich nicht selten rechtfertigen, seine Schuld erläutern und entschuldigen oder sich beim Leser einschmeicheln. Dabei kann es leicht geschehen, dass er es mit der Wahrheit nicht so genau nimmt.

Training 3: Erzähltexte schriftlich interpretieren

1. Eine Interpretation eines Erzähltextes verfassen

>> Seite 68

1. Untersucht werden sollen Erzähltechnik, Sprache sowie ein inhaltlicher Aspekt (Kontrast zwischen Realität und späterer Fernsehsendung); daraus soll die eigentliche Interpretation abgeleitet werden.

2. wichtige Inhaltsaspekte: Geschildert wird, wie es bei der im Spätsommer produzierten Fernseh-Silvesterparty zu einer unvorhergesehenen Stimmungsexplosion unter den Statisten kommt. Diese beginnen, spontan zu feiern, und der Regisseur verliert die Kontrolle über sie. Erst nach etwa zwei Stunden beruhigt sich die Lage und die Aufnahmen können fortgesetzt werden.

>> Seite 69

3.

Realität	Fernsehsendung
– Ende August / Anfang September	– Silvester
– Playback-Auftritte	– „Live"-Auftritte
– vielfach unterbrochen	– geschlossenes Geschehen
– Pannen	– reibungsloser Ablauf
– Statisten	– „Gäste"
– Ermunterung durch das Team	– stimmungsvoll

>> Seite 70

4. auktorialer Er-Erzähler aus der Außenperspektive

5. Der Erzähler schildert die Ereignisse aus einer kritischen Distanz heraus, indem er scheinbar nur den Inhalt „inoffizieller Berichte" wiedergibt (zur Kritik des Erzählers vgl. Aufgabe 6). Die Distanz ergibt sich dabei durch den häufigen Gebrauch des Konjunktiv I und den zweimaligen Hinweis „heißt es". Tatsächlich kommentiert der Erzähler aber auch und wertet sogar direkt (vgl. „Und verständlicherweise! Denn das Geschehen, das später wie ein einziges erscheint, hochgradig beschwingt und geradezu atemlos, ist in Wahrheit …", Z. 10 ff.).

6. Der Text möchte auf unterhaltsame Weise auf die „Verfremdung" der Wirklichkeit durch das Fernsehen aufmerksam machen. Offizielle Berichte kämen dabei dem Eingeständnis der Fernseh- leute gleich, dass sie die Zuschauer bewusst täuschen und eine künstliche Stimmung zeigen (die „echte", tatsächliche Stimmung ist nicht fernsehfähig).

7. Die Gliederung enthält alle wesentlichen Aspekte, fällt aber zu knapp aus. Dies betrifft nicht nur die Angaben zur Erzähltechnik und Sprache (hier zeigen ja Auslassungspunkte die Unvollständig- keit an), sondern alle weiteren Punkte des Hauptteils und des Schlusses. Insbesondere müsste die Interpretationsthese (wie die Wirklichkeit manipuliert wird und mit welcher Absicht) ebenso präzisiert werden wie die eigene Bewertung des Textes.

8. Sie müssen die Gliederung nicht völlig neu entwerfen, sondern können sich an Aufgabe 7 orientieren.

>> Seite 71

9. Hier sollten Sie Ihre bisherigen Arbeitsergebnisse verschriftlichen; Burkhard Spinnen, „Silvesterparty": Analyse und Interpretation, vgl. Online Bereich.

2. Den Lernfortschritt überprüfen

1. Kommentar: Der Analyse fehlt die sachliche Distanz zur Erzählung und ihren Figuren. Sie engagiert sich emotional und trennt nicht Beschreibung und Analyse einerseits von der Wertung andererseits.

Die Bewertung des Kleinbürgers ist zwar durchaus nachvollziehbar, doch übernimmt sie die Ironie des Autors gegenüber seiner Figur. Dadurch wirkt die Figurenanalyse selbstgerecht und überheblich. Im Sinne der gebotenen Sachlichkeit wäre es angemessen gewesen, die Wertungen nicht als die eigenen, sondern als die des Autors herauszustellen, sie zu ‚perspektivieren'. Zum Beispiel: „Der Autor stellt Willy P. mit den Mitteln der Ironie als Kleinbürger dar."
Außerdem hätte die Analyse in der Wortwahl wesentlich leidenschaftsloser und unparteiischer verfahren müssen. „Albern", „borniert", „Stumpfsinn", „mit Bier abfüllen", „Kasten" (auch wenn das Wort in Anführungszeichen geschrieben ist) gehören nicht zum Wortschatz einer sachbezogenen Analyse.

2. Thomas Hürlimann, „Der Filialleiter": Figurenanalyse Willy P., vgl. Online-Bereich.

Sprachtraining: Den angemessenen Ausdruck wählen

1. Die Stilhaltung der Analyse

>> Seite 72

1. Aussage D: Die Analyse ist eine informierende Textsorte, die aber nicht langweilig wirken sollte. Spannungssteigernde und dramatisierende Elemente stören hier ebenso wie eine überaus bildhafte Sprache: Dies passt eher zu produktiven Texten. Da Verständlichkeit und prägnante Kürze wichtige Kriterien der Analyse sind, sollte man auch keine unnötig komplizierte Sprache verwenden und Wiederholungen vermeiden. Dennoch sollten Sie sachlich schreiben. Die Einleitung dient dazu, Grundinformationen zur gestellten Aufgabe und zur Textvorlage zu liefern.

2. Mögliche Regeln (siehe dazu auch die Lösung zu Aufgabe 1):
   1. In der Analyse sollte ich mich möglichst sachlich, aber zugleich lebendig ausdrücken.
   2. Auf spannungssteigernde und dramatisierende Elemente sollte verzichtet werden.
   3. Auch eine allzu bildhafte Sprache sollte vermieden werden.
   4. Ein abwechslungsreicher Satzbau erleichtert das Verständnis.
   5. Wiederholungen sind überflüssig.
   6. Umgangssprache sollte vermieden werden.

2. Das treffende Wort

1. 1A: „Zum Hals raushängen" ist umgangssprachlich, genauso wie „ankotzen" oder „keinen Bock haben".
   2A: Der Ausdruck „im Zusammenhang stehen" erfordert die Präposition „mit".
   3B: „auftauchen" ist ein falsches Bild: da ein Motiv im Text steht, kann es nicht auftauchen.
   4A: „Bezug nehmen auf" ist eine feststehende Wendung, weil das Verb „sich beziehen" durch ein Präpositionalobjekt ergänzt wird, das mit „auf" verbunden ist.
   5B: Wird „um etwas handeln" im Sinne von „sein" gebraucht, erfordert dieser Ausdruck die Präposition „bei".
   6B: Die Ausdruck „gehen um" weist auf das Thema eines Textes hin, ebenso wie „handeln von".
   7A: Siehe Lösungen zu Satz 5 und 6.
   8B: Zwei Sachverhalte werden *mit*einander verglichen, nicht zueinander.
   9B: „Gleichzeitig" bezeichnet Sachverhalte, die zeitlich parallel verlaufen, „zugleich" bezieht sich auf Sachverhalte, die im Allgemeinen parallel oder gegensätzlich sind, unabhängig von der Zeit.
   10B: Das Wort „Leute" ist umgangssprachlich und hat einen abwertenden Beigeschmack.

>> Seite 73

2. A Friedrich Dürrenmatt schrieb das Buch „Die Physiker" im Jahr 1961. → Friedrich Dürrenmatt schrieb das Drama (oder: die Komödie) „Die Physiker" im Jahr 1961. („Buch" ist keine spezifische Gattungsbezeichnung. In ein- und demselben Buch können Erzählungen, Dramen und Gedichte abgedruckt sein.)

B In dem Textauszug handelt es sich um Möbius. → Der Textauszug handelt von Möbius. (Siehe Aufgabe 1, Satz 5 und 6.)

C Auf Seite 53 ermordet Möbius Schwester Monika. → Möbius ermordet Schwester Monika (siehe S. 53). (Die Präposition „auf" bezeichnet ein örtliches Verhältnis, wie z.B. in „auf dem Berg" oder „auf dem Weg", also adverbialen Bestimmungen, die sich auf eine Tätigkeit, hier: „ermorden", beziehen; die Frage „Wo ermordet Möbius Schwester Monika?" ließe sich mit „im Salon" beantworten, aber nicht mit „auf Seite 53".)

D Frau Rose will mit ihrem Mann und Söhnen zu den Marianen reisen. → Frau Rose will mit ihrem Mann und ihren Söhnen zu den Marianen reisen. (Im ersten Satz bezieht sich das Possessivpronomen „ihrem" auf den Mann und die Söhne, als „ihrem Söhnen", was grammatisch falsch ist.)

E Der Textauszug macht Andeutungen zu Fräulein von Zahnds Verrücktheit. → Der Textauszug macht Andeutungen auf Fräulein von Zahnds Verrücktheit. („Andeutungen machen auf" ist eine feststehende Wendung.)

F Der Ton zwischen den drei Physikern wird härter. → Der Ton zwischen den drei Physikern wird schärfer. (Töne sind akustische Signale, wozu das Adjektiv „hart" schlecht passt; „scharfer Ton" oder „scharfer Tonfall" sind feststehende Begriffe.)

G Die Aufzählungen sorgen dafür, dass sich Bilder im Kopf des Lesers einbrennen. → Die Aufzählungen sorgen für eine verstärkte Eindringlichkeit. („Einbrennen" wirkt hier allzu metaphorisch und passt schlecht zu Bildern, die sich nicht „einbrennen" können, schon gar nicht „im Kopf")

H Entscheidend ist aber ein anderer Punkt. → Entscheidend ist aber ein anderer Aspekt. („Punkt" im Sinne von „Gesichtspunkt" oder „Aspekt" ist ein Anglizismus, genauer eine Fehlübersetzung des englischen „point".)

I Möbius' Überlegungen machen aber keinen Sinn. → Möbius' Überlegungen ergeben aber keinen (oder: wenig) Sinn. Oder: Möbius' Überlegungen widersprechen sich. („Sinn machen" ist ebenfalls eine Fehlübersetzung, und zwar der englischen Wendung „to make sense".)

J Einerseits vertritt Möbius humanes und vernünftiges Handeln, gleichzeitig ermordet er eine Krankenschwester. → Einerseits fordert Möbius humanes und vernünftiges Handeln, andererseits ermordet er eine Krankenschwester. („Einerseits" erfordert immer ein „andererseits", so wie auf „zum einen" immer „zum andern" folgen muss.)

K Seine Entscheidung, die er getroffen hat, hat schlimme Folgen. → Seine Entscheidung hat schlimme Folgen. *Oder:* Die Entscheidung, die er getroffen hat, hat schlimme Folgen. (Wenn es „seine" Entscheidung ist, dann hat auch nur er sie getroffen: Manchmal ist weniger mehr.)

L Dazu kommt hinzu, dass er sehr erregt ist. → Hinzu kommt, dass er sehr erregt ist. (Tautologie: „Dazu" und „hinzu" haben hier eine fast identische Bedeutung.)

M Fräulein von Zahnd ist scheinbar sehr musikalisch. → Fräulein von Zahnd ist anscheinend sehr musikalisch. (Wenn Fräulein von Zahnd nur „scheinbar" musikalisch ist, dann ist sie es nur zum Schein, also eigentlich nicht; wenn es jedoch den Anschein hat, dass sie tatsächlich musikalisch ist, ist sie es „anscheinend".)

N Im gesamten Drama herrschen knappe und prägnante Sätze. → Im gesamten Drama sprechen die Figuren meist in knappen und prägnanten Sätzen. („Herrschen" ist hier zu bildhaft und zugleich schief.)

3. Überflüssiges 1: Doppelmoppel

>> Seite 74

1. A anmieten → mieten: Das Präfix „an" ist überflüssig, weil das Grundwort „mieten" schon die komplette Information enthält.

B letztendlich → letztlich: Das Ende ist immer das Letzte; deshalb ist „letztendlich" tautologisch. Noch schlimmer ist „schlussendlich", weil das Wort mit dem Ende Schluss machen will.

C nächstliegendsten → nächstliegenden: „Nächstliegendsten" enthält einen doppelten Superlativ. Der zweite ist nicht nur überflüssig, sondern auch unschön. Gesteigert wird in vergleichbaren Zusammensetzungen immer der erste Teil: z.B. „weitestgehend".

D einzigste → einzige: „Einzig" ist schon die höchste Stufe der Steigerung.

E Möglichstes → Mögliches: Auch hier verstößt die Wortbildung gegen die Sprachlogik: Etwas ist entweder möglich oder unmöglich. Steigern lässt sich die Möglichkeit nicht.

F optimalere → optimale: Das lateinische Wort „optimus" bedeutet „der beste". Auch hier ist eine Steigerung nicht nur redundant, sondern sinnwidrig.

G befüllt → füllt: Wie bei „anmieten" ist das Präfix „be" redundant, weil es keine neue Information zum Grundwort hinzufügt.

4. Überflüssiges 2: Blähwörter

1. Willy P. wohnt in einer „Satellitenstadt" (eine Satellitenstadt ist ~~bekanntlich~~ eine Schlaf- und Kleinstadt im Umfeld einer Metropole). Die wenigen Informationen über ihn nennen ~~halt~~ ein paar charakteristische Details (Kuckucksuhr, Gummibaum), die ~~meiner Meinung nach immerhin~~ auf eine biedere Umgebung schließen lassen.
Der Filialleiter verbringt ~~allem Anschein nach~~ seinen Feierabend Bier trinkend vor dem Fernseher und ~~im Grunde~~ fehlt ihm die Zeit, um seine Freizeit ~~gewissermaßen~~ aktiv zu gestalten. Dieses Verhalten ist ~~m.E. natürlich~~ durch die berufliche Situation des Supermarktleiters bedingt. ~~Ich persönlich glaube,~~ dass er ~~eigentlich~~ ein guter Ehemann sein könnte, dass ihn aber ~~schon~~ der Beruf körperlich und psychisch ~~irgendwie~~ derart belastet, dass ihm ~~schlichtweg~~ die Kraft zu einer Gestaltung seines Privatlebens fehlt. Wenn der Autor ihn ~~wiederum~~ in Unterhosen und mit Plattfüßen darstellt, unterzieht er die Existenzform des Filialleiters ~~selbstredend~~ böser, ironischer Kritik.

2. total, ziemlich, ich denke, voll, absolut, definitiv, sozusagen, folgendermaßen, nun, quasi, selbstverständlich usw.
Die angeführten Wörter sind nicht in jedem Fall überflüssig; sie können sowohl Füllsel als auch notwendige Bestandteile der Aussage sein. Überprüfen Sie jeweils, ob der Satz ohne das fragliche Wort weniger Information enthält oder sich der Sinn des Satzes verändert. Wenn dies nicht der Fall ist, können Sie getrost darauf verzichten.

Analyse und Interpretation dramatischer Texte

Training 1: Die Figurengestaltung untersuchen

1. Elemente der Figurenanalyse benennen und einordnen

>> Seite 76

1. Durchgestrichen werden: ~~Epoche~~ – ~~Konflikt~~ – ~~Motiv~~ – ~~Ort~~ – ~~Textsorte~~

2. *Äußeres:* Alter, Aussehen, Geschlecht, Kleidung, körperliche Verfassung
Soziales: Beruf, Beziehungen, Familie, sozialer Stand, Sprache, Verhalten
Inneres: Absichten, Charakter, Eigenschaften, Entwicklung, Gefühle, Interessen, Weltanschauung

2. Die direkte Charakterisierung einer Figur untersuchen

>> Seite 78

1. Alle Aussagen treffen nicht zu. Angestrichen werden könnten:
Das ärmliche Studierzimmer des Galilei in Padua [...]
GALILEI *sich den Oberkörper waschend, prustend und fröhlich:* Stell die Milch auf den Tisch, aber klapp kein Buch zu.
ANDREA Mutter sagt, wir müssen den Milchmann bezahlen. [...]
GALILEI Es heißt: er beschreibt einen Kreis, Andrea. [...]
GALILEI Während der Gerichtsvollzieher, Herr Cambione, schnurgerade auf uns zu kommt, indem er was für eine Strecke zwischen zwei Punkten wählt? [...]
GALILEI Gut. Ich habe was für dich. [...]
GALILEI Untersuchen wir es. Zuerst das erste: Beschreibung.

2.

Information im Text	Auswertung
Er wäscht sich „prustend und fröhlich" (Z. 4).	Er ist dem Leben zugewandt und hat gute Laune.
Er ist mit den Zahlungen für den Milchmann im Rückstand. (Z. 6)	Er ist knapp bei Kasse.

3.

Zitat	Bedeutung
„Stell die Milch auf den Tisch, aber klapp kein Buch zu." (Z. 4 f.)	Genuss/Materielles und Bildung/Geistiges existieren für ihn nebeneinander und sind gleichwertig.
„Es heißt: er beschreibt einen Kreis, Andrea." (Z. 8)	– Er bemüht sich um Andreas Bildung. – Er nimmt seine Finanzlage mit Humor.
„Während der Gerichtsvollzieher, Herr Cambione, schurgerade auf uns zukommt [...]." (Z. 11 f.)	– Er kennt den Gerichtsvollzieher mit Namen, muss ihn fürchten. – Er nimmt seine Finanzlage mit Humor.
„Untersuchen wir es. Zuerst das erste: Beschreibung." (Z. 21)	Er wendet wissenschaftliche Methoden an, ist um Genauigkeit bemüht und will Andrea dies vermitteln.

3. Die indirekte Charakterisierung einer Figur erschließen

>> Seite 80

1.
GALILEI Hast du, was ich dir gestern sagte, inzwischen begriffen?
ANDREA Was? Das mit dem Kippernikus seinem Drehen? (Z. 1 f.) [...]
GALILEI Ich will gerade, daß auch du es begreifst. Dazu, daß man es begreift, arbeite ich und kaufe die teuren Bücher, statt den Milchmann zu bezahlen. (Z. 6 f.) [...]
GALILEI Du siehst! Was siehst du? Du siehst gar nichts. Du glotzt nur. Glotzen ist nicht sehen. *Er stellt den eisernen Waschschüsselständer in die Mitte des Zimmers.* Also das ist die Sonne. Setz dich. *Andrea setzt sich auf den einen Stuhl. Galilei steht hinter ihm.* Wo ist die Sonne, rechts oder links? (Z. 10 ff.) [...]

GALILEI Nur so? *Er nimmt ihn mitsamt dem Stuhl auf und vollführt mit ihm eine halbe Drehung.* Wo ist jetzt die Sonne? (Z. 17 f.) [...]
GALILEI *brüllt:* Falsch! Dummkopf! Der Stuhl! (Z. 24) [...]
GALILEI Ich lehre ihn sehen, Sarti. (Z. 29) [...]
FRAU SARTI Was, Sie sagen ihm wirklich einen solchen Unsinn? Daß er es in der Schule herumplappert und die geistlichen Herren zu mir kommen, weil er lauter unheiliges Zeug vorbringt. Sie sollten sich schämen, Herr Galilei. (Z. 39 ff.)
GALILEI *frühstückend:* Auf Grund unserer Forschungen, Frau Sarti, haben, nach heftigem Disput, Andrea und ich Entdeckungen gemacht, die wir nicht länger der Welt gegenüber geheimhalten können. Eine neue Zeit ist angebrochen, ein großes Zeitalter, in dem zu leben eine Lust ist. (Z. 43 ff.)
FRAU SARTI So. Hoffentlich können wir auch den Milchmann bezahlen in dieser neuen Zeit, Herr Galilei. (Z. 47 f.)

	Textstellen	Auswertung
Galileis Verhalten/ seine Handlungsweise	1. Er lehrt Andrea das kopernikanische System. (Z. 1–5) 2. Er veranschaulicht die Theorie mit einem verständlichen Beispiel. (Z. 11 f.) 3. Er brüllt. (Z. 24) 4. Er frühstückt. (Z. 43 ff.)	1. Er will dem Jungen etwas beibringen. 2. Er ist ein engagierter Lehrer. 3. Er wird ungeduldig und barsch. 4. Er vernachlässigt nicht seine physischen Bedürfnisse.
Seine Aussagen	1. „Ich will gerade, daß auch du es begreifst. Dazu, daß man es begreift, arbeite ich ..." (Z. 6 f.) 2. „Ich lehre ihn sehen, Sarti." (Z. 29) 3. „Eine neue Zeit ist angebrochen, ein großes Zeitalter, in dem zu leben eine Lust ist." (Z. 45 f.)	1. Er will, dass alle Menschen am Wissen teilhaben; das ist sein Beruf. 2. Es geht ihm um die Aufklärung der Blinden = Unwissenden. 3. Er ist optimistisch, denkt positiv über seine Zeit und die Zukunft, glaubt an ein kommendes wissenschaftliches Zeitalter.
Seine Sprache/ Sprechweise	1. „Du siehst! Was siehst du? Du siehst gar nichts." (Z. 10) 2. „Falsch! Dummkopf!" (Z. 24) 3. „Auf Grund unserer Forschungen, Frau Sarti, haben, nach heftigem Disput, Andrea und ich Entdeckungen gemacht, die wir nicht länger der Welt gegenüber geheimhalten können." (Z. 43 ff.)	1. Er spricht in einfachen, verständlichen und einprägsamen Sätzen. 2. Er nimmt kein Blatt vor den Mund. 3. Er ist auch zur Ironie fähig und kann sich über seinen eigenen Beruf lustig machen.

	Textstellen	Auswertung
Vergleiche mit Kontrastfiguren	1. Frau Sarti sorgt sich um ihren Sohn, hat Angst vor den „geistlichen Herren", weil die Ideen des Kopernikus „unheiliges Zeug" seien. (Z. 39–42)	1. Galilei respektiert keine Autoritäten, welche die Religion benutzen, um wissenschaftliche Erkenntnisse zu unterdrücken.
	2. Frau Sarti interessiert sich nicht für die „neue Zeit", sondern denkt nur an die alltäglichen Sachzwänge. (Z. 46 f.)	2. Für Galilei ist die Aufklärung der Menschheit wichtiger als alltägliche Sachzwänge.

2.

Literarische Figuren werden *direkt* charakterisiert durch	Literarische Figuren werden *indirekt* charakterisiert durch
unmittelbare Angaben über diese Figur, zum Beispiel durch – Regieanweisungen und andere Nebentexte, – Äußerungen anderer Figuren, – Äußerungen der Figur über sich selbst.	– ihr Verhalten und ihre Handlungsweise, – ihre eigenen Denkweisen und Aussagen, – ihre Sprache und Sprechweise, – Reaktionen anderer Figuren, – und Vergleiche mit Kontrastfiguren.

4. Eine Figurenanalyse strukturieren, ausformulieren und überarbeiten

» Seite 81

1.

KLIMAX ↓

> **Gliederung der Figurenanalyse**
>
> 1. Galilei – ein in bescheidenen Verhältnissen lebender Wissenschaftler
>
> 2. Galilei – ein für das Wohl der Menschen, nicht für die Wissenschaft engagierter Wissenschaftler
>
> 3. Galilei – ein Aufklärer, der sich für den gesellschaftlichen Fortschritt einsetzt und der die Menschen aus ihrer Unmündigkeit befreien will
>
> Galileis wichtigstes Persönlichkeitsmerkmal: Er ist dabei auch immer noch ein Mensch mit menschlichen Schwächen.

» Seite 82

2. A Galilei erscheint zu Beginn des Dramas als ein Wissenschaftler, der seine wissenschaftliche Arbeit ernst nimmt, aber zugleich mit den Problemen des Alltags zu kämpfen hat. Aus Andreas Hinweis „Mutter sagt, wir müssen den Milchmann bezahlen" (Z. 6) geht hervor, dass seine Schulden so groß sind, dass er nicht einmal mehr die Grundnahrungsmittel bezahlen kann.
Kommentar: Das Zitat ist nicht textgerecht in den Gedankengang eingefügt. Die Zeilenangabe fehlt.

B Er wendet wissenschaftliche Methoden an, ist um Genauigkeit bemüht und will Andrea dieses Ideal wissenschaftlicher Gründlichkeit vermitteln. So verlangt er, Andrea *müsse* zuerst das Astrolab beschreiben, bevor man seine Funktion erklären *könne*. Er *lehre* ihn sehen.

Kommentar: Statt des Konjunktiv II muss Konjunktiv I als Modus der indirekten Rede verwendet werden.

C Trotzdem lebt Galilei nicht im Elfenbeinturm der Wissenschaft, sondern ist ein ganzer Mann. Er genießt das Leben und erweist sich dem Jungen gegenüber als humorvoller und geschickter Pädagoge. So fragt er seinen Schüler mit besonderem Nachdruck: „Was siehst du? Du siehst gar nichts. Du glotzt nur." (Z. 10) Seine Erkenntnisse sind nicht graue Theorie, sondern sie sind für ihn mit „Lust" verbunden. So ist er überzeugt: „Eine neue Zeit ist angebrochen, ein großes Zeitalter, in dem zu leben eine Lust ist." (Z. 45 f.)
Kommentar: Häufung von Zitaten wirkt verwirrend und stört den Gedankengang. Das zweite Zitat muss in einen eigenen Zusammenhang eingebettet und separat ausgewertet werden.

D Er nimmt kein Blatt vor den Mund. Er benutzt ohne Hemmungen die Umgangssprache: „Glotzen ist nicht sehen." (Z. 10 f.) Er ist auch zur Ironie fähig und kann sich über seinen eigenen Beruf lustig machen. „Auf Grund unserer Forschungen, Frau Sarti, haben, nach heftigem Disput, Andrea und ich Entdeckungen gemacht, die wir nicht länger der Welt gegenüber geheimhalten können." (Z. 43 ff.)
Kommentar: Zitathäufung; falsche Zuordnung der Zitate zu den Analyse-Ergebnissen; fehlende Zeilenangaben

3. Bertolt Brecht, „Leben des Galilei": Hauptteil der Figurenanalyse, vgl. Online-Bereich.

Training 2: Die Dialoggestaltung untersuchen

1. Die Vorkenntnisse überprüfen

» Seite 83

1. 1. C, 2. A, 3. D, 4. E, 5. F, 6. G, 7. B

2. Mögliche Lösung:

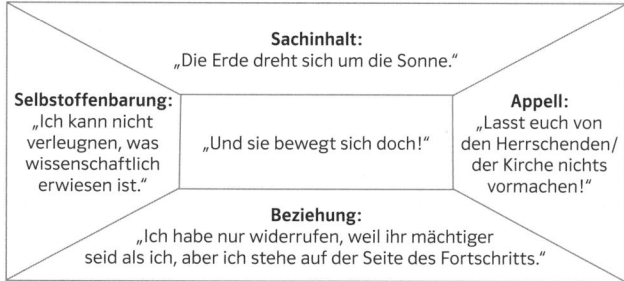

2. Einen Dialog aspektorientiert analysieren

» Seite 86

1. Am ehesten passen D und F.

2. Am ehesten trifft die Aussage F zu, noch treffender wäre ein Kombination aus den Aussagen F und E. Die Aussage C bezieht sich nur auf den Inhalt des Gesprächs, weniger auf das Thema. Alle anderen Aussagen sind falsch.
Treffende Zitate: „Es [das Dekret] hat mir die Gefahren aufgedeckt, die ein allzu hemmungsloses Forschen für die Menschheit in sich birgt" (Z. 15 f.) – „meine neuen Wasserpumpen können da mehr Wunder tun als ihre lächerliche übermenschliche Plackerei." (Z. 78 f.) – „Sie sind auch Physiker." (Z. 93) – „Es setzt sich nur so viel Wahrheit durch, als wir durchsetzen; der Sieg der Vernunft kann nur der Sieg der Vernünftigen sein." (Z. 96 f.)

>> Seite 87

3.

Gesprächsverlauf und Dialogführung	
Verlauf des Dialogs	– Gesprächseröffnung: Selbstvorstellung des kleinen Mönchs, Anlass des Gesprächs – Hauptteil: Beweggründe des kleinen Mönchs, das Dekret anzuerkennen, Erwiderung Galileis – Schluss: Appell Galileis an die Verantwortung des Wissenschaftlers
Redeanteile	Weitgehend auf Augenhöhe, zunächst mit etwas mehr Anteilen des kleinen Mönchs, dann Galileis
argumentative Textgestaltung	Während die Gesprächspartner in der Einleitung kurz und schlagfertig aufeinander reagieren, aber noch keine Argumente ausgetauscht werden, tragen Sie ihre Argumente im Hauptteil in langen, monologartigen Reden vor.
Sprache der Figuren	– Galilei: zunächst provokant, im Befehlston, sarkastisch gegen die Kirche gerichtet, später anschaulich, überzeugend, klar – Der kleine Mönch: sachlich, ruhig, höflich, benutzt Ich-Botschaften, später eindringlich, aber defensiv
das Verhältnis der Figuren zueinander	Galilei greift den kleinen Mönch zunächst aggressiv und sarkastisch als Vertreter der mächtigen Kirche an und stellt sich selbst als machtlos dar, während er im Gespräch der Überlegene ist; beide respektieren sich gegenseitig und wollen den jeweils anderen sachlich von ihrer Meinung überzeugen.

>> Seite 88

4.

Akzentuierung des Themas	Galilei betont, dass die Verantwortung der Wissenschaft auf den Schultern konkreter Menschen, der Wissenschaftler, ruht, die auch anfällig für Korruption sein können, und spricht den kleinen Mönch als einen solchen Wissenschaftler an, während der kleine Mönch von einer Wissenschaft ausgeht, die losgelöst ist von den Wissenschaftlern.
Verhältnis der Gesprächspartner zueinander	Galilei respektiert den kleinen Mönch als ebenbürtigen „Vernünftigen", appelliert an seine Verantwortung als Wissenschaftler.
Sprache der Figuren	Mit Ausnahme des Beispiels mit der Cellini-Uhr tauschen die Gesprächspartner hier nur noch kurze Sätze aus, die sich auf allgemeingültige Schlagworte reduzieren lassen: „Seelenfrieden"/ „Priester" – „Physiker" – „Wahrheit" – „Vernunft"

5. Galilei meint mit den Vernünftigen die verantwortungsbewusst handelnden Wissenschaftler aller Epochen (Vergangenheit, Gegenwart, Zukunft), zu denen er sich selbst und den kleinen Mönch zählt.

Training 3: Den dramatischen Konflikt untersuchen

1. Die Vorkenntnisse überprüfen

>> Seite 89

1. 1. B, 2. A, 3. C, 4. C, 5. C, 6. A–D

2. Die möglichen Lösungen sollten nach dem Schema (A) Exposition (Einführung in den Konflikt), (B) steigende Handlung (mit erregendem Moment), (C) Peripetie (Höhe- und Wendepunkt), (D) fallende Handlung (mit retardierendem Moment), (E) Katastrophe oder Lösung des Konflikts aufgebaut sein. Dieses Handlungsschema ist vor allem im klassischen Drama gebräuchlich.

2. Einen dramatischen Konflikt erschließen

>> Seite 90

1. Dass es sich um ein Konfliktgespräch handelt, merkt man z. B. an Galileis aggressiver Redeweise zu Beginn des Dialogs (Z. 4–13), an der Regieanweisung (Z. 82) und daran, dass die beiden ihre Redebeiträge bisweilen mit deutlichen Verneinungen einleiten (Z. 14, 96). Häufig greift der eine in seiner Erwiderung auch einen Schlüsselbegriff des anderen auf.

2.

Der kleine Mönch behauptet, dass ...	Galilei behauptet, dass ...
... die Entscheidung der Inquisition, die kopernikanische Lehre zu unterdrücken, richtig sei. Begründung: Die Verbreitung der kopernikanischen Lehre nimmt dem einfachen, unterdrückten Volk den letzten Sinn seines Lebens, den Glauben an eine Ordnung, in der ihr Elend einen Sinn habe.	... die Entscheidung der Inquisition, die kopernikanische Lehre zu unterdrücken, falsch sei. Begründung: Der Kirche geht es bei ihrer Entscheidung nicht um den Seelenfrieden der Menschen, sondern um die Aufrechterhaltung der eigenen Machtposition.

Art und Inhalt des Konflikts: Sachliche Auseinandersetzung mit Austausch von Argumenten; Inhalt des Konflikts ist eine Sachfrage zu einem abstrakten Thema.

>> Seite 91

3. Zu Beginn des Dialogs könnte man den Konflikt noch für eine persönliche Auseinandersetzung halten, weil Galilei aggressiv auf den kleinen Mönch als einen Geistlichen reagiert, doch mit der ersten längeren Rede des kleinen Mönchs wird deutlich, dass es sich um eine sachliche Auseinandersetzung über ein abstraktes Thema handelt.

4. Der kleine Mönch will mit Galilei sprechen, weil er nicht nur ein Mann der Kirche, sondern auch ein Mann der Wissenschaft ist, und es ihm in dieser Doppelrolle schwerfällt, die Entscheidung der Kirche, die kopernikanische Lehre zu unterdrücken, zu akzeptieren.

5.

Zeile	Der kleine Mönch	Zeile	Galilei
14–19	*These:* Die Entscheidung der Kirche, die kopernikanische Lehre zu unterdrücken, ist weise. *Begründung:* Ein allzu hemmungsloses Forschen birgt Gefahren für die Menschheit in sich.	20+23	Er will keine weiteren Argumente hören. *Begründung:* Die Kirche kann aufgrund ihrer Machtstellung jede Meinung mit Gewalt durchsetzen.
24–58	*These:* Die Entscheidung der Kirche ist ein Akt des Mitleids gegenüber dem einfachen, ungebildeten Volk. *Begründung:* Die Menschen, denen es schlecht geht, wollen, dass in ihrem Unglück eine Ordnung verborgen liegt. Das gibt ihnen ein Gefühl der Stetigkeit und Notwendigkeit allen Leidens; die kopernikanische Lehre nimmt ihnen jedoch diesen Halt, sie erkennen keinen Sinn mehr in ihrem Leiden und glauben nicht mehr an die Heilige Schrift, sie fühlen sich verraten und betrogen.	59–81	*These:* Bei der Entscheidung der Kirche geht es in der Tat nicht um die Wissenschaft, sondern um die Gesellschaft, aber die Behauptung, man helfe dem einfachen Volk, wenn man wissenschaftliche Erkenntnisse unter Verschluss hält, ist eine Lüge und hilft nur den Herrschenden. *Begründung:* Religion ist nur der Ersatz für einen von Menschen verursachten Mangel, eigentlich könnte die Gesellschaft gerechter sein, wenn es der Kirche nicht bloß um die Aufrechterhaltung ihrer Macht ginge; die Leidenden werden für ihr Leiden nicht belohnt, weshalb man für bessere Lebensverhältnisse (Wohlstand und Glück) sorgen sollte, und das ist die Aufgabe der Wissenschaft.
82–84	Er hat die allerhöchsten Beweggründe: Es geht um den Seelenfrieden Unglücklicher.	85–91	Es geht in Wirklichkeit um niedrige Beweggründe, z. B. Wohlleben, keine Verfolgung. *Begründung:* Die Kirche hat versucht, ihn, Galilei, zu bestechen, dass er den Unglücklichen ihren Seelenfrieden lasse.
92	Er erinnert an seine Verantwortung als Priester.	93	Er erinnert daran, dass er auch ein Wissenschaftler sei.
94 f.	Die Wahrheit wird sich in der Zukunft sowieso irgendwann und irgendwie durchsetzen.	96 f.	Die Wahrheit kann nur von den Wissenschaftlern in ihrer jeweiligen Gegenwart durchgesetzt werden.

Training 4: Dramatische Texte schriftlich interpretieren

1. Eine Interpretation eines dramatischen Textes verfassen

>> Seite 92 / 93 / 94

1. Die Aufgabenstellung enthält bereits den Hinweis, dass sich Karls Einstellung im Verlauf der Szene entscheidend verändert. In dieser Veränderung liegt der Wendepunkt (die „Peripetie") der Handlung.

2. Die Begegnung mit Kosinsky führt dazu, dass Moor Amalia sehen und folglich nach Hause will.

>> Seite 95

3. Wichtig mit Blick auf die Interpretationsaufgabe ist, dass Sie erkannt haben, dass Moor zeitweise nur Zuhörer ist und Schweizer die Gesprächsführung übernimmt. Mögliche Einteilung:

Abschnitte	Begründung
Z. 1–35	inhaltlicher Einschnitt: Moor will Kosinsky davon abhalten, in die „Tiefe des Abgrunds" zu springen
Z. 36–61	inhaltlicher Einschnitt: Kosinsky verweist auf sein besonderes Unglück und weckt damit das Interesse Moors (vgl. „Ich will sie hören.")
Z. 62–92	Wechsel der Gesprächsführung: Nachdem der Name „Amalia" gefallen und Moor schnell aufgestanden ist, führt Schweizer das Gespräch mit Kosinsky
Z. 93–102	Ende der Erzählung Kosinskys und der Entschluss Moors

4.

Strategien	Textbelege
– setzt Kosinsky als Mann herab, d. h. Moor tut so, als wäre Kosinskys Wunsch eine Idee eines Jugendlichen	– Vergleich mit einem „Mädchen", zweifache Anrede als „Knabe"
– bezweifelt, dass Kosinsky einen Wunsch hinreichend durchdacht hat	– vgl. „Mord, Knabe, verstehst du das Wort auch?"
– eindringlicher Appell an Kosinsky, drastische Schilderung der Bedeutung des Schritts	– vgl. „Besinne dich recht, mein Sohn!", mit vielen sprachlichen Bildern, insbesondere: „Tiefe des Abgrunds", „aus dem Kreise der Menschheit", „Funken von Hoffnung … glimmt"

5. Parallelen zwischen Kosinskys Erzählung und Moors Schicksal: Beide sind in eine Amalia verliebt, beide werden durch Intrigen (gefälschte Briefe) um ihre Ansprüche gebracht und schließlich wollen beide (bis zu diesem Zeitpunkt) ein Leben als Räuber führen.
Beeinflussung von Moors Handlungsweise: Zunächst führt die Erwähnung Amalias dazu, dass Moor aufsteht und die Gesprächsführung abgibt. Während Schweizer weiter Kosinskys Erzählung hört, muss bei Moor der Entschluss fallen, nach Hause und zu Amalia zurückzukehren.

>> Seite 96

6. Der zentrale Unterschied besteht darin, dass Kosinskys Schicksal auch eine politische Dimension hat (Herrscher-Willkür bzw. Despoten-Herrschaft, vgl. „das Joch des Despotismus").

7. Moor geht nicht auf die gesellschaftskritische Dimension der Aussage Kosinskys ein, sondern ist ganz auf „sie" (also Amalia) fokussiert. Bezeichnenderweise möchte Moor auch nicht, dass Kosinsky mit ihnen kommt. Auch wenn er ihn vielleicht nach wie vor schützen möchte, wird dadurch trotzdem klar, dass die beiden sich in ihren Motiven unterscheiden (vgl. Aufgabe 8).

8. Die Szene stellt insofern einen Wendepunkt für Karl dar, als er das Räuberdasein aufgeben will. Das heißt auch, dass er auf seine Revolte gegen die bestehenden Gesellschaftsstrukturen (genau das hatte Kosinsky zuletzt noch einmal angesprochen, vgl. das „Joch des Despotismus") hinter die Liebe zu Amalia stellt. Moor handelt ab jetzt gleichsam privat.

9./10. Die Aufgabenstellung legt insofern eine bestimmte Gliederung nahe, als die Untersuchungsergebnisse zum Dialog zu den Gesprächs- und Handlungszielen Karl Moors führen. Die Erklärung der Veränderung eben dieser Ziele im Verlauf des Dialogs mündet schließlich in die Erklärung der Szene als Wendepunkt für Karl. Ihre eigene Gliederung kann sich daran orientieren.

>> Seite 97

11.

gelungen	nicht gelungen
- enthält Informationen zum Stück (Titel, Uraufführung) - Angaben zum Stück leiten zum Inhalt über - es wird auf die vorliegende Szene hingeführt	- wichtige Informationen zum Stück fehlen (der Autor Friedrich Schiller bleibt unerwähnt) - die Inhaltsangaben fallen sehr, sehr knapp aus

12. Hier sollten Sie Ihre bisherigen Arbeitsergebnisse verschriftlichen; Friedrich Schiller, „Die Räuber", III / 2: Analyse und Interpretation, vgl. Online Bereich.

Den Lernfortschritt überprüfen

1. Im Vordergrund steht hier weniger der Inhalt als das Schreiben. Wichtig ist so vor allem, dass Sie sich an den vorgegebenen Schritten orientieren und einen flüssigen Text verfassen.
Zum Inhalt des Auszugs: Karl Moor kommt zu dem Schluss, sein Leben verfehlt zu haben, und will sich deshalb zunächst selbst töten, entschließt sich dann aber doch, sich der Justiz zu stellen. Dafür will er sich einem armen Familienvater ausliefern, sodass dieser für ihn eine hohe Belohnung erhält; Friedrich Schiller, „Die Räuber", V / 2: Analyse und Interpretation, vgl. Online Bereich.

Sprachtraining: Konjunktiv und indirekte Rede gestalten

1. Die Relevanz des Konjunktivs I

>> Seite 98

1.

Der kleine Mönch möchte die Gründe für seine Position nennen und bittet um Erlaubnis, von sich zu reden. Er ist als Sohn von Bauern in der Campagna aufgewachsen, von einfachen Leuten, die alles über den Ölbaum wissen, aber sonst recht wenig. Er behauptet, es geht ihnen nicht gut, aber selbst in ihrem Unglück liegt eine gewisse Ordnung verborgen. Der Rücken seines Vaters, sagt der kleine Mönch, wird zusammengedrückt nicht auf einmal, sondern mit jedem Frühjahr im Ölfeld mehr zusammengedrückt. Sie schöpfen die Kraft, ihre Körbe schweißtriefend den steinigen Pfad hinaufzuschleppen, Kinder zu gebären, ja zu essen, aus dem Gefühl der Stetigkeit und Notwendigkeit, das der Anblick des Bodens, der jedes Jahr von neuem grünenden Bäume, der kleinen Kirche und das Anhören der sonntäglichen Bibeltexte ihnen verleihen können. Es ist ihnen versichert worden, dass das Auge der Gottheit auf ihnen liegt.

sei

wüssten
gehe
liege

werde

schöpften

könnten, sei
liege

2. Mit den Prädikatsformen in der Vorlage (dem Indikativ) lassen sich die Behauptungen des kleinen Mönchs nicht von den Wirklichkeitsaussagen unterscheiden. Mit den korrigierten Prädikatsformen (dem Konjunktiv I bzw. Konjunktiv II) wird dieser Unterschied klar.
Außerdem referiert der Mönch die Aussagen anderer (letzter Satz): Durch den Konjunktiv wird verdeutlicht, dass der Inhalt der Aussage nicht unbedingt mit seinen eigenen Auffassungen übereinstimmen muss. Die indirekte Rede bedeutet also oft auch eine Distanzierung.

3. Um deutlich zu machen, dass man die Äußerungen anderer oder die Rede einer literarischen Figur wiedergibt, ist darauf zu achten, dass man in solchen Fällen den Konjunktiv I verwendet. Wenn sich der Konjunktiv I nicht vom Indikativ unterscheiden lässt, verwendet man den Konjunktiv II. Wirklichkeitsaussagen, wie zum Beispiel Redebegleitsätze (*er behauptet*), stehen dagegen im Indikativ.

2. Die Bildung des Konjunktivs

>> Seite 99

1.

Indikativ	Konjunktiv I	Konjunktiv II
ich komme	ich komme	ich käme
du kommst	du kommest	du kämest
er/sie/es kommt	er/sie/es komme	er/sie/es käme
wir kommen	wir kommen	wir kämen
ihr kommt	ihr kommet	ihr kämet
sie kommen	sie kommen	sie kämen

Indikativ	Konjunktiv I	Konjunktiv II
ich bin	ich sei	ich wäre

2. 1. B, 2. B, 3. A

>> Seite 100

3. 1. B, 2. B, 3. B

4. A Marie sagt, sie habe Kopfschmerzen. B Sie meint, sie halte es nicht aus. C (korrekt), D Die Eltern machten sich Sorgen, E (korrekt)

>> Seite 101

5. Bastian Sick: Wenn man könnte, wie man wollte Der Konjunktiv ist tot? Das sollte man nicht denken! Mancher meint, man könnte auf ihn verzichten, aber wer dürfte dann noch etwas mögen? Nein, der Konjunktiv ist quicklebendig. Und ist seine Form nicht eindeutig, dann biegen wir sie so, wie wir sie brauchen.

3. Die Anwendung des Konjunktivs I

1. … Er sagt ihm, er müsse lernen, die Augen aufzumachen. Die Milch sei bezahlt und der Krug. Die Alte solle ihn haben. Daraufhin meint Andrea, er habe noch nicht auf Giuseppes Frage geantwortet. Auf einem Stock könne man nicht durch die Luft fliegen. Er müsste zumindest eine Maschine dran haben. Aber eine solche Maschine gebe es noch nicht. Vielleicht werde es sie nie geben, da der Mensch zu schwer sei. Aber man könne es nicht wissen. Wir wüssten bei weitem nicht genug. Wir stünden wirklich erst am Beginn.

Analyse und Interpretation lyrischer Texte

Training 1: Zentrale Elemente der Gedichtanalyse

1. Lyrische Wortfelder und ihre Konnotationen untersuchen

>> Seite 102/103

1./2. Wenn Sie Ihr Gedicht um die vorgegebenen Wörter herum geschrieben haben, so wird Ihnen nun beim Vergleich mit dem Originalgedicht vermutlich auffallen, dass sich beide Gedichte durch eine positive Stimmung und Atmosphäre auszeichnen. Beinahe programmatisch trägt Eichendorffs Gedicht den Titel „Glück". Dieses Glück empfindet das lyrische Ich und gibt dem Leser in der letzten Strophe auch die Ursache dieses Glückes an, nämlich das bevorstehende Treffen mit seinem „Liebchen".

3. Waldmanns Begriff des „Skeletts" scheint demnach zutreffend zu sein. Wie Sie gesehen haben, so sind es oftmals gerade die zentralen Wörter eines Gedichts, die dessen Stimmung und Atmosphäre transportieren und hervorrufen. In dieser Hinsicht bilden diese Wörter also das Gerüst und Rückgrat oder eben das Skelett des Gedichts.

2. Sprachliche Bilder erschließen

>> Seite 104

2.

Formulierungen von Ulla Hahn	Mein subjektives Verständnis des Vergleichs/der Metapher
Und mit der Liebe sprach er ists wie mit dem Schnee […].	*negative Assoziationen:* Die Liebe ist kalt und vergänglich (wie der Schnee schmilzt). *positive Assoziationen:* die Liebe ist rein (wie das Weiß des Schnees); die Liebe ist friedlich und harmonisch wie eine schneebedeckte und stille Winterlandschaft
Und sie darauf die Liebe ist ein Feuer […].	*negative Assoziationen:* Die Liebe ist verzehrend. *positive Assoziationen:* Die Liebe ist leidenschaftlich (Metaphorik des Brennens und der Hitze); die Liebenden sind ‚Feuer und Flamme', ‚brennen' füreinander, sie sind sich also in inniger und leidenschaftlicher Weise zugetan.

>> Seite 105

3.

Liebesverständnis des Mannes	Liebesverständnis der Frau
Für den Mann ist Liebe etwas Vergängliches. Wie der Schnee falle sie zwar auf jeden und sei „mitunter" (V. 3) weich und somit angenehm, doch ebenso wie der Schnee sei sie nicht von Dauer. Wie der Schnee nicht dauerhaft an einem Ort liegenbleibe, so verschwinde auch die Liebe zwischen zwei Menschen im Lauf der Zeit.	In der Metapher der Frau wird die Liebe zunächst mit etwas Angenehmem assoziiert. Wie das Feuer im Ofen spende sie Wärme zwischen den Menschen. Doch liege in der Liebe die Gefahr des Verzehrtwerdens und somit der Selbstaufgabe bzw. des Selbstverlustes. Sollte diese Gefahr eintreten, müsse die Liebe „ausgetreten" (V. 8), also beendet werden.

4. Womöglich haben Sie in Ihren ersten Assoziationen und Ihren ersten Deutungsansätzen die Metapher bzw. den Vergleich etwas anders gefüllt. Da die sprachlichen Bilder Metapher und Vergleich Vorstellungen aus einem anderen Bild- oder Vorstellungsbereich auf das Gesagte übertragen und diese Vorstellungen meist subjektiv sind, geben diese den Gedichten eine gewisse Offenheit. „Irrtümer", zumindest aber konkurrierende Deutungen scheinen zunächst möglich. Wie Sie im „Info" im Arbeitsheft (→ Seite 99) sehen können, gibt es jedoch analytische Mittel, diese Offenheit zu begrenzen. Bei Metaphern und Vergleichen muss zwischen dem eigentlich Gesagten und dem uneigentlich Gemeinten eine Ähnlichkeit, das sogenannte *tertium comparationis*, gegeben sein, sodass keine völlige Offenheit vorliegt. Auch lässt sich die Offenheit sprachlicher Bilder meist über den Kontext begrenzen. Betrachtet man die Aussage „die Liebe ist ein Feuer" aus Ulla Hahns Gedicht, so kann dieses Bild für sich genommen in unterschiedliche Richtungen gedeutet werden (Leidenschaft vs. Verzehren/Verbrennen). Durch den weiteren Kontext des Textes wird die Offenheit jedoch begrenzt. Das eigentlich Gemeinte wird hier ausgeführt.

>> Seite 106

5. Das Band ist zunächst ein konkreter Gegenstand, ein Schmuckstück, das man etwa um ein Kleid tragen kann. Zugleich steht es als Symbol der Liebe des Sprechers im Gedicht; in diesem Sinne soll das Band die Geliebte an den Sprecher binden und soll, vgl. V. 15 f., nicht reißen.

>> Seite 107 / 108

6.

Metonymie	Erläuterung
Berlin beschließt Steuerreform.	Mit Berlin ist die Bundesregierung oder der Bundestag gemeint; da beide in Berlin sitzen, steht der Name der Stadt für die eigentlich gemeinte Instanz.
Isst du noch einen Teller?	Hier steht das Gefäß, nämlich der Teller, für seinen Inhalt, das Essen.
Ich lese gerade Goethe.	Natürlich liest man nicht die Person Goethes, sondern eines seiner Werke. Der Name des Autors repräsentiert dieses Werk.
Er fährt einen Ford.	Ähnlich wie im vorangegangenen Beispiel wird hier der Name des Herstellers für das Auto selbst benutzt.

Synekdoche	Erläuterung
Wir verdienen unser tägliches Brot.	Das Brot als ein möglicher Teil repräsentiert hier den täglichen Bedarf an Nahrungsmitteln, der unser Überleben sichert.
Die magischen Füße entscheiden das Finale!	Zwar war der Fuß beim entscheidenden Torschuss vielleicht zuletzt am Ball. Das Spiel entschieden hat aber der entsprechende Spieler. Die Füße stehen also als Teil (lat. pars) des Spielers für das Ganze (pro toto), also den Spieler selbst.
Der Deutsche trinkt gerne Bier.	An sich ist die Aussage so nicht korrekt, da es auch Deutsche gibt, die kein Bier trinken. „Der Deutsche" wird jedoch verallgemeinernd genutzt, um auszudrücken, dass viele Deutsche gerne Bier trinken. Hier steht also ein verallgemeinertes Ganzes (totum) für den Einzelnen (pro parte).
Er senkte das blutige Eisen in seine Brust.	Das Material (Eisen) steht für den eigentlich gemeinten Gegenstand (Dolch oder Schwert).

7. „Die Äste wogen im Wind" (Metapher): In der Metapher des Wogens wird ein Bildbereich bzw. eine Vorstellung, nämlich die wogende Bewegung von Wellen, auf einen anderen Vorstellungsbereich, nämlich die Äste übertragen; das *tertium comparationis* ist die gleichförmige und wellenförmige Bewegung, mit der die Bewegung der Äste im Wind bildhaft umschrieben wird; ähnliche Metaphern wären: „das Meer der Bäume" (hier käme noch der Aspekt der Weite des Meers hinzu).
„Ein Glas trinken" (Metonymie): Das Gesagte (Glas) steht in direkter Beziehung zum Gemeinten (Getränk), da es als Gefäß das eigentlich Gemeinte beinhaltet.
„Sie leben unter einem Dach" (Synekdoche): Hier steht das Dach für das Haus, das Dach in seiner schützenden Funktion wird hier besonders betont)

>> Seite 109

8. Edith Linvers, „Schnee von gestern": Bestimmung der sprachlichen Bilder, vgl. Online-Bereich.

3. Den Sprecher im Gedicht und die lyrische Situation untersuchen

1. In dem Text äußert sich ein Ich, das sich im ersten Vers als „Adolf Hitler" benennt. Problematisch wird diese Selbstidentifikation im weiteren Verlauf des Textes, da sich das Ich in Beziehung zum Hipstertum und zu Karl Lagerfeld setzt, was allein aus zeitlichen Gründen unmöglich erscheint. Das Ich übernimmt also eine Rolle. Wie das Ich im Text selbst somit wohl kaum Adolf Hitler selbst ist, so ist das Ich auch nicht mit dem Autor des Textes zu identifizieren. Und der Autor ist auch nicht Adolf Hitler.

>> Seite 110

2. Besonderheit der Situation der Veröffentlichung: Durch die Veröffentlichung durch ein Sänger- und womöglich zugleich Autor-Ich wird die Differenz zwischen dem Ich des Liedes und dem Ich des Sängers/Autors offenkundig; während das Ich des Liedes bekundet, keine Lieder über Liebe schreiben zu wollen, tritt das Sänger-/Autor-Ich mit einem Liebeslied auf und veröffentlicht es.

3.

Situation	Beispiel
lyrisches Ich wendet sich im Verlauf des Gedichts unterschiedlichen Adressaten zu	Goethe: „Mit einem gemalten Band"
lyrisches Ich wendet sich an einen nicht näher zu bestimmenden Adressaten	Eichendorff: „Glück"
lyrisches Ich wendet sich an keinen bestimmten Adressaten	Linvers: „Schnee von gestern"

4. Eichendorff, „Glück": Die rhetorische Frage in der letzten Strophe erweckt den Eindruck, als handle es sich hier um ein Selbstgespräch, um eine Selbstaussprache des lyrischen Ichs, welches sich selbst und damit dem Leser gegenüber sein Glück ausspricht und dieses reflektiert.
Hahn, „Irrtum": Es handelt sich hier um einen Sprecher, der (fast wie ein Erzähler bei einem Figurendialog) ganz hinter das Geschilderte zurücktritt.
„Keine Lieder über Liebe": Sprecher wendet sich an ein Du; der Vorsatz, eigentlich kein Liebeslied schreiben zu wollen, wird durch das Schreiben dieses Textes aufgeweicht.

>> Seite 111

5. Ein Ich, möglicherweise ein Singer-Songwriter, reflektiert seine Beziehung zu einem Du; das Ich geht diverse Textzeilen aus bestehenden Liebesliedern durch, negiert diese, hält sie womöglich für unpassend für die Darstellung seiner eigenen Beziehung und kommt dann zu dem Schluss, selbst keine Liebeslieder schreiben zu wollen.

Die Zeilen stammen aus folgenden Texten:
- Ich und Ich: „Vom selben Stern" („Du bist vom selben Stern. Ich kann deinen Herzschlag hören")
- Silbermond: „Das Beste" („Du bist das Beste, das mir je passiert ist")
- Sportfreunde Stiller: „Ein Kompliment" („Ich wollte dir nur mal eben sagen, dass du das Größte für mich bist")
- Wir sind Helden: „Denkmal" („Sie haben uns ein Denkmal gebaut")
- Herbert Grönemeyer: „Flugzeuge im Bauch" („Hab Flugzeuge in meinem Bauch")

Training 2: Lyrische Texte schriftlich interpretieren

1. Elemente der Gedichtanalyse reorganisieren

>> Seite 112

1. Aufbau des Gedichts
   - Strophe: Verbindung mehrerer Verse zu einer Einheit.
   - Vers (lat. versus: Linie, Zeile): Mit dem Begriff „Vers" bezeichnet man die Zeilen eines Gedichts, die oftmals metrisch gegliedert, also ein Versmaß haben, oder durch ein Reimschema verbunden sind. Auch bei Gedichten, die kein festes Metrum aufweisen sprechen wir von Versen, den so genannten „freien Versen". In beiden Fällen müssen Vers- und Satzgrenzen nicht übereinstimmen.

   Reimformen
   - Paarreim: Zwei aufeinanderfolgende Verse sind durch einen Reim verbunden (aabb).
   - Kreuzreim: Die Verse einer Strophe reimen sich abwechselnd (abab).
   - Umarmender Reim: Ein Paarreim in der Mitte wird durch zwei sich reimende Verse eingeschlossen oder umarmt (abba).

   Metrik
   - Jambus: Wechsel von unbetonten und betonten Silben (xx́/xx́/xx́).
   - Trochäus: Wechsel von betonten und unbetonten Silben (x́x/x́x/x́x).
   - Kadenz: Ein Vers kann entweder einsilbig und mit einer Betonung enden, dann spricht man von einer männlichen oder stumpfen Kadenz, oder er endet zweisilbig und einem Wechsel von betonter und unbetonter Silbe, dann spricht man von einer weiblichen oder klingenden Kadenz.

   sprachliche Bilder
   - zu Vergleich, Personifikation und Metapher, siehe Arbeitsheft, Seite 106.

   Weitere stilistische Mittel
   - Enjambement: Satz- und Versbau stimmen in diesem Fall nicht überein. Beim Enjambement (von frz. *enjamber*: überschreiten, überspringen; auch „Verssprung" genannt) geht der Satz über das Versende hinaus, wodurch bestimmte Aussagen besonders betont oder hervorgehoben werden können.

   Zuordnung der Begriffe zu Goethes Gedicht:
   - Die Gedichtstrophe besteht aus acht Versen, die durch einen Kreuzreim (abab cdcd) miteinander verbunden sind.
   - Das Metrum ist ein gleichmäßiger vierhebiger Jambus mit wechselnden weiblichen und männlichen Kadenzen.
   - In dieser Strophe verwendet der Autor viele Metaphern, z.B. „Nebelkleid" (V. 5), und Vergleiche, z.B. „wie eine Held zur Schlacht" (V. 2).
   - Der Abend wird ebenso wie die Finsternis personifiziert (vgl. V. 3 und 7f.).

2. Der Text ist im Wesentlichen eine listenhafte Aufzählung der stilistischen Auffälligkeiten des Gedichts. Da die inhaltlichen Aspekte und die stilistischen Auffälligkeiten isoliert voneinander betrachtet und nicht in Beziehung zueinander gesetzt werden, gelingt letztlich keine hinreichende Analyse des Textes. Gerade die Funktion und Funktionsweisen der Vergleiche und Personifikationen sowie ihre Wirkung hätten hier untersucht und deutend auf den Inhalt bezogen werden sollen. Die durch Vergleiche, Personifikationen und Metaphern erzeugte bedrohliche Stimmung der Natur wird so nicht herausgearbeitet. Die Gefühlslage des lyrischen Ichs dagegen wird zwar genannt, doch wird auch sie nicht am Gedicht herausgearbeitet und belegt. Warum das lyrische Ich denn nun aufgeregt zu sein scheint, verrät der Autor dieses Textes nicht.

3. Häufig auftretende Probleme bei der Analyse von Gedichten sind:
   - Schwierigkeit der Erklärung der stilistischen Besonderheiten und ihrer Wirkungsweisen
   - fehlende Untersuchung der Bedeutung stilistischer Mittel für die Aussage und Wirkung eines Gedichts
   - fehlende Verbindung von Inhalt und Form
   - Probleme bei der Strukturierung eines Analysetextes

>> Seite 113

2. Eine Gedichtinterpretation vorbereiten

1. Folgende Aspekte sind zu erfassen:
   - Texterfassung, Textbeschreibung, Textdeutung unter Berücksichtigung des Wechselbezuges von Textstrukturen, Funktionen und Intentionen, Erfassen zentraler strukturbildender genretypischer, syntaktischer, semantischer und stilistisch-rhetorischer Elemente und ihrer Funktion für das Textganze
   - Kontextualisierung (historischer und aktueller Verstehenshorizont)
   - Reflektierte Schlussfolgerungen auf der Grundlage der Ergebnisse der Textdeutung ziehen. Sollte eine Wertung oder Beurteilung gewünscht sein, wird dies ausdrücklich in der Aufgabenstellung formuliert.
   Für Sie bedeutet dies nun zum einen, den Text inhaltlich zu erschließen und auf diesem Weg zu einer Gesamtdeutung zu gelangen, wobei Sie besonders die beiden vorgegebenen Analyseaspekte berücksichtigen sollten. Darüber hinaus haben Sie jedoch im Eingangsbeispiel dieses Trainings gesehen, dass die gattungstypischen formalen und stilistischen Auffälligkeiten eines Textes nicht allein genannt, sondern auf ihre Textfunktion und mögliche Intention hin untersucht werden sollten. Sie sollten diese somit in die inhaltliche Erschließung miteinbeziehen.

2. Deutungsansätze/Deutungshypothesen:
   - Das lyrische Ich und das angesprochene Du bilden eine Einheit und starke Gemeinschaft.
   - Die Beziehung zwischen beiden wirkt sehr harmonisch.
   - Das Gedicht zelebriert die Magie des Augenblicks in einer nur scheinbar alltäglichen Situation.
   - Das lyrische Ich bringt die hohe Bedeutung des Partners zum Ausdruck.
   - Das Gedicht wirkt wie eine Liebeserklärung des lyrischen Ichs an das angesprochene Du und es bezeugt damit den hohen Wert des Gegenübers.

>> Seite 114

3.

Ernst Jandl: liegen, bei dir. In: Ders: Gesammelte Werke. Gedichte, Stücke, Prosa. Hg. v. Klaus Siblewski. München: Luchterhand Literaturverlag 1985.

>> Seite 115

4./5.

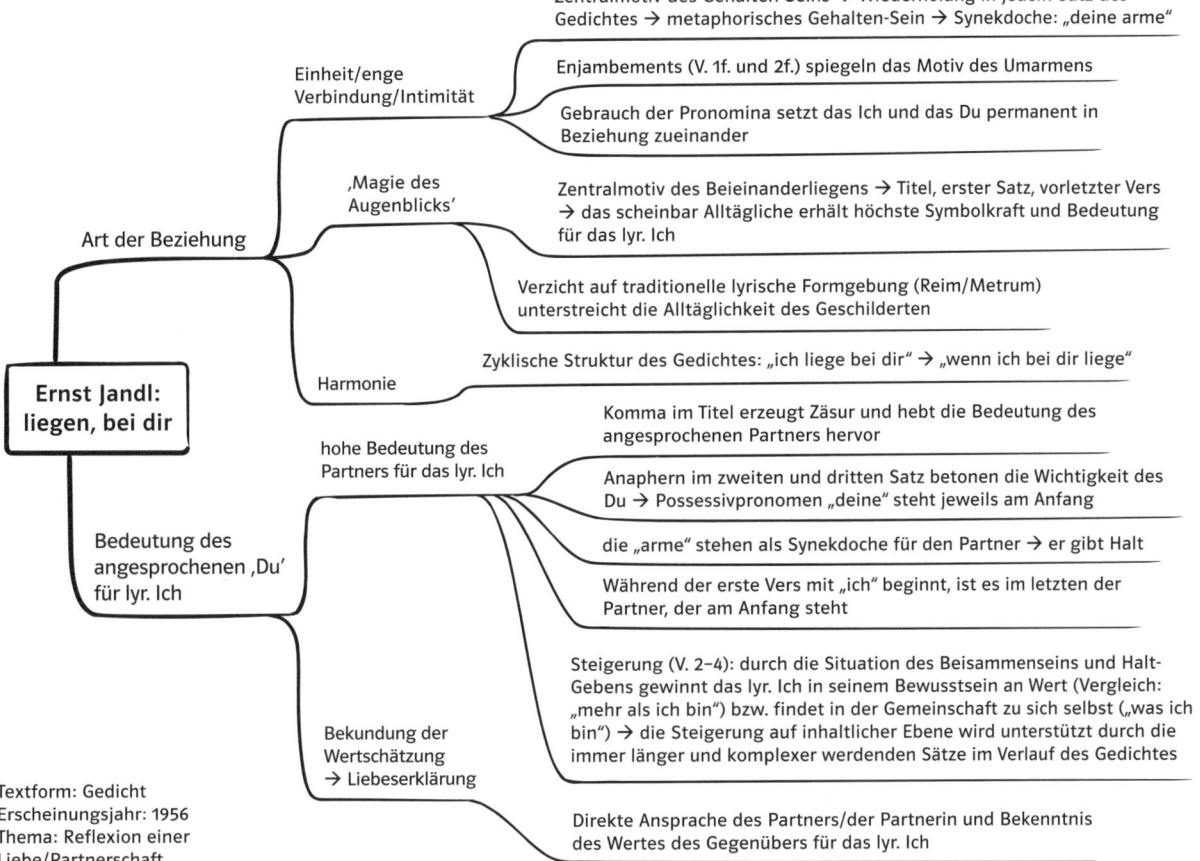

Ernst Jandl: liegen, bei dir

Art der Beziehung

- **Einheit/enge Verbindung/Intimität**
  - Zentralmotiv des Gehalten-Seins → Wiederholung in jedem Satz des Gedichtes → metaphorisches Gehalten-Sein → Synekdoche: „deine arme"
  - Enjambements (V. 1f. und 2f.) spiegeln das Motiv des Umarmens
  - Gebrauch der Pronomina setzt das Ich und das Du permanent in Beziehung zueinander
- **‚Magie des Augenblicks'**
  - Zentralmotiv des Beieinanderliegens → Titel, erster Satz, vorletzter Vers → das scheinbar Alltägliche erhält höchste Symbolkraft und Bedeutung für das lyr. Ich
  - Verzicht auf traditionelle lyrische Formgebung (Reim/Metrum) unterstreicht die Alltäglichkeit des Geschilderten
- **Harmonie**
  - Zyklische Struktur des Gedichtes: „ich liege bei dir" → „wenn ich bei dir liege"

Bedeutung des angesprochenen ‚Du' für lyr. Ich

- **hohe Bedeutung des Partners für das lyr. Ich**
  - Komma im Titel erzeugt Zäsur und hebt die Bedeutung des angesprochenen Partners hervor
  - Anaphern im zweiten und dritten Satz betonen die Wichtigkeit des Du → Possessivpronomen „deine" steht jeweils am Anfang
  - die „arme" stehen als Synekdoche für den Partner → er gibt Halt
  - Während der erste Vers mit „ich" beginnt, ist es im letzten der Partner, der am Anfang steht
- **Bekundung der Wertschätzung → Liebeserklärung**
  - Steigerung (V. 2–4): durch die Situation des Beisammenseins und Halt-Gebens gewinnt das lyr. Ich in seinem Bewusstsein an Wert (Vergleich: „mehr als ich bin") bzw. findet in der Gemeinschaft zu sich selbst („was ich bin") → die Steigerung auf inhaltlicher Ebene wird unterstützt durch die immer länger und komplexer werdenden Sätze im Verlauf des Gedichtes
  - Direkte Ansprache des Partners/der Partnerin und Bekenntnis des Wertes des Gegenübers für das lyr. Ich

Textform: Gedicht
Erscheinungsjahr: 1956
Thema: Reflexion einer Liebe/Partnerschaft

6. Eine scheinbar alltägliche Situation wird für ein lyrisches Ich zum Anlass, die Beziehung zu seinem Partner zu reflektieren. Das Beieinanderliegen, das Liegen in den Armen des Partners, zeigt dem lyrischen Ich die Wichtigkeit des Partners und den Wert der Beziehung. Dieser Partner gibt ihm Halt, Nähe und Geborgenheit und erhöht in der Gemeinschaft den eigenen individuellen Wert des lyrischen Ichs.

3. Die Gedichtinterpretation verfassen

>> Seite 116

1./2. Vgl. Gliederung Seite 118.

>> Seite 117

3. A: Fragen zu formulieren weckt einerseits einen Leseanreiz, da man signalisiert, diese im Folgenden beantworten zu wollen. Wenn diese Fragen die gegebene Aufgabenstellung umfassen, so bieten diese auch für Sie selbst eine Handlungsanleitung für die nachfolgende Analyse. Aufpassen sollten Sie jedoch, dass die Fragen nicht schon beantwortet wurden – etwa durch die Themenformulierung in der Einleitung.

B: Diese Überleitung formuliert erste Thesen und Deutungsansätze, die den Leser auf den Hauptteil vorbereiten. Durch Formulierungen wie „scheint" etc. suggeriert sie dem Leser eine noch bestehende Offenheit, die im Folgenden, also in der systematischen Analyse, einer fundierten Aussage weichen soll.

4./5. Vgl. Gliederung Seite 118.

>> Seite 118

1./2./4./5./6.

Einleitung:
Textsorte: Gedicht; Titel: „liegen, bei dir"; Jahr der Veröffentlichung: 1956; Autor: Ernst Jandl; Thema: ein lyrisches Ich thematisiert und reflektiert seine Beziehung zu einem im Text angesprochenen Partner

Hauptteil
1. Textbeschreibung
   a) Form: eine Strophe mit sechs freien Versen (kein festes Metrum); identischer Reim in den Versen 1 und 2 sowie 3 und 4.
   b) Inhalt: lyrisches Ich liegt in den Armen seines Partners; Reflexion über die Bedeutung dieser scheinbar alltäglichen Situation; in einem Dreischritt, in dem das lyrische Ich seine Gedanken ausdrückt, wandelt sich die Bedeutung dieses Liegens in den Armen des Partners

2. Gelenkstelle: Was drückt dieser Dreischritt im Rahmen dieser reflexiven An- und Aussprache aus? Welche Bedeutung erhält diese Situation, was für Rückschlüsse lassen sich hieraus auf die dargestellte Beziehung ziehen und welche Bedeutung wird dem Partner beigemessen?

3. Präsentation der aspektorientierten Analyse
   a) Art der Beziehung
      i. Einheit, enge Verbindung, Intimität
         - Zentralmotiv des Gehalten-Seins → Wiederholung in jedem Satz des Gedichts → metaphorisches Gehalten-Sein → Synekdoche: „deine arme"
         - Gebrauch der Pronomina setzt das Ich und das Du permanent in Beziehung zueinander
         - Enjambements (V. 1f. und 2f.) spiegeln das Motiv des Umarmens
      ii. ‚Magie des Augenblicks'
         - Zentralmotiv des Beieinanderliegens → Titel, erster Satz, vorletzter Vers → das scheinbar Alltägliche erhält höchste Symbolkraft und Bedeutung für das lyr. Ich
         - Verzicht auf traditionelle lyrische Formgebung (Reim/Metrum) unterstreicht die Alltäglichkeit des Geschilderten
      iii. Harmonie
         - Zyklische Struktur des Gedichts: „ich liege bei dir" → „wenn ich bei dir liege"
   b) Bedeutung des angesprochenen „Du" für das lyrische Ich
      i. hohe Bedeutung des Partners
         - die „arme" stehen als Synekdoche für den Partner → er gibt Halt
         - Komma im Titel → Zäsur
         - Anapher im zweiten und dritten Satz betonen die Wichtigkeit des Du → Possessivpronomen „deine" steht jeweils am Anfang
         - Während der erste Vers mit „ich" beginnt, ist es im letzten der Partner, der am Anfang steht
         - Steigerung (V. 2–4): durch die Situation des Beisammenseins und Halt-Gebens gewinnt das lyr. Ich in seinem Bewusstsein an Wert (Vergleich: „mehr als ich bin") bzw. findet in der Gemeinschaft zu sich selbst („was ich bin") → die Steigerung auf inhaltlicher Ebene wird unterstützt durch die immer länger und komplexer werdenden Sätze im Verlauf des Gedichts
      ii. Bekundung der Wertschätzung
         - Direkte Ansprache des Partners/der Partnerin und Bekenntnis des Wertes des Gegenübers für das lyr. Ich → Liebeserklärung

Schluss:
positive und harmonische Liebe; Einheit und Harmonie der Partner; besonderer Wert des Partners wird betont; Beziehung führt auch zur Selbstfindung.

>> Seite 119

7.

Analysetext	Funktion
Das Zentralmotiv des Textes ist das Beieinanderliegen der beiden Partner. Dieses wird im Titel und in jedem der vier Sätze des Gedichts aufgegriffen. Die Partner wirken somit als eine Einheit, womit ihre Beziehung sehr eng und intim erscheint. Diese enge Bindung der beiden wird durch den Gebrauch der Pronomina und die damit einhergehende ständige Verbindung von Ich und Du verdeutlicht.	Beginn der Analyse mit auffälligstem Merkmal/Motiv des Textes Nennung des Untersuchungsaspekts und des ersten Deutungsansatzes
Doch erhält das „liegen, bei dir" noch eine weitere, eine tiefere Dimension. Nicht nur die Einheit der Partner und die Harmonie in der Beziehung werden hierdurch zum Ausdruck gebracht.	Überleitung zum nächsten Untersuchungsaspekt

8. Ernst Jandl, „liegen, bei dir": Analyse mit Erläuterung der Funktion der Teile, vgl. Online-Bereich.

>> Seite 120

10.

Art der Analyse	Vor- und Nachteile
Textdurchschreitende/lineare Analyse: Diese Art der Analyse folgt dem Verlauf des zu analysierenden Gedichts. Hierbei werden Strophe für Strophe, Vers für Vers nacheinander untersucht. Auch der eigene Analyseaufsatz orientiert sich dann am linearen Aufbau des Gedichts.	Die Umsetzung dieser Form der Analyse scheint einfacher, da Sie sich an der Struktur des Bezugstextes orientieren können. Jedoch besteht die Gefahr, dass Sie listenhaft die verschiedenen Auffälligkeiten des analysierten Gedichts aneinanderreihen und keine Zusammenhänge herstellen oder sich wiederholen. Dadurch kann der übergeordnete Deutungszusammenhang verloren gehen. Das lineare oder textdurchschreitende Verfahren kann sich jedoch dann anbieten, wenn sich in einem Gedicht z. B. Strophe für Strophe das behandelte Thema entwickelt, wenn also eine lineare Entwicklung dem Bezugstext selbst eingeschrieben ist. Das gilt dann aber eher nicht für die Gesamtanalyse, sondern nur für die Entwicklung eines einzelnen Analyseaspekts.
Aspektorientierte Analyse: Hierbei richtet sich die Analyse nach Analyseaspekten, die zur Entschlüsselung des Gedichts zentral sind. Die Besonderheiten des Textes und die einzelnen Untersuchungsergebnisse werden somit in einen größeren Zusammenhang gestellt, indem sie gezielt den verschiedenen Aspekten zugeordnet werden.	Die aspektorientierte Analyse erscheint insgesamt eleganter, weil sie den großen Textzusammenhang im Blick behält und an den gegebenen oder gewählten Aspekten die verschiedenen Auffälligkeiten des Gedichts bündelnd analysiert und deutet. Während die Beachtung des großen Ganzen somit gewährleistet zu sein scheint, kann jedoch die Gefahr bestehen, bestimmte (Teil-)Aspekte des Textes außer Acht zu lassen bzw. bestimmte Details zu übersehen.

Fazit: Bei dem vorliegenden Analysetext handelt es sich um eine textlineare Analyse. Das Problem der Wiederholung zeigt sich in der immer wiederkehrenden Herausarbeitung des Glücks und der Freude des lyrischen Ichs. Wäre diese als ein Deutungsaspekt behandelt worden, hätte man die verschiedenen Auffälligkeiten aus dem gesamten Text diesem als Belege zuordnen können.

4. Den Lernfortschritt überprüfen

1.

In der ersten Strophe des Gedichts wird die Seele personifiziert. Sie jauchzt und singt (vgl. V. 1 f.). Die Seele als Kern des Menschen spiegelt somit in ihrem Singen und Jauchzen die Gefühlslage des Autors. Er bringt nämlich im Anschluss zum Ausdruck, dass er glücklich sei ist? und er dieses Glück kaum verbergen könne kann? (V. 3 f.). ...

Gut: Das rhetorische Mittel (Personifikation) wird nicht bloß genannt, sondern auf seine Funktion und Wirkung hin erläutert.
Falsch: Nicht der Autor spricht in dem Gedicht, sondern das lyrische Ich.

In der zweiten Strophe beschreibt das lyrische Ich seine Umgebung, zeigt jedoch, dass es von all dem Treiben der Menschen um es herum nichts mitbekommt und das Reden der Menschen nicht versteht, da es froh und glücklich ist. Das Pronomen „Ich" steht am Anfang des dritten Verses und damit in Opposition zu den Menschen ringsum im ersten Vers. Durch diese Opposition wird die Gefühlslage des lyrischen Ichs hervorgehoben, das sich durch sein Glück und seinen Frohsinn von den anderen Menschen abhebt. Diese „drehen" sich womöglich verwundert nach ihm um, da sie in ihrem gescheiten Reden das emotionale Glück des lyrischen Ichs nicht nachvollziehen können. ...

Gut: Vertiefende Analyse des Strophenbaus mit deutender Erläuterung.

Auch in der vierten Strophe verwendet der Autor eine Personifikation. Diesmal bricht die Freude des lyrischen Ichs metaphorisch durch „Riegel und Schloss" und zieht „[f]ort über die Heide". Auch hier werden das Glück und die Freude des Autors zum Ausdruck gebracht. Das lyrische Ich wünscht sich in einem beinahe verzweifelten Ausruf („Ach", V. 16) ein Pferd, um die Trennung von seinem „Liebchen" (V. 19), das er heute wiedersehen soll, schneller zu überwinden.

Unzureichend: Funktion und Wirkung der sprachlichen Bilder (Personifikation, Metapher) werden nicht im Hinblick auf Funktion und Wirkung untersucht, fehlende Belege.
Gut: Die Aussagen des lyrischen Ichs werden deutend erläutert und in Zusammenhang mit anderen Strophen gebracht.

Fazit: Bei dem vorliegenden Analysetext handelt es sich um eine textlineare Analyse. Das Problem der Wiederholung zeigt sich in der immer wiederkehrenden Herausarbeitung des Glücks und der Freude des lyrischen Ichs. Wäre diese als ein Deutungsaspekt behandelt worden, hätte man die verschiedenen Auffälligkeiten aus dem gesamten Text diesem als Belege zuordnen können.

2.

Ulla Hahn: **Bildlich gesprochen**

Wär ich ein Baum ich wüchse
dir in die hohle Hand
und wärst du das Meer ich baute
dir weiße Burgen aus Sand.

5 Wärst du eine Blume ich grübe
dich mit allen Wurzeln aus
wär ich ein Feuer ich legte
in sanfte Asche dein Haus.

Wär ich eine Nixe ich saugte
10 dich auf den Grund hinab
und wärst du ein Stern ich knallte
dich vom Himmel ab.

Aus: Ulla Hahn.: Wiederworte. Gedichte.
München: Deutsche Verlags-Anstalt 2011, S. 48

Ulla Hahn, „Irrtum": Analyse und Interpretation,
Ulla Hahn, „Bildlich gesprochen": Analyse und Interpretation,
vgl. Online-Bereich.

Sprachtraining: Gedanken verknüpfen

1. Die Verknüpfung von Gliedsätzen

>> Seite 122

1.

Korrektur

A	Der Sprachwissenschaftler Peter Eisenberg, **der** ein wichtiges Buch über …
B	In Eisenbergs Standardwerk, **in dem** Tausende von Fremdwörtern …
C	Der Anglizismus „Computer" ist **insofern** ein Wort des Deutschen, **als** er, anders als …
D	Fremdwörter werden bekämpft und verboten, **weil man die deutsche „Muttersprache" vor „fremden" Einflüssen schützen will.**
E	Oft hat man versucht, Fremdwörter einzudeutschen, **obwohl** dadurch viel …
F	… Sie benutzen **je** mehr Fremdwörter, **desto** mehr Leute ihnen zuhören.
G	Das Imponiergehabe, **das** sie zeigen, wird …
H	Viele Sprecher wissen gar nicht, **wenn sie** Wörter wie „Bluse", „Dame", „Mode", „Ball", „Engel" oder „Kirche" benutzen, **dass diese** aus anderen Sprachen übernommen wurden.

Kommentar

A	„Wo" ist ein lokales Pronomen; es bezeichnet einen Ort. In der Umgangssprache jedoch – besonders in Süddeutschland – wird „wo" oft als Universalpronomen eingesetzt, um Nebensätze anzuschließen. Im vorliegenden Fall bezieht sich der Relativsatz auf eine Person (Eisenberg) und nicht auf einen Ort, weshalb „der, die, das" zu setzen ist.
B	Das Bezugswort ist „Standardwerk", weshalb wiederum das Relativpronomen „der, die, das" benutzen ist.
C	S. INFO auf Seite 115.
D	„Weil" leitet einen kausalen (begründenden) Nebensatz ein. In allen Nebensätzen steht das Prädikat am Schluss (Finalstellung des Prädikats). In der heutigen Umgangssprache hingegen wird „weil" oft wie „denn" eingesetzt. „Denn" jedoch leitet einen Hauptsatz ein. Der Beispielsatz würde dann so lauten: „Fremdwörter werden bekämpft und verboten. Denn man will die deutsche ‚Muttersprache' vor ‚fremden' Einflüssen schützen."
E	„Obwohl" und „trotzdem" werden oft verwechselt, weil beide Konjunktionen einen konzessiven Sinn haben; sie kennzeichnen einen Gegengrund oder eine Einräumung. „Trotzdem" ist eine nebenordnende Konjunktion und verbindet Hauptsätze, „obwohl" leitet einen Nebensatz ein.
F	Die proportionale Konjunktion „je – desto" zählt zu den modalen Konjunktionen, die die Art und Weise ausdrücken, in der etwas geschieht. Standardsprachlich ist auch die Kombination „je – umso" möglich. In älteren Texten war auch „je – je" nicht unüblich („je kälter der Winter, je größer die Not"). Die Kombination „umso – umso" jedoch ist umgangssprachlich.
G	Das Relativpronomen „das" wird verwendet, wenn das Bezugswort etwas Bestimmtes oder etwas Einzelnes bezeichnet („das Kind, das"); „was" wird verwendet, wenn das Bezugswort etwas Allgemeines oder etwas Unbestimmtes ausdrückt („alles, was du mir gesagt hast").
H	Die Doppelkonjunktion „dass wenn" kommt dadurch zustande, dass der Sprecher zwei Nebensätze auf einmal im Satz unterbringen will und sich dabei in der Konstruktion des Satzes verheddert.

>> Seite 123

2. Lücken = <u>Unterstreichung</u>; Alternativvorschläge = <u><u>doppelte Unterstreichung</u></u>; Korrekturen falscher Verknüpfungen = Wellenlinie

Verdeutschung von Fremdwörtern

Ende des 18. Jahrhunderts begann Joachim Heinrich Campe sein „Wörterbuch zur Erklärung und Verdeutschung der unserer Sprache aufgedrungenen fremden Ausdrücke" zu entwickeln, <u>weil der deutsche Adel vor allem Französisch sprach</u>. Campe war zu klug, <u>als dass</u> er Wörter wie „Tee" oder „Tabak" eingedeutscht hätte. Er übertrug die fremdsprachigen Wörter nur <u>insofern, als</u> sie nicht schon längst eingebürgerte Lehnwörter wie z. B. „Nase" oder „Tempel" waren. In sein Standardwerk, <u>in dem</u> ungefähr 5500 Einträge zu finden sind, wurden freilich „unsittliche" Wörter nicht aufgenommen, <u>weil</u> der Lexikograf vermeiden wollte, dass sie in den Sprachgebrauch eindringen. <u>Wenn wir heute ein „Parterre" auch „Erdgeschoss" nennen oder der „Plural" für jüngere Schüler als „Mehrzahl" übersetzt wird, dann ist nur wenigen bewusst, dass diese Wörter Verdeutschungen aus Campes Wörterbuch sind.</u> Obwohl aber noch heute ca. 250 dieser Verdeutschungen in Gebrauch sind, hatte Campe mit seinem Sprachpurismus keinen allzu großen Erfolg. Mit Übertragungen wie „Schweißlöcher" für „Poren" oder „Zwischenstille" für „Pause" konnte sich der Pädagoge keineswegs durchsetzen, <u>sodass solche</u> Vorschläge wie Kabarett wirken, <u>wenn wir sie heute hören</u>. Besonders hübsch ist auch Campes Verdeutschung von „Katholik", <u>ein Wort, das</u> er mit „Zwangsgläubiger" verdeutschte, und „Kardinal", <u>der</u> bei ihm „Purpurpfaff" heißt. Man sieht: <u>Je</u> mehr Campe die Verdeutschung mit einer Wertung versah, <u>umso</u> komischer wirkt sie auf das Publikum.

2. Gliederung: Thema – Aussage

>> Seite 124/125

1./2. In Ulla Hahns Gedicht „Irrtum" bedeutet die Liebe für den Mann etwas Vergängliches. Sie <u>sei</u>[1] wie der Schnee nicht von Dauer. <u>Wie</u> der Schnee nicht an einem Ort und für längere Zeit liegen <u>bleibe</u>, <u>so verschwinde</u> auch im Lauf der Zeit die Liebe zwischen zwei Menschen.
<u>Auch</u> in der Feuer-Metapher der Frau wird die Liebe <u>zunächst</u> mit etwas Angenehmem assoziiert. Wie das wohltuende Feuer im Ofen <u>spende</u> sie Wärme zwischen den Menschen. <u>Doch liege</u> in der Liebe die Gefahr des Verzehrtwerdens und somit der Selbstaufgabe. <u>Sollte</u> diese Gefahr eintreten, <u>müsse</u> die Liebe wie ein Feuer „ausgetreten" (V. 8), <u>also</u> beendet werden.

1 Auch dieser Konjunktiv I hat verknüpfende Funktion; denn die indirekte Rede signalisiert, dass es sich um eine Aussage aus dem im vorhergehenden Satz genannten Gedicht handelt.

3.

Fehlende Verknüpfungen sind <u>unterstrichen</u>, die unpassenden Verknüpfungen <u>doppelt unterstrichen</u>, nicht schlüssiger Gedankengang ist unterringelt.

Das Gedicht „liegen, bei dir" wurde im Jahr 1956 veröffentlicht. Es besteht aus sechs Zeilen, <u>und</u> der Titel des Gedichts enthält ein Komma, sodass der Leser gleich nach dem ersten Wort stutzt. <u>Folglich</u> ist im Titel die normale Reihenfolge der Satzteile <u>umgestellt</u>.
<u>Das Komma</u> hebt besonders hervor, dass der lyrische Sprecher bei „dir" liegen will und bei keiner anderen Frau <u>sonst.</u> „Liegen", „Arme" und „halten" sind <u>also</u> die Schlüsselwörter des Gedichts. Diese Schlüsselwörter lassen erkennen, dass der lyrische Sprecher in der intimen Beziehung zu der Geliebten seinen Halt findet.
<u>Wie erwähnt</u>, thematisiert der Lyriker Ernst Jandl in diesem Gedicht die Liebesbeziehung zweier <u>Partner. Durch</u> die Betonung des Wortes „liegen" macht er schon im Titel deutlich, dass die Beziehung zwischen den Partnern intimer Natur ist.

Das Gedicht „liegen, bei dir" wurde im Jahr 1956 veröffentlicht. Der Lyriker Ernst Jandl thematisiert in diesem Gedicht die Liebesbeziehung zweier Partner. Es besteht lediglich aus sechs Zeilen, die durch zwei identische Reime miteinander verbunden sind.

Der Titel des Gedichts enthält ein Komma, sodass der Leser gleich nach dem ersten Wort stutzt. Auch ist die normale Reihenfolge der Satzteile umgestellt. Das Komma und die Inversion heben besonders hervor, dass der lyrische Sprecher bei „dir" liegen will und bei keiner anderen Frau sonst.

Durch die Betonung des Wortes „liegen" macht er schon im Titel deutlich, dass die Beziehung zwischen den Partnern intimer Natur ist. Schlüsselwörter des Gedichts sind neben „liegen" die Wörter „Arme" und „halten". Diese lassen erkennen, dass der lyrische Sprecher in der intimen Beziehung zu der Geliebten seinen Halt findet.

>> **Seite 126/127**

3. Die Logik der Gedankenfolge

1.

Einleitung:	...
Hauptteil 1. Inhaltswiedergabe	(Verknüpfung) Der Autor erzählt, wie blinde Wüstenbewohner, die nie einen Elefanten gesehen haben, eine innere Vorstellung von diesem Tier gewinnen wollen. Sie untersuchen einen Elefanten, können ihn aber nur an bestimmten Körperteilen berühren und ziehen aus dieser beschränkten Wahrnehmung falsche Schlüsse auf den „Elefanten" als Ganzen.
2. Aufbau	Die kurze Erzählung ist klar strukturiert: <u>In der Einleitung</u> wird die Ausgangssituation skizziert, <u>in der ersten Aktion des Hauptteils</u> entsteht eine neue Situation, als der Elefant erscheint; <u>der zweite Teil schildert die Reaktion; er beschreibt</u> die mehrfache Erkundung des Elefanten und die falschen Schlussfolgerungen aus diesen Untersuchungen.
3. Deutungsthese	(Vorgriff) <u>Wie zu zeigen sein wird, thematisiert die Parabel</u> die Unfähigkeit des Menschen, die Wahrheit als Ganze und exakt zu erkennen.
4. Figuren I:	Das Bedürfnis der Einwohner, Neues zu entdecken, ist groß. Diese Neugierde (Verknüpfung Beleg) <u>erkennt der Leser daran</u>, dass sie sofort den unbekannten Elefanten berühren wollen. Durch ihre Erblindung (Verknüpfung Folgerung) <u>wird veranschaulicht</u>, dass ihr Wunsch, den Elefanten als Ganzen zu begreifen, nie in Erfüllung gehen wird. Sie erkennen immer nur Teile, nie das Ganze. Fünf Deutungen versuchen die Einwohner, und alle sind falsch. Auch aus dieser Reihung der vergeblichen Versuche (Verknüpfung Beleg) <u>geht hervor</u>, dass allen die nötigen Organe fehlen, um eine angemessene Vorstellung von dem Elefanten zu gewinnen.
5. Figuren II:	Die Wüstenbewohner versuchen, ihre Blindheit dadurch auszugleichen, dass sie den Elefanten ertasten. (Verknüpfung Beleg) <u>Das verdeutlicht der Autor durch die Formulierung</u>, dass sie das Tier „packen" wollen. Sie greifen es, aber sie be-greifen es nicht. Hieraus (Verknüpfung Folgerung) <u>ergibt sich die Schlussfolgerung</u>, dass mit den menschlichen Sinnen kein exaktes Begreifen der Wirklichkeit möglich ist.
6.Textorte	(Rückgriff) <u>Wie eingangs erwähnt</u>, handelt es sich bei dieser Erzählung um eine Parabel. Eine Parabel fasst eine allgemeine Wahrheit ins Bild. <u>Daraus</u> folgt, dass offensichtlich keiner klüger ist als der andere und die Unfähigkeit, exakt zu erkennen, bei allen dieselbe ist.
7. Sprache	(Verknüpfung) <u>Auch</u> durch die allgemein verständliche, klare Sprache (Verknüpfung Beleg) <u>wird deutlich</u>, dass ein möglichst großer Leserkreis angesprochen werden soll. Ebenso verzichtet der Autor, darauf, Zeit, Ort und Figuren konkret festzulegen, (Verknüpfung Folgerung) <u>wodurch</u> die Allgemeingültigkeit der Parabel <u>hervorgehoben wird</u>.
Schluss	(Rückgriff) <u>So bestätigt sich meine oben formulierte Deutungsthese</u>, dass diese Parabel in einem überzeugenden Bild die Beschränktheit des menschlichen Erkenntnisvermögens zeigen will.

Notizen

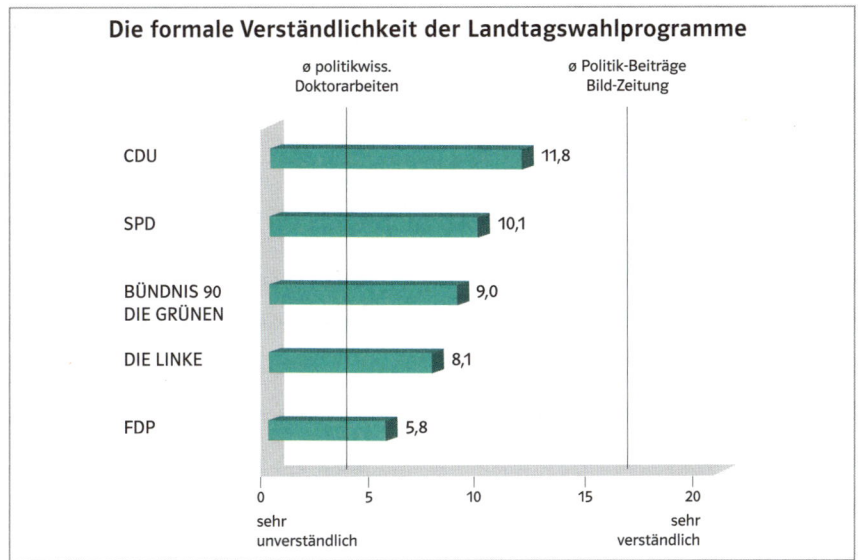

Auch die Verwendung von Anglizismen erschwert das Verständnis – zumindest für einige Wählergruppen. „Equal pay" (SPD) und „Repowering" (SPD), „Shared Services" (FDP), „Open Access-Modelle" (CDU) und „Cross-Border-Leasing" (Linke) sind nur zur verstehen, wenn man den Bürgern „Coa-
50 chingangebote" (Grüne) unterbreitet.

Hintergrund: Automatische Textanalyse
Möglich werden diese Analysen durch die vom CommunicationLab Ulm und von der Universität Hohenheim entwickelte Verständlichkeitssoftware TextLab. Diese Software berechnet verschiedene Lesbarkeitsformeln sowie
55 Textfaktoren, die für die Verständlichkeit relevant sind (z.B. Satzlängen, Wortlängen, Schachtelsätze und den Anteil abstrakter Wörter). Aus diesen Werten setzt sich der „Hohenheimer Verständlichkeitsindex" zusammen, der die Verständlichkeit der Programme und Texte auf einer Skala von 0 (unverständlich) bis 20 (sehr verständlich) abbildet.

60 **Bandwurmsätze und Unklarheiten**
Zu lange Sätze erschweren das Verständnis – vor allem für Wenig-Leser. Aber bei allen Parteien finden sich überlange Sätze mit bis zu 69 Wörtern. Die FDP ist der Meister der Bandwurmsätze. Im Durchschnitt besteht hier ein Satz aus 17,7 Wörtern. Die kürzesten Sätze finden sich bei der SPD (im Schnitt 14,1
65 Wörter). Und nicht immer wird sofort klar, was die Parteien fordern: „Um ein umfassendes Angebot an Ganztags- und Halbtagsschulen zu gewährleisten, wird der Ganztag flexibilisiert." (FDP). Oder: „Ziel der öffentlichen Beschaffung soll es sein, Benchmarks zu setzen, an denen sich Unternehmen und Haushalte orientieren können." (Grüne).

70 **Der Politmonitor der Uni Hohenheim: dauerhafte Analyse der Politiker-Verständlichkeit**
Ab sofort ermitteln die Hohenheimer Forscher die Verständlichkeit der Parteien fortlaufend. Im „Hohenheimer PolitMonitor" nehmen sie die Kommunikation der Parteien unter die Lupe. Das Fachgebiet für Kommunika-
75 tionswissenschaft, inbes. Kommunikationstheorie, erfasst hierfür monatlich, wie verständlich die Parteien mit Webseiten-Besuchern (Homepage-News) und Journalisten (Pressemitteilungen) kommunizieren, welche Themen sie dabei ansprechen und welches Vokabular sie verwenden. Auf diese Weise ist es erstmals möglich, Inhalte und Verständlichkeit der Parteien-Kommunikation
80 aktuell und gleichzeitig langfristig zu untersuchen und zu vergleichen.

Sprachtraining:
Den Umgang mit der Fachsprache verbessern

Wie jedes andere Fach verwendet auch das Fach Deutsch eine Fachsprache, die vor allem aus Fremdwörtern besteht. Einen Kernbestand solcher Fachbegriffe müssen Sie in der Oberstufe aus dem Effeff beherrschen können. Diese können Sie aber auch zum großen Teil in den anderen sprachlichen Fächern benutzen oder überall da, wo Sie sich zu sprachlichen Besonderheiten kurz und präzise äußern wollen.

1. Lösen Sie das Kammrätsel. Die Anfangsbuchstaben ergeben von oben nach unten eine rhetorische Figur.

1							L	I	S	M	U	S		
2	E													
3														
4	I													
5		A	R	A										
6						E	L							
7														
8								I	O	N				
9					L	E	K	T						
10					M	I	S	M	U	S				

1. Wiederholung der Satzteilreihenfolge
2. Auslassung von grammatisch notwendigen Satzbestandteilen
3. eine Frage, die die Antwort schon impliziert (zwei Wörter)
4. Verstellung, die das Gegenteil des Gemeinten formuliert
5. Anteil des Sprechens, der die individuellen Eigenheiten des Sprechens zusammenfasst (Adjektiv)
6. Übertreibung
7. in der Verslehre regelmäßige Abfolge von Betonungen
8. reihende Häufung von Begriffen
9. Sprachgebrauch in verschiedenen sozialen Gruppen
10. beschönigende Umschreibung

2. Markieren Sie die orthografischen Besonderheiten des jeweiligen Fachwortes.

3. Überprüfen Sie Ihre Lösung im Lösungsheft. Schlagen Sie die Bedeutung der Ihnen nicht bekannten Fachbegriffe nach.

4. Ordnen Sie die Sprachbeispiele den Fachbegriffen in der Tabelle (mittlere Spalte) zu.

1. hinscheiden   2. Eigner Herd ist Goldes wert.   3. schwarzer Rabe   4. Bitte ein BIT!

5. Alles rennet, rettet, flüchtet.   6. Im Sommer ist mir kalt, im Winter ist mir heiß.

7. Sie hören weit, sie sehen fern.   8. Weniger ist mehr.   9. Ich kam, ich sah, ich siegte.

10. Verliebt, verlobt, verheiratet   11. And Brutus [der Mörder Cäsars] is a honorable man.

Klimax		
Euphemismus		
Antithese		
Asyndeton		
Parallelismus		
pars pro toto		
Trikolon		
Pleonasmus		
Paradox		
Ironie		
Wortspiel		

5. Überprüfen Sie Ihre Lösung im Lösungsheft. Definieren Sie anschließend den jeweiligen Fachbegriff (rechte Spalte).

Auch Sachtexte, wenn sie gut geschrieben sind, bedienen sich der Mittel der Rhetorik und lassen sich mit dem Fachvokabular der Rhetorik beschreiben. Hierzu dient ein Ausschnitt aus Wolfgang Krischkes Artikel „Voll eklich wg schule *stöhn*" (Seite 15 f.).
Es reicht allerdings nicht aus, rhetorische Figuren identifizieren und benennen zu können, sondern es kommt darauf an, dass Sie erklären, *warum* der Verfasser ein bestimmtes Stilmittel wählt. Es ist also die Frage zu beantworten: Welche Aufgabe/Funktion hat die jeweilige rhetorische Figur?

Kinder lesen zu wenig? Von wegen. Wohl noch nie zuvor haben sie so viel gelesen und geschrieben wie heute. Täglich tippen sie Millionen von Wörtern auf ihren Handy- und Computertastaturen, verbringen Stunden mit der Lektüre von SMS-Nachrichten, Chat-Sprüchen, E-Mails und Internet-Infos.
5 Trotzdem kommt bei Pädagogen und Ausbildern keine rechte Freude auf. Denn den Simsern, Chattern und Twitterern dient die Schrift vor allem als Plaudermedium. Von den Normen der Hochsprache ist ihre Sprechschreibe Lichtjahre entfernt. Gebilde wie „booaaa mein dad voll eklich wg schule *stöhn* haste mo zeit? hdgdl [= hab dich ganz doll lieb]" lässt Freunde des
10 Dudens und ganzer Sätze noch immer zusammenzucken. […] Können Jugendliche, die sich in diesen sprachlichen Trümmerlandschaften bewegen, überhaupt noch einen lesbaren Aufsatz, einen präzisen Bericht, ein angemessenes Bewerbungsschreiben verfassen?

> Um den Leser unmittelbar anzusprechen und für seinen Gedankengang zu interessieren, beginnt W. Krischke mit einer strategischen Frage, die ein gängiges Vorurteil des Lesers aufgreift: „Kinder lesen zu wenig?" Er widerlegt die Frage umgehend selber: „Von wegen" (Z. 1). Durch diese Ellipse wird das Leser-Vorurteil kurz und bündig als unzutreffend abgetan.

6. Wählen Sie aus den hier angebotenen rhetorischen Figuren mindestens drei aus und erläutern Sie wie in dem Beispiel (rechte Spalte) deren Funktion.

Akkumulation	Übertreibung	Beispiel	Trikolon

Ellipse	rhetorische Frage	Ironie	Metapher

Training 1: Eine Inhaltswiedergabe verfassen

Gewiss gehört die „Inhaltsangabe" oder „Inhaltswiedergabe" nicht zu den beliebtesten Übungen des Deutschunterrichts. Gleichwohl wird sie Sie bis zum Abitur begleiten – und darüber hinaus. „Wozu diese Quälerei?", werden Sie vielleicht fragen, wozu ist sie von Nutzen? Im Alltag, so wird man Ihnen sicherlich gesagt haben, brauchen wir allenthalben die Fähigkeit, Handlungen zusammenzufassen, wenn Sie z. B. dem Freund einen spannenden Film empfehlen oder der Freundin einen Buchtipp geben wollen. Doch für solche Zwecke allein wäre der schulische Aufwand mit der „Inhaltswiedergabe" nicht gerechtfertigt. Was mit diesen anstrengenden Übungen geschult werden soll, sind letztlich Ihre Fähigkeiten,
- die Kernpunkte in einem Text sicher herauszufiltern,
- sachlogische Zusammenhänge in Texten schnell und präzise zu erkennen,
- Umstände, Verlauf, Ursachen und Folgen von Handlungen in Relation zu stellen,
- diese in einem sachlichen Stil und ohne Umwege auf den Punkt bringen.

Diese Fähigkeiten brauchen Sie in allen Lebenssituationen, in Schule, Wissenschaft und Beruf.

1. Die Vorkenntnisse überprüfen

1. In der folgenden Inhaltswiedergabe ist einiges daneben geraten. Notieren Sie neben dem Text die Unstimmigkeiten.

> Es war einmal ein kleines Mädchen, Rotkäppchen genannt, das seine kranke Großmutter besuchen sollte, um ihr einen Korb mit Leckereien zu bringen. Rotkäppchen ging, ein Liedchen pfeifend, durch den Wald, als plötzlich ein Wolf aus dem Gebüsch auftauchte. Der Wolf horchte Rotkäppchen über
> 5 den Gesundheitszustand und die Wohnverhältnisse der Großmutter aus, eilte schneller als das Mädchen zu ihrem Häuschen und frisst die Ärmste. Er legt sich als Großmutter verkleidet ins Bett und wartet auf Rotkäppchen. Bald darauf erreicht Rotkäppchen das Haus, tritt ein und begibt sich an Großmutters Bett. Da wundert es sich über die Gestalt der Großmutter und
> 10 fragt erstaunt: „Aber Großmutter, was hast du für ein entsetzlich großes Maul!" – „Dass ich dich besser fressen kann", grunzt daraufhin der Wolf und verschlingt die dumme Göre.

2. Vermutlich ist es auch Ihnen – wie vielen anderen – nie ganz leicht gefallen, Inhaltswiedergaben in der gewünschten Präzision zu verfassen. Machen Sie sich bewusst, worin diese Schwierigkeiten bestehen.

Meine Schwierigkeiten beim Verfassen einer Inhaltswiedergabe:

A Ich gerate leicht ins Nacherzählen.

B _____

C _____

D _____

2. Eine Inhaltswiedergabe systematisch erarbeiten

Eine Inhaltswiedergabe erfordert eine Menge Kopfarbeit. Im Grunde muss man den Text verstanden haben, bevor man mit den Schreiben beginnen kann. Die Fachleute sagen: Der Schreiber entwickelt ein „mentales Modell" von der Erzählung.

Ein mentales Modell entwickeln

Ein mentales Modell gewinnen Sie nicht, indem Sie gleich drauflos schreiben, wenn Sie den Text gelesen oder gehört haben. Mit ziemlicher Sicherheit geraten Sie auf diese Weise ins Nacherzählen und verfehlen damit Ihre Aufgabe.

$\longrightarrow$ Ein mentales Modell gewinnen Sie, indem Sie sich von den zahlreichen Details des Textes lösen und mit der Konspektmethode einen Überblick über die zentralen Handlungsschritte (beim Sachtext: über die zentralen Argumente) gewinnen.

Orientieren Sie sich nicht an der Dramaturgie, in der die Ereignisse, die Gesprächsbeiträge oder die Argumente präsentiert werden. Auch hier ist meist die Folge, dass Sie nacherzählen oder paraphrasieren: *dann ... und dann ... und dann... plötzlich ... schließlich.*

$\longrightarrow$ Verschaffen Sie sich Klarheit über die zentralen Komponenten, die den Text bilden. Prägen Sie sich zu diesem Zweck die folgenden Schlüsselfragen ein.

INFO

Konspektmethode, Seite 33

Die W-Fragen klären

Wenn Sie einen Text erarbeiten, klären Sie zuerst die W-Fragen. Damit Sie keine der Fragen vergessen, orientieren Sie sich an folgender Tabelle.

W-Fragen	Komponenten einer Erzählung oder eines Dialogs	„Der Filialleiter"
Wer spricht/wer handelt?	1. Figur	
Mit **wem**?	2. Figur	
Wo und **wann**?	Ort und Zeit	
Worüber?	Themen	
Warum?	Motive/Gründe des Handelns	
Wozu, mit welchem Ziel?	Intentionen, Interessen der Handelnden	
Wie, auf welche Weise?	die Art und Weise, in der die Interessen realisiert werden	

1. Stellen Sie die Antworten auf die W-Fragen für die Kurzgeschichte „Der Filialleiter" zusammen.

Einen Überblick über die Handlung gewinnen

Thomas Hürlimann: **Der Filialleiter** (1992)[1]

Als der Filialleiter des Supermarktes auf dem Fernsehschirm seine Frau erblickte, erschrak er zu Tode. Nein, er täuschte sich nicht – das erste Programm zeigte Maria-Lisa, seine eigene Frau. Im schicken Blauen saß sie in einer größeren Runde, und gerade jetzt, da der Filialleiter seinen
5 Schock überwunden glaubte, wurde Maria-Lisa von der Moderatorin gefragt, was sie für ihren Ehemann empfinde.

„Nichts", sagte Maria-Lisa.

„Maria-Lisa!", entfuhr es dem Filialleiter, und mit zittriger Hand suchte er den Unterarm seiner Frau. Wie jeden Abend saßen sie neben-
10 einander vor dem Fernseher, und beide hatten ihre Füße in rote Plastik- eimerchen gestellt, in ein lauwarmes Kamillenbad – das stundenlange Stehen im Supermarkt machte ihnen zu schaffen.

Die Bildschirm-Maria-Lisa lächelte. Dann erklärte sie, über den Hass, ehrlich gesagt, sei sie schon hinaus.
15 Der Filialleiter hielt immer noch Maria-Lisas Arm. Er schnaufte, krallte seine Finger in ihr Fleisch und stierte in den Kasten. Hier, fand er, war sie flacher als im Leben. Sie hatte ihr Was-darfs-denn-sein-Gesicht aufgesetzt und bemerkte leise, aber dezidiert: „Mein Willy ekelt mich an."
20 Und das in Großaufnahme!

Nun sprach eine blonde Schönheit über die Gefahren der Affektver- kümmerung und der Filialleiter, dem es endlich gelang, die Augen vom Apparat zu lösen, versuchte seine Umgebung unauffällig zu überprüfen. Jedes Ding war an seinem Platz. In der Ecke stand der Gummibaum, an
25 der Wand tickte die Kuckucksuhr, und neben ihm saß die Frau, mit der er verheiratet war. Kein Spuk – Wirklichkeit! Maria-Lisa war auf dem Bildschirm, und gleichzeitig griff sie zur Thermosflasche, um in die bei- den Plastikeimer heißes Wasser nachzugießen.

Sein Fußbad erfüllte Willy auch an diesem Abend mit Behagen. Dann
30 rief er sich in Erinnerung, was ablief. Ungeheuerlich! Auf dem Schirm wurde das emotionale Defizit eines Ehemanns behandelt, und dieser Ehemann war er selbst, der Filialleiter Willy P.! Er griff zum Glas und hatte Mühe, das Bier zu schlucken. Hinter seinem Rücken war Maria- Lisa zu den Fernsehleuten gegangen. Warum? Willy hatte keine Ahnung.
35 Willy wusste nur das eine: Vor seinen Augen wurde sein Supermarkt zerstört.

Maria-Lisa reichte ihm das Frotteetuch, aber der Filialleiter stieg noch nicht aus dem Eimer. Er hielt das Tuch in der Hand, und so stand er nun, nur mit Unterhemd und Unterhose bekleidet, minutenlang im Kamil-
40 lenbad – ein totes Paar Füße, im Supermarkt plattgelatscht.

„Das Wasser wird kalt", sagte Maria-Lisa.

Der Filialleiter rieb sich die Füße trocken, dann gab er Maria-Lisa das Tuch. Als die Spätausgabe der Tagesschau begann, saßen sie wieder auf dem Kanapee. Maria-Lisa und der Filialleiter, Seite an Seite, er trank sein
45 Bier und sie knabberte Salzstangen.

---

[1] **Thomas Hürlimann**: Schweizer Schriftsteller (*1950), Dozent an der Universität Konstanz. Die Erzählung wurde in dem Sammelband „Die Satellitenstadt. Geschichten" (Zürich 1992) veröffentlicht.

2. Lesen Sie die Kurzgeschichte „Der Filialleiter" (mindestens zweimal) konzentriert und fertigen Sie dann in der Randspalte einen Konspekt an.

Konspekt

1. Einleitende Darstellung der Situation, Einführung einer uner- hörten Begebenheit: Ein Super- markteiter wird am Feierabend mit einem Fernseh-Auftritt seiner Frau konfrontiert, die freimütig ihre emotionale Gleichgültigkeit gegenüber ihrem Mann preisgibt.

2.

3.

4.

5.

Die Einleitung verfassen

Oft bereitet der Einleitungssatz zu einer Inhaltswiedergabe Kopfzerbrechen. Er lässt sich leichter bewältigen, wenn man sich eingeprägt hat, welche Elemente in dieser Einleitung genannt werden sollen, nämlich:

Autor/Autorin	
Titel	
Jahr der Abfassung oder der Veröffentlichung	
Ort der Veröffentlichung (falls bekannt)	
Textsorte	
Thema	

3. Ergänzen Sie die Informationen für die Kurzgeschichte „Der Filialleiter" in der obigen Tabelle.

Um die erste Hemmschwelle beim Schreiben zu überwinden, empfiehlt es sich, sich eine Formulierungshilfe zurechtzulegen, auf die Sie in Stress-Situationen zurückgreifen können, wobei Sie jeweils nur die Angaben zum Autor, zum Titel etc. austauschen.

TEXTMUSTER

Einleitung Inhaltwiedergabe

Im Zentrum der Kurzgeschichte (Textsorte) „Der Filialleiter", die der Schweizer Autor Thomas Hürlimann im Jahr 1992 in dem Band „Die Satellitenstadt" veröffentlicht hat, wird die Lebenslüge eines kleinbürgerlichen Ehepaars in der Medienöffentlichkeit entlarvt (Thema).

4. Beurteilen Sie das folgende Schülerbeispiel und überlegen Sie, an welchen Stellen Sie anders formulieren würden, und machen Sie Vorschläge. Überlegen Sie anschließend, warum der Verfasser/die Verfasserin dieser Einleitung drauflos schreibt, und vor allem, inwiefern er/sie überhaupt nicht an einen Leser denkt.

> In dieser Kurzgeschichte „Der Filialleiter",
> geschrieben von Thomas Hürlimann, geht
> es um einen Filialleiter namens Willy P., der
> nach der Arbeit seine Füße badet und dabei
> fernsieht.

Den Hauptteil einer Inhaltswiedergabe verfassen

Ausdrucksform der Inhaltsangabe

Sie sollen – wie in einem Bericht – informieren und nicht unterhalten.
Verzichten Sie deshalb auf
– Spannungsaufbau und Spannungsverzögerung,
– Vorbereitung und Ausgestaltung eines Höhepunkts.

Die Vorbereitung der Inhaltswiedergabe durch die Konspektmethode hat zur Folge, dass alles schon bereitsteht, bevor Sie zu schreiben beginnen. Sie brauchen die Zusammenfassungen zu den einzelnen Abschnitten nur noch miteinander zu verknüpfen. Nie wieder werden Sie ins Nacherzählen geraten. Das ist der eine Vorteil.

Der andere große Vorteil liegt darin, dass Ihnen der Text schon gegliedert vor Augen steht. Deshalb ist es nur noch ein Schritt, auch dem Leser diesen Aufbau zu verdeutlichen. Sie können also leicht die Inhaltswiedergabe mit einer Analyse der Handlungsstruktur verknüpfen.

Sie haben also zwei Möglichkeiten, Ihre Inhaltsangabe zu gestalten:

Form A – die einfache Inhaltswiedergabe	Form B – die strukturierte/analytische Inhaltswiedergabe
Die einfachere Form sieht so aus, dass Sie zuerst die Handlung zusammenfassen, und im Anschluss daran die Aufbauelemente erklären.	Wenn Sie aber die Inhaltswiedergabe wirklich professionell gestalten wollen, dann verknüpfen Sie die inhaltlichen Elemente der Handlung mit Ihren Beobachtungen zum Aufbau (zur Handlungsstruktur).
Vor- und Nachteile:	Vor- und Nachteile:

5. Überlegen Sie, welche Vor- oder Nachteile mit den beiden Formen für Sie verbunden sein könnten, und tragen Sie die Ergebnisse in die Tabelle ein.

6. Entscheiden Sie sich für eine der beiden Formen und versuchen Sie, mithilfe der folgenden Tabelle aus den von Ihnen auf Seite 52 erarbeiteten Einzelelementen einen Text zu formen.

Inhalt des Abschnitts (für Form A und B)	Funktion des Textabschnitts (für Form B)	Text der Inhaltswiedergabe
1. Ein Supermarkteiter wird am Feierabend mit einem Fernseh-Auftritt seiner eigenen Frau konfrontiert, die freimütig ihre emotionale Gleichgültigkeit gegenüber ihrem Mann preisgibt.	Einleitende Darstellung der Situation und Einführung einer unerhörten Begebenheit	In der Einleitung der Kurzgeschichte wird ein in einer Satellitenstadt wohnender Filialleiter vorgestellt, der einen alltäglichen Feierabend genießen will und stattdessen unvermutet mit einem Fernsehauftritt seiner Frau konfrontiert wird, die in einer Talkshow freimütig über ihre emotionale Gleichgültigkeit gegenüber ihrem Ehemann Auskunft gibt.
2.		Wie ein Schock trifft ihn die Eröffnung seiner Frau, dass sie ihn nicht nur hasst, sondern sich sogar vor ihm ekelt.

3. _____

_____

_____

_____

_____

4. _____

_____

_____

_____

5. _____

_____

_____

_____

Den Schluss einer Inhaltswiedergabe verfassen

Natürlich müssen Sie „den Sack zubinden" und Ihr Produkt durch eine Zusammenfassung abschließen. Die neutralste und unstrittigste Form besteht darin, das Handlungsziel oder Handlungsergebnis in sachlicher Form herauszustellen.

TEXTMUSTER

Zusammenfassung

Die Erzählung gelangt nicht zu einer Lösung der aufgedeckten Probleme: Nach der entlarvenden Momentaufnahme des Fernsehauftritts und der dadurch ausgelösten Irritation kehrt das Ehepaar zum Ehealltag zurück.

Informieren Sie sich!

In manchen Schulen oder Schulregionen ist es üblich, als Abschluss der Inhaltwiedergabe eine Aussageabsicht des Textes und/oder eine Bewertung zu formulieren. Das wird von anderen strikt abgelehnt. Deshalb informieren Sie sich, welche Form an Ihrer Schule praktiziert wird!

Die Inhaltswiedergabe überarbeiten

Sie können die Überarbeitung selbstverständlich in Einzelschritte aufteilen (nicht immer aber haben Sie die Zeit für eine genaue Überprüfung). Viel wichtiger als eine Detailkorrektur ist ein ganzheitlicher Blick auf den von Ihnen verfassten Text. Die leitenden Gesichtspunkte sind hier:

CHECKLISTE 1

Der Leserbezug
Kann ein Leser, der die Geschichte nicht kennt, den Handlungszusammenhang nachvollziehen?

- ✔ Habe ich den Leser exakt und vollständig über die W-Fragen informiert?
- ✔ Habe ich die zentralen Figuren dem Leser vorgestellt (und nicht als bekannt vorausgesetzt)?
- ✔ Sind alle wichtigen Handlungsschritte erwähnt? Habe ich den Handlungsbogen schlüssig dargestellt? Achten Sie bei dieser Frage auf die verwendeten Konnektoren (*weil, darum, sodass, auf diese Weise, daraus folgt* etc.).
- ✔ Ist das Ergebnis der Handlung deutlich formuliert?
- ✔ Passt das Handlungsziel zu dem am Anfang formulierten Thema?

7. Untersuchen Sie Ihre Inhaltswiedergabe von „Der Filialleiter" (Seite 55) im Hinblick auf die genannten Aspekte und korrigieren Sie Ihren Text.

CHECKLISTE 2

Das richtige Maß der Textreduktion
Zu vermeiden sind alle Sprachformen, die in eine Erzählung hineingehören:

Zu vermeiden sind alle Sprachformen, die in eine Erzählung hineingehören:

• örtliche Rede oder gar Dialoge	→ zusammenfassen
• Zitate	→ streichen
• Elemente, die Spannung erzeugen sollen	→ umformulieren, versachlichen
• Elemente, die ironisch wirken sollen	→ umformulieren, versachlichen
• Verben der Bewegung	→ den gesamten Bewegungsvorgang streichen
• Beispiele, Belege	→ streichen
• sprachlicher Schmuck	→ streichen
• Ihre Interpretation/Deutung der Erzählung	→ streichen: gehört nicht hierher, sondern in die folgende Analyse
• Ihre persönliche Meinung und Bewertung	→ streichen und für den Schluss der Analyse aufsparen

Meine persönlichen Fehlerschwerpunkte überprüfen:

_____

_____

_____

_____

8. Untersuchen Sie Ihre Inhaltswiedergabe im Hinblick auf die genannten Aspekte und korrigieren Sie Ihren Text.

Wenden Sie Ihre Kenntnisse an

9. Fertigen Sie auf einem gesonderten Blatt eine Inhaltswiedergabe der Erzählung „Die Blinden" von Nikos Kazantzakis an (die vermutlich ursprünglich aus Asien stammt).
Halten Sie sich dabei systematisch an die oben eingeübten Schritte.
Erst später, wenn Sie diesen Ablauf oft genug erprobt haben, können Sie den einen oder anderen Schritt abkürzen oder überspringen.

Beispiellösung
Nikos Kazantzakis,
„Die Blinden":
Inhaltswiedergabe
sj2zv8

Hanabusa Itchō: Blinde Mönche untersuchen einen Elefanten, 1888

Nikos Kazantzakis: **Die Blinden** (1957)[1]

Es war einmal ein kleines Dorf in der Wüste. Alle Einwohner dieses Dorfes waren blind. Eines Tages kam dort ein großer König mit seinem Heer vorbei. Er ritt auf einem gewaltigen Elefanten. Die Blinden hatten viel von Elefanten erzählen
5 hören und wurden von einer kräftigen Lust befallen, heranzutreten und den Elefanten des Königs berühren zu dürfen und ihn zu untersuchen, eine Vorstellung davon zu bekommen, was das für ein Ding sei. Einige von ihnen traten vor und verneigten sich vor dem König und baten um Erlaubnis,
10 seinen Elefanten berühren zu dürfen. Der eine packte ihn am Rüssel, der andere am Fuß, ein dritter an der Seite, einer reckte sich hoch und packte das Ohr, ein anderer wieder durfte einen Ritt auf dem Rücken des Elefanten tun. Entzückt kehrten alle ins Dorf zurück, und die Blinden um-
15 ringten sie und fragten eifrig, was denn das ungeheuerliche Tier Elefant für ein Wesen sei. Der erste sagte: „Es ist ein großer Schlauch, der sich hebt und senkt." Der zweite, der das Bein untersucht hatte sagte: „Es ist eine mit Haut und Haaren bekleidete Säule." Der dritte sagte: „Es ist wie eine
20 Festungsmauer und hat auch Haut und Haare." Der, der ihn am Ohr gepackt hatte sagte: „Es ist keineswegs eine Mauer, es ist ein dicker, dicker Teppich, der sich bewegt, wenn man ihn anfasst." Und der letzte sagte: „Was redet ihr da für Unsinn? Es ist ein gewaltiger Berg, der sich bewegt."

[1] **Nikos Kazantzakis**: Griechischer Schriftsteller (1883–1957). Er veröffentlichte diese Geschichte im Roman „Griechische Passion" (1951, dt. 1957).

3. Den Lernfortschritt überprüfen

Vor allem bei den ersten Sätzen einer Inhaltsangabe können Sie auf ein falsches Gleis geraten, sodass die Reise in eine völlig falsche Richtung gehen kann. Deshalb ist hier besondere Sorgfalt bei der Ausformulierung geboten.

1. Machen Sie sich bewusst, was in den folgenden Einleitungssätzen sprachlich ungenau und inhaltlich unvollständig ist und formulieren Sie nach Möglichkeit die Beispiele um.

Im Kinderbuch „Vorstadtkrokodile", geschrieben von Max von der Grün im Jahre 1977, geht es über eine Bande, die aus neun Jungen und einem Mädchen besteht.	
Die Kurzgeschichte „Nachts schlafen die Ratten doch", geschrieben von Wolfgang Borchert, dreht sich um den neunjährigen Jungen Jürgen.	
Der Jugendroman „Die Wolke" von Gudrun Pausewang ist 1987 erschienen.	

Beispiellösung
„Der Froschkönig":
Inhaltswiedergabe
b7w4jt

2. Versetzen Sie sich in die Rolle des Deutschlehrers und korrigieren Sie die folgende Inhaltswiedergabe zum Grimm'schen Märchen „Der Froschkönig". Kritisieren Sie aber nicht nur, sondern machen Sie konstruktive Gegenvorschläge.

> Eine Prinzessin, die so schön ist, dass die Sonne selbst sich jedes Mal verwundert, wenn sie auf ihr Gesicht scheint, spielte in der Nähe des Brunnens mit ihrer goldenen Kugel. Die Kugel fiel in den Brunnen, worauf die Prinzessin sehr
> 5 traurig war. Ein Frosch versprach ihr, die Kugel wiederzubringen, wenn die Prinzessin ihm einige Zugeständnisse macht: Er wolle ihr Geselle und Spielkamerad sein, an ihrem Tischlein neben ihr sitzen, aus ihrem Becherlein trinken und in ihrem Bettlein schlafen. Die Prinzessin ver-
> 10 spricht es ihm, denkt jedoch nicht daran, dieses Versprechen einzuhalten. Als der Frosch später kommt, um das Versprechen einzufordern, wird der Vater zornig und fordert von seiner Tochter, dass sie hält, was sie dem Frosch versprochen hat: „Wer dir geholfen hat, als du in Not
> 15 warst, den sollst du hernach nicht verachten!" Die Prinzessin gehorcht ihrem Vater, doch als der Frosch zu ihr ins Bett kommt, wirft ihn die Prinzessin voll Ekel an die Wand. Der Froschkönig verwandelt sich in einen Königssohn mit schönen freundlichen Augen und erzählt ihr, dass er von
> 20 einer bösen Hexe verwünscht worden war und niemand ihn erlösen hätte können als eben die Prinzessin alleine.

3. Vergleichen Sie Ihre jetzige Korrektur (Seite 58) mit der zu Beginn der Lerneinheit (Seite 50): In welchen Punkten fühlen Sie sich sicherer in Ihrem Urteil?

_____

_____

_____

_____

4. Ein kluger Pädagoge hat die Behauptung aufgestellt, dass die Inhaltswiedergabe einer Erzählung genau das kaputt macht, was dem Leser an der Geschichte Freude bereiten könnte.
  – Notieren Sie Gründe, die für diese Behauptung sprechen.
  – Wann und unter welchen Umständen ist die Anfertigung einer Inhaltswiedergabe dennoch sinnvoll? Suchen Sie auch hier nach Gründen.

Ulf Abraham, Lesarten – Schreibarten. Formen der Wiedergabe und Besprechung literarischer Texte. Stuttgart: Klett 1994, S. 26–32.

Sinn der Inhaltswiedergabe	Unsinn der Inhaltswiedergabe
Man lernt, sich auf das Wesentliche eines Textes zu konzentrieren.	
	Alles, was die Erzählung „schmückt", ihr ganz besonderer Stil, an dem der Autor wahrscheinlich lange gefeilt hat, soll weggestrichen werden.

Training 2: Erzähltechnik und Sprache untersuchen

Personaler Erzähler – auktorialer Erzähler – neutraler Erzähler – Ich-Erzähler – Er-/Sie-Erzähler – erlebte Rede und so weiter: Muss man diese Begriffe tatsächlich kennen? Muss man sie unterscheiden und anwenden können? Muss man das alles wissen?

Zugegeben: Selbst manche Sachkenner haben mit diesem Thema oft noch ihre Schwierigkeiten – vor allem dann, wenn sie die einzelnen Erzählertypen bestimmen und unterscheiden sollen. Trotzdem, je tiefgreifender Ihre Bemühungen hinsichtlich der Gestaltung von Erzählungen sind, desto nachhaltiger ist Ihr Erfolg.

Das folgende Kapitel will Ihnen deshalb zeigen,
- dass der unterschiedliche Einsatz von Erzähltechniken eine Erzählung vollständig verändern und damit eine ganz neue Sicht vermitteln kann,
- dass man mit bestimmten Strategien des Erzählens Leser oder Zuhörer in erheblichem Maße beeinflussen kann und
- dass es sich bei der Erzähltheorie und ihren Fachbegriffen keineswegs um überflüssiges Wissen handelt: Wenn Sie diese Begriffe zum Erzählverhalten geschickt nutzen, gewinnen Sie wichtige Einblicke in Machart und Sinn von Erzählungen.

1. Die Vorkenntnisse überprüfen

Im folgenden Kammrätsel geht es ausschließlich um Fachbegriffe, die Formen und Methoden des Erzählens bezeichnen.

1. Lösen Sie das Rätsel.

1										
2							E	N	R	E
3										
4	S	Y								
5										
6	N									
7										
8				S	T	E	L	L	E	

1. Blickwinkel, aus dem der Erzähler eine Figur oder ein Geschehen darstellt
2. Sammelbezeichnung für unterschiedliche Arten von Erzähltexten (zwei Wörter)
3. „Flashback" auf Deutsch (Ü = UE)
4. Ein Gefühl, das der Erzähler oder Autor beim Leser erzeugen kann
5. Wenn man den Handlungszusammenhang einer Erzählung wiedergeben will, muss man eine … einhalten.
6. So heißt der Erzähler, der ein Geschehen wie mit einem Kamera-Auge von außen betrachtet (Adjektiv).
7. So heißt der Erzähler, der über seiner Geschichte steht und wie ein Filmregisseur über seine Figuren verfügt (Adjektiv).
8. So heißt die Lücke im Handlungszusammenhang, die ein Erzähler zwischen zwei Textteilen (z. B. Kapiteln) lassen kann und die der Leser ausfüllen muss.

Die Anfangsbuchstaben ergeben von oben nach unten gelesen einen Erzählertypus, der sich gewissermaßen auf der Ebene seiner Figuren aufhält und nicht mehr weiß als diese (Adjektiv).

Lösungswort: _____

2. Überprüfen Sie Ihre Antworten. Wenn Sie 1–3 und 6–8 richtig beantwortet haben, kennen Sie sich in Sachen Erzähltechnik schon ziemlich gut aus. Trotzdem sollten sie die nachfolgende weitere Aktivierung Ihrer Kenntnisse nicht verpassen.

2. Formen des Erzählverhaltens beschreiben, unterscheiden und erklären

Dreimal die gleiche Geschichte und doch nicht dieselbe:

A Neugier – dein Name ist Weib

In alter Zeit, als das Wünschen noch geholfen hat, lebte zu Köln am Rhein ein Koboldgeschlecht, die Heinzelmännchen genannt. Sie waren gutmütige, fleißige Zwerge und den Kölner Bürgern
5 wohlgesinnt. Solange sie an den Ufern des Rheins hausten, fühlte sich die braven Kölner wie im Paradies; denn die wackeren Hausgeister erledigten für sie das Putzen, das Nähen, das Backen, das Zimmern, das Metzgern, kurzum alles, was nach
10 Arbeit schmeckte.

An diesen goldenen Zeiten hätte sich bis heute nichts geändert, wenn die weibliche Neugier nicht wäre. Denn wehe, wenn jemand den Wichteln auflauerte, um sie auszuspionieren! Wenn das
15 geschah, war es mit ihren Wohltaten vorbei. So geschah es denn auch: Des Schneiders Weib streute Erbsen, um sie auf frischer Tat zu ertappen. Und husch, husch – waren die Geister verschwunden! Der geneigte Leser wird es mit Kopfschütteln ver-
20 nehmen: Auch in Köln siegte die Dummheit und vertrieb die Wunder aus der Stadt.

C Des Schneiders Weib

Irgendwer machte sich doch in der Nähstube zu schaffen? Ob das die Wichtel sind, die gestern den Staatsrock für den Bürgermeister geschneidert haben? Tring, die Schneidersfrau, wachte mitten
5 in der Nacht auf, während Schneider Jupp sich schnarchend auf die andere Seite drehte.

Da – ein Trappeln wie von zahlreichen Stiefelchen, ein Wispern von zarten Stimmchen. Das musste sie sich anschauen! Keiner hatte es bisher
10 geschafft, diese Gnome mit eigenen Augen zu sehen. Gut, dass sie die Erbsen gestreut hatte!

Im Nu war sie aus dem Bett. Schnell die Lampe geschnappt und zur Treppe gehuscht! Wie sie lustig übereinander purzelten, die Heinzel! Und ei-
15 nen Krach machten die kleinen Biester!

Doch was ist jetzt? – Husch, husch, husch sind alle verschwunden!

B Die Heinzelmännchen von Köln

Der erste Heinzel schneidet mit großer Schere das Tuch zurecht; der zweite näht es sorgfältig zusammen; der dritte Heinzel bügelt den Bürgermeisterrock glatt. „Uff", seufzt er, „gleich ist es
5 geschafft."

Sie hängen den Rock auf den Bügel und verlassen die Schneiderstube. Der erste Heinzel fällt die Treppenstufen hinunter; der zweite setzt sich schon in der Türe auf den Hosenboden; der dritte
10 stürzt und schlägt sich den Kopf auf. Überall liegen Erbsen. Großes Geschrei und Getöse.

Da eilt die Schneidersfrau mit Licht herbei. Flugs verschwinden die Wichtel im Dunkel der Nacht.

Der Heinzelmännchenbrunnen, Köln, gestaltet von Edmund und Heinrich Renard, 1899.

1. Vergleichen Sie stichwortartig die ersten beiden Fassungen.
- Was hat sich in der zweiten Fassung (B) gegenüber der ersten (A) geändert?
- Durch welche Unterschiede in der Erzählweise (z. B. Erzählbeginn, Erzählverhalten, Perspektive, Lesersteuerung) kommen diese Änderungen zustande?
- Welche unterschiedlichen Wirkungen ergeben sich dadurch?
Legen Sie eine Tabelle mit vier Spalten im Querformat an (vgl. S. 64) und ergänzen Sie Spalten A und B.

2. Die dritte Fassung „Des Schneiders Weib" erzählt dieselbe Geschichte noch einmal. Durch den Vergleich mit der ursprünglichen Fassung (A) finden Sie auch hier heraus,
- was sich inhaltlich verändert hat,
- welche Veränderungen in der Erzählweise vorgenommen wurden und
- welche unterschiedlichen Wirkungen sich dadurch ergeben.

Ergänzen Sie Ihre Tabelle in der Spalte C: Des Schneiders Weib.

	A Neugier – dein Name ist Weib	B Die Heinzelmännchen von Köln	C Des Schneiders Weib
Unterschiede in der Erzählweise	– Ausführliche Einleitung mit Benennung des Ortes und der Zeit –	– Verzicht auf Beantwortung der W-Fragen –	–
Unterschiede in der Wirkung	–	–	–

3. Systematisieren Sie die Erfahrungen, die Sie mit den verschiedenen Formen des Erzählverhaltens gemacht haben, indem Sie die Begriffe und ihre Funktionen nachschlagen und gedanklich ordnen.

4. Beschreiben Sie die bildlichen Darstellungen des Erzählverhaltens in der Er-/Sie-Erzählung und ordnen Sie ihnen die Begriffe und Funktionen zu.

Beschreibung:

Erklärung der Funktion:

Ausgerüstet mit diesem Hintergrundwissen können Sie nun auch die Kurzgeschichte „Der Filialleiter" (Seite 52) noch genauer durchschauen.

5. Klären Sie folgende Fragen:
- Wie hat der Autor den Schock inszeniert, den Willy P. beim abendlichen Fernsehkonsum erlebt?
- Wie erreicht er, dass Sie als Leser ähnlich verstört sind wie die Zentralfigur?

Wenden Sie zusammenfassend die passenden erzähltechnischen Begriffe an.

Wie kommt die Verstörung des Filialleiters zustande?	Wie kommt die Verstörung des Lesers zustande?
– Seine gewohnte alltägliche Sicht auf seine Ehe wird zerstört. –	– Er kann sich am Anfang nicht orientieren, weil der Erzähler ihm zu wenig Informationen vermittelt (offener Erzählbeginn). –

Bezeichnung und Erklärung des Erzählverhaltens: _____

_____

_____

3. Die Rede- und Gedankenwiedergabe analysieren

Sie haben schon festgestellt, dass dem Leser ein ausgezeichneter Einblick in die Innenwelt der Hauptfigur Willy P. in Hürlimanns Kurzgeschichte (Seite 52) vermittelt wird. Um dies zu erreichen, verwendet der Autor die „erlebte Rede". Die erlebte Rede ist ein Stilmittel, das in der modernen Erzählkunst eine große Rolle spielt, weil es Gedanken und Bewusstseinsinhalte von Figuren in lebendiger Form wiedergeben kann.

Die besonderen Wirkungen der erlebten Rede können Sie dann am besten einschätzen, wenn Sie sie im Kontrast zur indirekten Rede betrachten.

1. Formen Sie die folgenden Ausschnitte aus der erlebten Rede des Filialleiters in indirekte Rede um.

Originaltext: erlebte Rede	Umformung in indirekte Rede
a) Hier, fand er, war sie flacher als im Leben. […]	Der Filialleiter fand, dass
b) Kein Spuk – Wirklichkeit!	
c) Ungeheuerlich! Auf dem Schirm wurde das emotionale Defizit eines Ehemanns behandelt, und dieser Ehemann war er selbst, der Filialleiter Willy P.!	

2. Beschreiben Sie die Unterschiede und erklären Sie die verschiedenartigen Wirkungen, die durch die Umformung des Ausschnitts zustande kommen.

	Originaltext: erlebte Rede	Umformung in indirekte Rede
Beschreibung		1. Nebensatz, abhängig von einer Redeeinleitung („er fand")
Erklärung (Wirkung)		1. Wirkt steif und umständlich.

Die unterschiedlichen Wirkungen von Außensicht und Innensicht einschätzen

3. Und was ist mit Maria-Lisa, der Ehepartnerin des Filialleiters? Vergleichen Sie die unterschiedliche Sicht auf diese beiden Figuren und klären Sie, welche Folgen sich daraus für die Einschätzung der Figuren durch den Leser ergeben.

	Außensicht (Maria-Lisa)	Innensicht (der Filialleiter)
Darstellung einer Figur durch ...		
Einschätzung der Figur durch den Leser		

4. Verdeutlichen Sie in einer Skizze (mit Strichmännchen) die Beziehung zwischen den Figuren, dem Erzähler und dem Leser.

Beziehung zwischen den Figuren in Hürlimanns „Der Filialleiter"

---

5. Fassen Sie Ihre Analyse schriftlich zusammen. Verwenden sie dazu die folgenden Textbausteine, bringen Sie diese in eine sinnvolle Reihenfolge und ergänzen Sie sie.

⊕
Beispiellösung
Thomas
Hürlimann,
„Der Filialleiter":
Analyse des
Erzählverhaltens
3jf73f

A Die Kurzgeschichte ist ausgesprochen boshaft und bissig gestaltet, weil sie durch die Innensicht den Leser miterleben lässt, wie der scheinbar vernünftig geregelte Ehealltag der beiden Partner als Lüge entlarvt wird.

B Durch den Trick, den gesamten Vorgang aus Willy P.s Sicht darzustellen, verschwimmt die Grenze zwischen Alltagsrealität und Fernsehrealität. Der verwirrte Filialleiter weiß überhaupt nicht mehr, was Wirklichkeit ist: der Vorgang im Fernsehen oder seine Feierabendsituation vor dem Fernseher: „Kein Spuk – Wirklichkeit! Maria-Lisa war auf dem Bildschirm, und gleichzeitig griff sie zur Thermoskanne […]."

C Der Leser ist unmittelbar am Geschehen beteiligt, da auch er alles aus der Perspektive von Willy P. „hautnah" wahrnimmt. Er ist vor allem am Anfang der Erzählung völlig irritiert, da diese ohne Einleitung beginnt und den Blick sofort auf den Fernsehschirm lenkt.

D Was in Maria-Lisa während der erzählten Zeit vorgehen mag, erfährt der Leser nicht. Ihre Reaktionen werden von außen betrachtet, und das auch nur äußerst sparsam.

6. Alternative: Nutzen Sie Ihre Analyse-Ergebnisse, indem Sie Zeile 15–32 aus der Sicht Maria-Lisas erzählen.

⊕
Beispiellösung
Thomas
Hürlimann,
„Der Filialleiter":
Erzählung aus
Sicht Maria-Lisas
64tq8c

4. Den Lernfortschritt überprüfen

1. Schildern Sie den auf dem Foto dargestellten Bankraub ...

... als
auktorialer
Erzähler

_____

_____

_____

... als
personaler
Erzähler

_____

_____

_____

... als
neutraler
Erzähler

_____

_____

_____

2. Kreuzen Sie die richtigen Aussagen an.

☐ A Der auktoriale Erzähler hat das Drehbuch in der Hand wie der Regisseur bei einer Filmproduktion.

☐ B Der personale Erzähler kann in die Innenwelten seiner Figuren hineinschauen.

☐ C Der personale Erzähler ist allwissend.

☐ D Der neutrale Erzähler weiß genauso viel wie die Figuren seiner Erzählung.

☐ E Die indirekte Rede wirkt steifer und umständlicher als die erlebte Rede.

☐ F Durch die Innenperspektive wird der Leser/die Leserin mit den Gedanken und Gefühlen der Figur vertraut gemacht.

☐ G Die Perspektive des Erzählers heißt im Englischen „point of view".

☐ H Die erlebte Rede wirkt spontan und eignet sich besonders, um gegenwärtige Gefühle der Figur wiederzugeben.

☐ I   Es gibt keinen neutralen Ich-Erzähler.

☐ J   Der auktoriale Erzähler kann in die Köpfe aller seiner Figuren hineinsehen.

☐ K   Der personale Erzähler kann in die Zukunft sehen.

☐ L   Ich-Erzähler können auch auktorial sein.

☐ M   Spontane Ausrufe wie „Ha! Autsch! Verdammt!" können in einer indirekten Rede nicht vorkommen.

3. Bestimmen Sie in den folgenden Beispielen das Erzählverhalten und begründen Sie Ihre Entscheidungen.

A Das Eigenheim steht in einem Garten. Der Garten ist groß. Durch den Garten fließt ein Bach. Im Garten stehen zwei Kinder. Das eine der Kinder kann noch nicht sprechen. Das andere Kind ist größer. Sie sitzen auf einem Schlitten.
5 Das kleinere Kind weint. Das größere sagt, gib den Schlitten her. Das kleinere weint. Es schreit.
(Helga M. Novak, „Schlittenfahren", 1968)

B An den Ufern der Havel lebte, um die Mitte des sechzehnten Jahrhunderts, ein Rosshändler, namens Michael Kohlhaas, Sohn eines Schulmeisters, einer der rechtschaffensten zugleich und entsetzlichsten Menschen seiner Zeit. –
5 Dieser außerordentliche Mann würde, bis in sein dreißigstes Jahr für das Muster eines guten Staatsbürgers haben gelten können. […] Das Rechtgefühl aber machte ihn zum Räuber und Mörder.
(Heinrich von Kleist, „Michael Kohlhaas", 1810)

C Zunächst wollte er ruhig und ungestört aufstehen, sich anziehen und vor allem frühstücken, und dann erst das Weitere überlegen, denn, das merkte er wohl, im Bett würde er mit dem Nachdenken zu keinem vernünftigen Ende kommen.
5 Er erinnerte sich, schon öfters im Bett irgendeinen vielleicht durch ungeschicktes Liegen erzeugten, leichten Schmerz empfunden zu haben, der sich dann beim Aufstehen als reine Einbildung herausstellte, und er war gespannt, wie sich seine heutigen Vorstellungen allmählich auflösen würden.
10 Dass die Veränderung der Stimme nichts anderes war, als der Vorbote einer tüchtigen Verkühlung, einer Berufskrankheit der Reisenden, daran zweifelte er nicht im geringsten.
(Franz Kafka, „Die Verwandlung", 1915)[1]

[1] Gregor Samsa, ein Vertreter („Reisender"), erwacht morgens „zu einem ungeheueren Ungeziefer verwandelt" und versucht sich in der Wirklichkeit zu orientieren.

4. Für Tüftler: Beantworten Sie die Fragen und begründen Sie Ihre Entscheidung.
a) Kann ein Ich-Erzähler sein eigenes Sterben erzählen?
b) Kann es einen vollkommen neutralen Erzähler geben?
c) Wenn ein Autor die Innenperspektive einer Figur wählt – erzeugt er dadurch beim Leser/bei der Leserin automatisch Sympathie für die Figur?
d) Welcher Erzähler ist zuverlässiger: der Ich-Erzähler oder der Er-/Sie-Erzähler?

Training 3: Erzähltexte schriftlich interpretieren

1. Eine Interpretation eines Erzähltextes verfassen

Die Aufgabenstellung erfassen und erstes Textverständnis festhalten

1. Lesen Sie die folgende Aufgabenstellung und notieren Sie stichwortartig die Untersuchungsaspekte, aus denen die Textinterpretation abgeleitet werden soll.

KLAUSURTHEMA

Interpretieren Sie die Kurzgeschichte „Silvesterparty" von Burkhard Spinnen, indem Sie
- die Erzähltechnik und Sprache analysieren,
- den Kontrast zwischen der Realität und der späteren Fernsehsendung beschreiben und
- darstellen, welche Absicht der Erzähler mit dem Text verfolgt.

_____

_____

_____

2. Lesen Sie nun die Kurzgeschichte „Silvesterparty" von Burkhard Spinnen und fassen Sie den Textinhalt in Stichpunkten zusammen.

Burkhard Spinnen: **Silvesterparty** (1996)

Bei der wie üblich auch in diesem Jahr Ende August, Anfang September zur Aufzeichnung produzierten Fernseh-Silvesterparty ist es, nach inoffiziellen Berichten, im Verlauf der Dreharbeiten zu einer Art Stimmungsexplosion gekommen, die beinahe das Ganze gefährdet hat.

5 Gründe dafür, heißt es, könne keiner angeben. Zwar habe wie in jedem Jahr für die zirka dreihundert als Partygäste fungierenden Statisten ein gewaltiges kaltes Buffet bereitgestanden und Sekt, Bier und Wein seien leidlich freizügig ausgeschenkt worden; dennoch habe es anfangs, wie üblich, der Aufmunterung durch das ganze Team bedurft, damit sich alle silvesterlich angeregt gaben.

10 Und verständlicherweise! Denn das Geschehen, das später wie ein einziges erscheint, hochgradig beschwingt und geradezu atemlos, ist in Wahrheit vielfach unterbrochen: hin und wieder müssen die Playback-Auftritte der Künstler gestoppt und neu gestartet werden; der Umbau der Bühnen, obwohl von Fachleuten bewerkstelligt, dauert; Pannen bleiben nicht aus; und manchmal

15 geschieht minutenlang gar nichts.

Wie also sich einen Reim auf die Ereignisse machen? Um zwei Uhr nachmittags hatten die Dreharbeiten begonnen; und gegen sieben formierte sich plötzlich und an einem Ort, der gerade nicht im Bild war, völlig entgegen den Anweisungen, eine laut singende Polonaise. Man habe sie gewähren las-

20 sen, dem Ton tat es ja keinen Abbruch. Aber wenige Minuten später schlossen sich zum Erschrecken des Teams auch die an, die zuvor klatschend und sich wiegend um eine Skiffle-Band gestanden hatten; und umgehend war der

Ort so verwaist, dass die Szene abgebrochen werden musste. Die besorgten Aufnahmeleiter seien da noch einen Moment lang vom Regisseur, der es für
25 einen Scherz hielt, zurückgehalten worden; doch kurz darauf musste auch er gestehen, dass alles aus dem Ruder lief.

Gruppen von Statisten nahmen jetzt die umherliegenden Instrumente auf, andere wussten sie richtig an die Verstärker zu schließen und es setzte an mehreren Orten zugleich eine improvisierte Musik ein, zu der ausschweifend
30 getanzt wurde. Hier und da zog man auch die vor den Garderoben auf ihren Einsatz wartenden Künstler, manche gegen ihren Willen, in die Mitte. Eine junge Chansonette zwang man, auf einen Stehtisch zu steigen und laut zu singen, worauf einige Männer ihren Rock nach Art der Flamencotänzer in die Luft zu werfen suchten und dabei im Rund gemeinsam auf die Tisch-
35 platte klopften. Ein populäres Duo musste seinen größten Erfolg ohne Pause wiederholen. Anderswo stiegen mit einem Mal Hunderte von Ballons empor und zerplatzen an den heißen Scheinwerfern unter dem Studiodach. Und keine Rufe, keine Drohung über die Hallenlautsprecher vermochten alldem Einhalt zu gebieten.
40 Hundert oder hundertzwanzig Minuten habe es gedauert, es existierten Bilder davon, ein Kameramann habe sie heimlich aus der Hand geschossen, doch gebe man die, heißt es, auf keinen Fall frei. Kurz nach neun hätten sich dann plötzlich die Statisten wieder beruhigt und, den Anweisungen gemäß, im Studio verteilt. Der Regisseur habe geistesgegenwärtig der Vorfälle keine
45 Erwähnung getan, sondern man sei nach kurzen Aufräumarbeiten im Drehen fortgefahren und habe es auch, mit der entsprechenden Verspätung, tief in der Nacht zu einem glücklichen Ende gebracht.

Den Text aspektorientiert untersuchen

3. Beschreiben Sie mithilfe von Stichworten, wie sich Realität und Fernsehsendung im beschriebenen Fall verhalten. Ergänzen Sie entsprechend die Tabelle.

Realität	Fernsehsendung
– Ende August / Anfang September	–
– Playback-Auftritte	–
–	–
–	–
–	–
–	–

4. Benennen Sie die Erzählform, die Erzählperspektive und das Erzählverhalten der Kurzgeschichte „Silvesterparty" von Burkhard Spinnen.

_____

_____

5. Beschreiben Sie die Erzählhaltung der Kurzgeschichte „Silvesterparty". Gehen Sie in diesem Zusammenhang auch auf die sprachlichen Besonderheiten des Textes ein.

_____

_____

_____

_____

_____

Die Untersuchungsergebnisse ordnen

6. Leiten Sie aus Ihren bisherigen Untersuchungsergebnissen ab, welche Absicht der Erzähler mit dem Text verfolgt. Formulieren Sie eine Deutungshypothese. Beachten Sie hierbei, dass es nur „inoffizielle Berichte" gibt und dass die heimlichen Aufnahmen „auf keinen Fall" freigegeben werden sollten.

_____

_____

_____

Die Gliederung erstellen

7. Bewerten Sie die folgende Gliederung zu einer Interpretation der Kurzgeschichte „Silvesterparty" kritisch.

Einleitung	– Kurzgeschichte „Silvesterparty" von Burkhard Spinnen aus dem Jahr 1996 – Thema: Medienkritik
Hauptteil	– kurze Inhaltswiedergabe – Darstellung des Kontrasts zwischen Realität und „Fernsehwirklichkeit" – Beschreibung der Erzähltechnik: … – Beschreibung der Sprache: … – Interpretationsthese: Kritik des Autors an der Manipulation der Wirklichkeit durch das Fernsehen
Schluss	– eigene Bewertung des Textes

8. Entwerfen Sie auf einem gesonderten Blatt eine Gliederung zu einer Interpretation der Kurzgeschichte „Silvesterparty" (Aufgabenstellung auf Seite 68, Aufgabe 1).

Die Interpretation schreiben und überarbeiten

9. Schreiben Sie nun auf der Grundlage Ihrer Vorarbeiten den Interpretationsaufsatz. Lesen Sie Ihre Arbeit anschließend in mehreren Korrekturdurchgängen durch und achten Sie dabei jeweils auf einen anderen Fehlerschwerpunkt (sachliche Richtigkeit, roter Faden und Verknüpfung von Inhalten, sprachliche Richtigkeit).

Beispiellösung
Burkhard
Spinnen,
„Silvesterparty"
Analyse und
Interpretation
4uf8qd

Schlussfolgerungen und Urteile: Formulierungshilfen

Schlussfolgerungen	*das bedeutet, daraus ist zu folgern, man kann daraus entnehmen, daraus ergibt sich …*
	nachweisen, feststellen, eine Beziehung herstellen, zurückführen auf, aus etwas ableiten, herleiten …
	einen Schluss, ein Fazit, eine Folgerung ziehen, schließen, zu dem Schluss kommen …
konsekutive (folgernde) und konklusive (schlussfolgernde) Verknüpfungen	*sodass, daher, aus diesem Grund …*
	also, deshalb, deswegen, darum, demnach, folglich, mithin, demzufolge, somit …
	Oft reicht auch ein bloßer Doppelpunkt, um deutlich zu machen, dass eins aus dem anderen folgt.
Gewissheitsgrade	*angeblich, möglicherweise, anscheinend, wohl, mutmaßlich, vermutlich, mit ziemlicher Gewissheit, nach menschlichem Ermessen, sehr wahrscheinlich, offensichtlich, gewiss, mit Sicherheit …*

2. Den Lernfortschritt überprüfen

1. Lesen Sie noch einmal die Kurzgeschichte „Der Filialleiter" von Thomas Hürlimann auf Seite 52. Achten Sie dabei besonders darauf, wie der Filialleiter Willy P. charakterisiert wird. Lesen Sie anschließend die folgende Charakterisierung. Notieren Sie neben dem Text nicht nur, was in dem Textbeispiel falsch gemacht wurde, sondern auch Ihre Verbesserungsvorschläge.

> Willy P. ist ein bornierter, primitiver Spießer, der sein Leben und seine Ehefrau nicht im Griff hat. Es wirkt einfach albern, wenn er seine Füße im roten Plastikei-
> 5 merchen wärmt und seinen Feierabend nicht anders gestalten kann, als sich vom Stumpfsinn der Fernsehunterhaltung betäuben zu lassen und sich mit Bier abzufüllen. Stellt man sich vor, dass er
> 10 da in Unterwäsche vor dem „Kasten" unter der Kuckucksuhr sitzt, ist der Ekel, den seine Frau vor ihm empfindet, voll berechtigt.

2. Verfassen Sie eine Figurenanalyse zu Willy P. (Thomas Hürlimann, Der „Filialleiter", Seite 52) in der Sie dem Leser offenlegen, wie Sie Ihre Schlussfolgerungen und Urteile gewonnen haben.

Beispiellösung
Thomas
Hürlimann,
„Der Filialleiter":
Figurenanalyse
zu Willy P.
756ca3

Sprachtraining: Den angemessenen Ausdruck wählen

Auf Anhieb den angemessenen Ausdruck zu treffen ist mitunter nicht einfach, vor allem, wenn man – wie zum Beispiel bei Klausuren – unter zeitlichem und emotionalem Druck Texte verfassen muss. Oft fallen einem solche Fehler erst beim konzentrierten Lesen und Überarbeiten des eigenen Textes auf. Ist man aber auf solche Fallen vorbereitet, lassen sie sich auch in Stresssituationen leichter vermeiden.

1. Die Stilhaltung der Analyse

1. Welchen der folgenden Aussagen über das Verfassen von Textanalysen stimmen Sie zu, welchen nicht?

		stimme zu	stimme nicht zu
A	In einer Textanalyse ist es wichtig, möglichst spannend und dramatisch zu erzählen.	☐	☐
B	Um die Aufmerksamkeit des Lesers zu wecken, sollte man eine möglichst bildhafte Sprache benutzen.	☐	☐
C	In der Einleitung ist es besonders wichtig, einen knalligen Einstieg zu finden.	☐	☐
D	In der Analyse sollte ich mich möglichst sachlich, aber zugleich lebendig ausdrücken.	☐	☐
E	Möglichst komplizierte und verschachtelte Sätze vermitteln den Eindruck eines kompetenten Verfassers.	☐	☐
F	Wenn ich einen Sachverhalt noch einmal wiederhole, prägt er sich beim Leser besser ein.	☐	☐
G	Wenn ich so schreibe, wie ich im Alltag rede, mache ich keine Fehler.	☐	☐

2. Leiten Sie aus Ihren Entscheidungen zu Aufgabe 1 Regeln zum Sprachgebrauch bei schriftlichen Textanalysen ab.

1. _____

2. _____

3. _____

2. Das treffende Wort

1. Wählen Sie aus den folgenden Sätzen jeweils den aus, der Ihnen stilistisch besser bzw. grammatisch richtig erscheint.

1 ☐ A Das lyrische Ich ist des Alltags überdrüssig.
☐ B Dem Ich hängt der Alltag zum Hals raus.

2 ☐ A Das Motiv steht im Zusammenhang mit dem Thema Liebe.
☐ B Das Motiv steht im Zusammenhang zu dem Thema Liebe.

3 ☐ A Das Motiv taucht wie ein roter Faden im gesamten Gedicht auf.
☐ B Das Motiv zieht sich wie ein roter Faden durch das gesamte Gedicht.

4   ☐ A   Der letzte Vers nimmt Bezug auf den Anfang des Gedichts.

    ☐ B   Der letzte Vers hat Bezug zum Anfang des Gedichts.

5   ☐ A   In dem Gedicht handelt es sich um ein Sonett.

    ☐ B   Bei dem Gedicht handelt es sich um ein Sonett.

6   ☐ A   In dem Gedicht handelt es sich um eine unglückliche Liebe.

    ☐ B   In dem Gedicht geht es um eine unglückliche Liebe.

7   ☐ A   Das Gedicht handelt von einer unglücklichen Liebe.

    ☐ B   Bei dem Gedicht handelt es sich um eine unglückliche Liebe.

8   ☐ A   Der Vergleich zu dem Meer verdeutlicht die Grenzenlosigkeit der Liebe.

    ☐ B   Der Vergleich mit dem Meer verdeutlicht die Grenzenlosigkeit der Liebe.

9   ☐ A   Die geliebte Person erscheint ihm vertraut und gleichzeitig fremd.

    ☐ B   Die geliebte Person erscheint ihm vertraut und zugleich fremd.

10 ☐ A   Das lyrische Ich will nichts von den Leuten wissen.

    ☐ B   Das lyrische Ich will nichts von den Menschen wissen.

Formulieren Sie schreibformgerecht

INFO

Wenn Sie sich bei Beginn des Schreibprozesses deutlich vor Augen halten, welche Schreibform oder welche Textart Sie produzieren, schließen Sie unangemessene Formulierungsmöglichkeiten gewissermaßen automatisch aus.

Die Textanalyse ist eine Sonderform der Beschreibung, daraus folgt:
- Sie formuliert in sachlich-objektiver Sprache.
- Sie schließt alle Sprachformen des erzählenden und schildernden Schreibens aus.
- Sie verwendet einen begrifflich geprägten Stil und geht äußerst vorsichtig mit bildlichem Sprachgebrauch um, nicht zuletzt um schiefe, oft unfreiwillig komisch wirkende Bilder zu vermeiden.
- Sie benutzt die Fachbegriffe, die zu der jeweils zu analysierenden Textart (Gedicht, Erzählung, Drama) passen.

---

2. In den folgenden Sätzen stehen einige unpassende oder missverständliche Ausdrücke, die man häufig in Textanalysen liest. Markieren Sie diese und formulieren Sie den Satz jeweils neu.

A   Friedrich Dürrenmatt schrieb das Buch „Die Physiker" im Jahr 1961.

B   In dem Textauszug handelt es sich um Möbius.

C   Auf Seite 53 ermordet Möbius Schwester Monika.

D   Frau Rose will mit ihrem Mann und Söhnen zu den Marianen reisen.

E   Der Textauszug macht Andeutungen zu Fräulein von Zahnds Verrücktheit.

F   Der Ton zwischen den drei Physikern wird härter.

G Die Aufzählungen sorgen dafür, dass sich Bilder im Kopf des Lesers einbrennen.

_____

H Entscheidend ist aber ein anderer Punkt.

_____

I Möbius' Überlegungen machen aber keinen Sinn.

_____

J Einerseits vertritt Möbius humanes und vernünftiges Handeln, gleichzeitig ermordet er eine Krankenschwester.

_____

K Seine Entscheidung, die er getroffen hat, hat schlimme Folgen.

_____

L Dazu kommt hinzu, dass er sehr erregt ist.

_____

M Fräulein von Zahnd ist scheinbar sehr musikalisch.

_____

N Im gesamten Drama herrschen knappe und prägnante Sätze.

_____

3. Überflüssiges 1: Doppelmoppel

Sie kennen alle den „schwarzen Raben" oder die „tote Leiche". Hierbei springt jedem ins Auge, dass es sich um Tautologien handelt, um Zwillingsformeln, deren Information redundant ist. Doch nicht immer kommt die Redundanz so auffällig daher.

1. Suchen Sie in den folgenden Sätzen die redundanten Formulierungen und erläutern Sie, welche Denkfehler sie enthalten.

A Der Filialleiter Willy P. hat in einer Satelliten-stadt eine Wohnung angemietet.

B Willi P. will abends letztendlich nur seine Ruhe haben.

C Die Frau des Filialleiters nutzt nicht die nächstliegendsten Kommunikationswege, um ihre Beziehungsprobleme zu klären.

D Das einzigste Mittel, mit dem sich Galilei vor der Inquisition retten könnte, wäre ein Widerruf seiner Entdeckungen.

E Die Blinden in Kazantzakis' Parabel tun ihr Möglichstes, um sich eine Vorstellung von dem Elefanten zu bilden.

F Der Blinde, der auf dem Elefanten geritten ist, glaubt eine optimalere Vorstellung von dem Fleischberg zu haben als die anderen.

G Frl. Dr. von Zahnd befüllt zuerst die Weingläser, bevor sie Möbius mit der Aussicht auf seine lebenslängliche Gefangenschaft konfrontiert.

4. Überflüssiges 2: Blähwörter

Blähwörter sind Wörter, die einen Satz unnötig mit heißer Luft aufblähen. Andere nennen sie weniger anschaulich „Füllwörter". In einem sachlichen Text sind sie überflüssig. In der Umgangssprache und im mündlichen Sprachgebrauch haben sie allerdings manchmal eine Funktion. Sie drücken Gefühle aus oder unterstreichen die Ansichten des Sprechers oder lassen seine Rede flüssiger erscheinen.

1. Suchen Sie in der folgenden Analyse der Kurzgeschichte „Der Filialleiter" die Blähwörter und streichen Sie sie.

> Willy P. wohnt in einer „Satellitenstadt" (eine Satellitenstadt ist bekanntlich eine Schlaf- und Kleinstadt im Umfeld einer Metropole). Die wenigen Informationen über ihn nennen halt ein paar charakteristische Details (Kuckucksuhr, Gummibaum), die meiner Meinung nach immerhin auf eine biedere
> 5 Umgebung schließen lassen.
> Der Filialleiter verbringt allem Anschein nach seinen Feierabend Bier trinkend vor dem Fernseher und im Grunde fehlt ihm die Zeit, um seine Freizeit gewissermaßen aktiv zu gestalten. Dieses Verhalten ist m. E. natürlich durch die berufliche Situation des Supermarktleiters bedingt. Ich persönlich
> 10 glaube, dass er eigentlich ein guter Ehemann sein könnte, dass ihn aber schon der Beruf körperlich und psychisch irgendwie derart belastet, dass ihm schlichtweg die Kraft zu einer Gestaltung seines Privatlebens fehlt. Wenn der Autor ihn wiederum in Unterhosen und mit Plattfüßen darstellt, unterzieht er die Existenzform des Filialleiters selbstredend böser, ironischer
> 15 Kritik.

2. Sammeln Sie weitere Füllsel, die Ihnen im mündlichen oder schriftlichen Sprachgebrauch aufgefallen sind: *total, ziemlich, ich denke ...*

Der Bereich der korrekten Wortwahl ist so umfangreich, dass er hier nur in einzelnen typischen Beispielen thematisiert werden kann. Wenn Sie Ausdruck und Stil verbessern wollen oder müssen, bedarf es Ihrer Eigeninitiative und vor allem der Auseinandersetzung mit Ihren eigenen Texten.

3. Untersuchen Sie im Hinblick auf die hier behandelten Aspekte Ihre letzten beiden Klassenarbeiten/ Klausuren im Fach Deutsch:
Erfassen Sie die Korrekturzeichen und Randkommentare Ihres Deutschlehrers/Ihrer Deutschlehrerin, sofern sie den Bereich des Ausdrucks und des Stils betreffen. Stellen Sie fest, wo Ihre Fehlerschwerpunkte liegen, und korrigieren Sie die falschen oder unangemessenen Ausdrucksweisen.

Training 1: Die Figurengestaltung untersuchen

Seine Spannung erhält ein Drama außer durch seine Handlung, durch die Darstellung von Figuren und durch die dargestellten Konflikte. Die drei wichtigsten Komponenten des Dramas sind daher
- die Figuren,
- die Dialoge und
- die Konflikte.

Wenn Sie die Analyse dieser drei Komponenten beherrschen, sind Sie nahezu jeder Dramenszene gewachsen. Sie sollen im Folgenden exemplarisch am Beispiel von Bertolt Brechts „Leben des Galilei" geübt werden.

Ohne Figuren gäbe es kein Drama. Während etwa ein Gedicht gänzlich ohne Figuren auskommen könnte, ist dies bei einem Drama nicht vorstellbar. Daher sind die großen Dramen der Weltliteratur oft untrennbar mit Hauptfiguren verbunden: Sicher hat jeder schon einmal von König Ödipus, Antigone, Romeo und Julia, Hamlet, Maria Stuart, Faust und Mephisto gehört. Nicht umsonst spricht man von „Charakterrollen", die jeder Schauspieler/jede Schauspielerin einmal in seinem/ihrem Leben auf der Bühne verkörpern will.

1. Elemente der Figurenanalyse benennen und einordnen

1. In dem folgenden Wortspeicher finden Sie eine Reihe von Stichworten. Welche dieser Begriffe sind Ihrer Meinung nach wichtig für die Analyse einer literarischen Figur? Streichen Sie Begriffe, die für Sie nichts mit einer Figurenanalyse zu tun haben, aus.

Absichten	Alter	Aussehen	Beruf	Beziehungen	Charakter
Eigenschaften	körperliche Verfassung		Entwicklung	Familie	Epoche
Gefühle	Konflikt	Geschlecht	Interessen	Kleidung	Verhalten
Weltanschauung	Motiv	sozialer Stand	Sprache	Textsorte	Ort

2. Bringen Sie die ausgewählten Begriffe in eine sinnvolle Ordnung und suchen Sie Oberbegriffe.

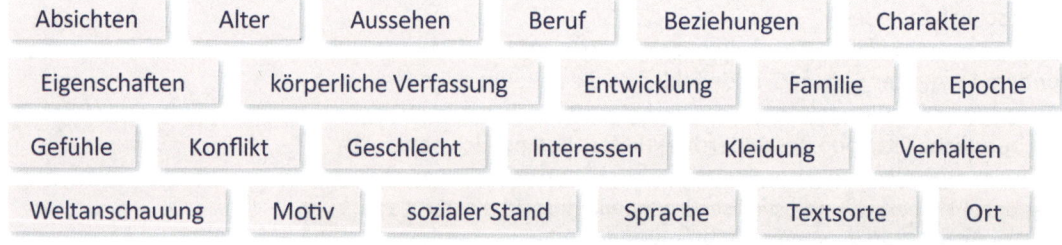

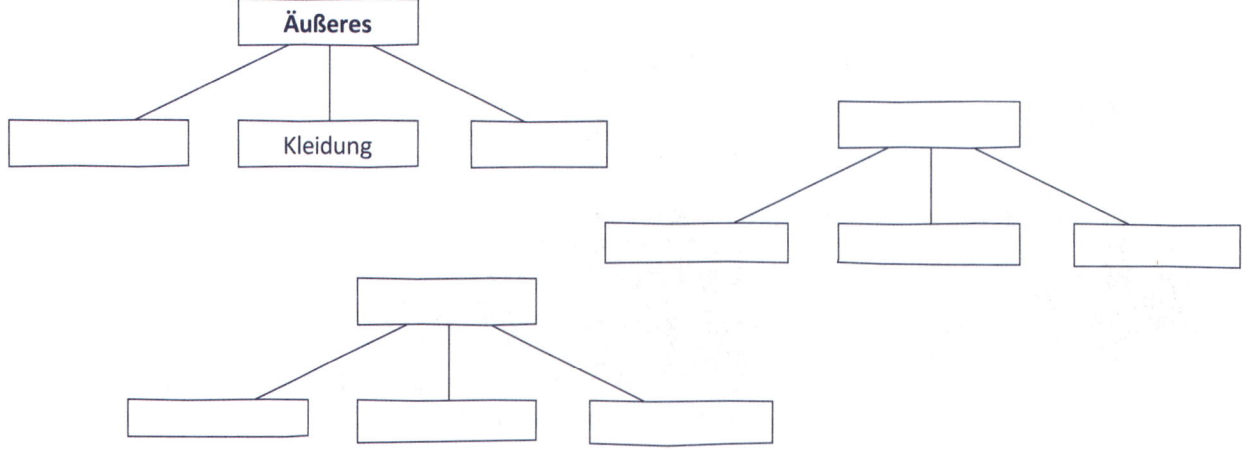

2. Die direkte Charakterisierung einer Figur untersuchen

Eine berühmte Charakterrolle ist Galileo Galilei in Bertolt Brechts Drama „Leben des Galilei". In Brechts Drama werden Szenen aus dem Leben des italienischen Mathematikers und Physikers Galileo Galilei dargestellt, der im 17. Jahrhundert öffentlich für das kopernikanische Weltbild eintrat, demgemäß sich die Planeten um die Sonne drehen, und damit in einen Konflikt mit der katholischen Kirche geriet, die weiterhin am geozentrischen Weltbild festhielt, in dem die Erde als Zentrum des Alls betrachtet wurde. Seine Behauptungen, die er mit mathematischen Beweisen untermauerte und 1632 an die Öffentlichkeit brachte, führten zu einem Prozess, bei welchem Galilei mit einem Todesurteil gedroht wurde, woraufhin dieser seine Thesen widerrief. Er wurde zu unbefristeter Haft in seinem Landhaus bei Florenz verurteilt, wo er heimlich an seinem für die Physik wichtigsten Werk arbeitete, den „Discorsi", die 1638 in den Niederlanden erschienen.

Der Anfang von Brechts Drama spielt im Jahr 1609. Zu dieser Zeit ist Galilei Professor für Mathematik in Padua.

Bertolt Brecht: Leben des Galilei, I. Bild (Auszug)

Text in alter
Rechtschreibung

Das ärmliche Studierzimmer des Galilei in Padua
Es ist morgens. Ein Knabe, Andrea, der Sohn der Haushälterin, bringt ein Glas Milch
  und einen Wecken.
GALILEI *sich den Oberkörper waschend, prustend und fröhlich:* Stell die Milch auf
5   den Tisch, aber klapp kein Buch zu.
ANDREA Mutter sagt, wir müssen den Milchmann bezahlen. Sonst macht er
  bald einen Kreis um unser Haus, Herr Galilei.
GALILEI Es heißt: er beschreibt einen Kreis, Andrea.
ANDREA Wie Sie wollen. Wenn wir nicht bezahlen, dann beschreibt er einen
10   Kreis um uns, Herr Galilei.
GALILEI Während der Gerichtsvollzieher, Herr Cambione, schnurgerade auf
  uns zukommt, indem er was für eine Strecke zwischen zwei Punkten wählt?
ANDREA *grinsend:* Die kürzeste.
GALILEI Gut. Ich habe was für dich. Sieh hinter den Sterntafeln nach.
15 *Andrea fischt hinter den Sterntafeln ein großes hölzernes Modell des Ptolemäischen*
  Systems hervor.
ANDREA Was ist das?
GALILEI Das ist ein Astrolab; das Ding zeigt, wie sich die Gestirne um die
  Erde bewegen, nach Ansicht der Alten.
20 ANDREA Wie?
GALILEI Untersuchen wir es. Zuerst das erste: Beschreibung.

Peter Singer als Galilei und Jan Brunhoeber als Andrea in „Leben des Galilei", Theater Trier,
Inszenierung: Horst Ruprecht, 2012.

1. Überprüfen Sie folgende Aussagen über die Figur Galilei und markieren Sie Stellen im Text, die Ihre Entscheidung belegen.

		stimme zu	stimme nicht zu
A	Galilei ist ein wohlhabender Gelehrter.	☐	☐
B	Er verschließt sich weltlichen Genüssen, widmet sein Leben ausschließlich der Wissenschaft.	☐	☐
C	Er ist grüblerisch und humorlos.	☐	☐
D	Geld und sein sozialer Stand sind ihm wichtiger als die Wissenschaft.	☐	☐
E	Er konzentriert sich ausschließlich auf sich selbst und seine wissenschaftliche Arbeit.	☐	☐
F	Er ist rechthaberisch.	☐	☐

2. Untersuchen Sie nun einige Textstellen genauer und schließen Sie auf Wesensmerkmale der Figur Galilei.

Information im Text	Auswertung
Er wäscht sich „prustend und fröhlich" (Z. 4).	
Er ist mit den Zahlungen für den Milchmann im Rückstand. (Z. 6)	

3. Bei den Textstellen in Aufgabe 2 handelt es sich um Aussagen *über* Galilei. Die folgenden Äußerungen stammen von Galilei selbst. Erschließen Sie daraus weitere Persönlichkeitsmerkmale der Figur.

Zitat	Auswertung
„Stell die Milch auf den Tisch, aber klapp kein Buch zu." (Z. 4 f.)	
„Es heißt: er beschreibt einen Kreis, Andrea." (Z. 8)	
„Während der Gerichtsvollzieher, Herr Cambione, schnurgerade auf uns zukommt […]." (Z. 11 f.)	
„Untersuchen wir es. Zuerst das erste: Beschreibung." (Z. 21)	

3. Die indirekte Charakterisierung einer Figur erschließen

Bertolt Brecht: Leben des Galilei, I. Bild (Auszüge)

Text in alter Rechtschreibung

GALILEI Hast du, was ich dir gestern sagte, inzwischen begriffen?

ANDREA Was? Das mit dem Kippernikus seinem Drehen?

GALILEI Ja.

ANDREA Nein. Warum wollen Sie denn, daß ich es begreife? Es ist sehr
5   schwer, und ich bin im Oktober erst elf.

GALILEI Ich will gerade, daß auch du es begreifst. Dazu, daß man es begreift,
arbeite ich und kaufe die teuren Bücher, statt den Milchmann zu bezahlen.

ANDREA Aber ich sehe doch, daß die Sonne abends woanders hält als morgens. Da kann sie doch nicht stillstehn! Nie und nimmer.

10 GALILEI Du siehst! Was siehst du? Du siehst gar nichts. Du glotzt nur. Glot-
zen ist nicht sehen. *Er stellt den eisernen Waschschüsselständer in die Mitte des
Zimmers.* Also das ist die Sonne. Setz dich. *Andrea setzt sich auf den einen Stuhl.
Galilei steht hinter ihm.* Wo ist die Sonne, rechts oder links?

ANDREA Links.

15 GALILEI Und wie kommt sie nach rechts?

ANDREA Wenn Sie sie nach rechts tragen, natürlich.

GALILEI Nur so? *Er nimmt ihn mitsamt dem Stuhl auf und vollführt mit ihm eine
halbe Drehung.* Wo ist jetzt die Sonne?

ANDREA Rechts.

20 GALILEI Und hat sie sich bewegt?

ANDREA Das nicht.

GALILEI Was hat sich bewegt?

ANDREA Ich.

GALILEI *brüllt:* Falsch! Dummkopf! Der Stuhl!

25 ANDREA Aber ich mit ihm!

GALILEI Natürlich. Der Stuhl ist die Erde. Du sitzt drauf.

FRAU SARTI *ist eingetreten, das Bett zu machen. Sie hat zugeschaut.* Was machen
Sie eigentlich mit meinem Jungen, Herr Galilei?

GALILEI Ich lehre ihn sehen, Sarti.

30 FRAU SARTI Indem sie ihn im Zimmer herumschleppen?

ANDREA Laß doch, Mutter. Das verstehst du nicht.

FRAU SARTI So? Aber du verstehst es, wie? […] Sie bringen meinen Andrea noch so weit, daß er behauptet, zwei mal zwei ist fünf. Er verwechselt
schon alles, was Sie ihm sagen. Gestern abend bewies er mir schon, daß die
35 Erde sich um die Sonne dreht. Er ist fest überzeugt, daß ein Herr namens
Kippernikus das ausgerechnet hat.

ANDREA Hat es der Kippernikus nicht ausgerechnet, Herr Galilei? Sagen
Sie es ihr selber!

FRAU SARTI Was, Sie sagen ihm wirklich einen solchen Unsinn? Daß er es
40 in der Schule herumplappert und die geistlichen Herren zu mir kommen,
weil er lauter unheiliges Zeug vorbringt. Sie sollten sich schämen, Herr
Galilei.

GALILEI *frühstückend:* Auf Grund unserer Forschungen, Frau Sarti, haben,
nach heftigem Disput, Andrea und ich Entdeckungen gemacht, die wir nicht
45 länger der Welt gegenüber geheimhalten können. Eine neue Zeit ist angebrochen, ein großes Zeitalter, in dem zu leben eine Lust ist.

FRAU SARTI So. Hoffentlich können wir auch den Milchmann bezahlen in
dieser neuen Zeit, Herr Galilei.

1. Wie wird Galilei in diesem Textabschnitt indirekt charakterisiert? Markieren Sie entsprechende Textstellen und ergänzen Sie die Tabelle.

	Textstellen	Auswertung
Galileis Verhalten/ seine Handlungsweise	1. Er lehrt Andrea das kopernikanische System. (Z. 1–5) 2. 3.	
Seine Aussagen	1. „Ich will gerade, daß auch du es begreifst. Dazu, daß man es begreift, arbeite ich […]" (Z. 6 f.). 2.	
Seine Sprache/ Sprechweise	1. „Du siehst! Was siehst du? Du siehst gar nichts." (Z. 10) 2.	
Vergleiche mit Kontrastfiguren	1. Frau Sarti sorgt sich um ihren Sohn, hat Angst vor den „geistlichen Herren", weil die Ideen des Kopernikus „unheiliges Zeug" seien. (Z. 39–41) 2.	

2. Sie haben nunmehr Textstellen untersucht, in denen Galilei *direkt*, und solche, in denen er *indirekt* charakterisiert wird. Fassen Sie zusammen: Wodurch werden die Informationen über Galilei jeweils vermittelt?

Literarische Figuren werden *direkt* charakterisiert durch	Literarische Figuren werden *indirekt* charakterisiert durch
–	–
–	–
–	–

4. Eine Figurenanalyse strukturieren, ausformulieren und überarbeiten

Sie haben bis zu diesem Punkt drei wesentliche Vorarbeiten für eine schriftliche Figurenanalyse geleistet:
- Sie haben das Material/die Analyseergebnisse bereitgestellt.
- Sie haben die Aspekte geklärt, die in einer Figurenanalyse zu berücksichtigen sind (und können diese auf jede andere Figur übertragen).
- Sie haben die Analyseergebnisse diesen Aspekten zugeordnet und damit ihr Material strukturiert.

Um das Material dem Leser zu präsentieren, ist noch eine Vorüberlegung nötig: Wie wollen Sie Ihre Figurenanalyse aufbauen? Im INFO-Kasten werden Ihnen verschiedene Möglichkeiten angeboten:

INFO

Der Aufbau einer Figurenanalyse

Für den Aufbau einer Figurenanalyse bieten sich verschiedene Methoden an:
- **linear:** Sie stellen die einzelnen Aspekte der Figur der Reihe nach vor und setzen die Figur aus diesen Einzelaspekten zu einem Porträt zusammen.
- **steigernd (klimaktisch):** Sie ordnen die Einzelaspekte nach ihrer Wichtigkeit und enden beim Höhepunkt, also dem Kern der Persönlichkeit.
- **hermeneutisch:** Sie formulieren zunächst einen Gesamteindruck der Figur, stellen dann die einzelnen Eigenschaften und Aspekte der Figur vor und greifen am Schluss auf den Gesamteindruck zurück, indem Sie ihn bestätigen und vertiefen oder als unzureichend oder unzutreffend erweisen.

Da der steigernde/klimaktische Aufbau der gebräuchlichste und auch leicht durchzuführen ist, konzentrieren wir uns hier auf diesen.

1. Ordnen Sie die Persönlichkeitsmerkmale Galileis, die Sie herausgefunden haben, nach Ihrer Wertigkeit. Benennen Sie das wichtigste Merkmal der Figur, das in dem vorliegenden Textabschnitt (Seite 77) deutlich wird.

Gliederung der Figurenanalyse

Klimax ↓

1. Galilei – ein in bescheidenen Verhältnissen lebender Wissenschaftler

2. _____
   _____
   _____

3. _____
   _____
   _____

Galileis wichtigstes Persönlichkeitsmerkmal:

_____
_____
_____
_____

---

2. Die folgenden Textbausteine stammen aus einem Hauptteil einer Figurenanalyse. In ihnen ist der Beleg nicht korrekt in den Text eingearbeitet. Korrigieren sie die falsche Zitierweise.

> **A** Galilei erscheint zu Beginn des Dramas als ein Wissenschaftler, der seine wissenschaftliche Arbeit ernst nimmt, aber zugleich mit den Problemen des Alltags zu kämpfen hat: „Mutter sagt, wir müssen den Milchmann bezahlen."

> **B** Er wendet wissenschaftliche Methoden an, ist um Genauigkeit bemüht und will Andrea dieses Ideal wissenschaftlicher Gründlichkeit vermitteln. So verlangt er, Andrea müsste zuerst das Astrolab beschreiben, bevor man seine Funktion erklären könnte. Er lehre ihn sehen.

> **C** Trotzdem lebt Galilei nicht im Elfenbeinturm der Wissenschaft, sondern ist ein ganzer Mann. Er genießt das Leben und erweist sich dem Jungen gegenüber als humorvoller und geschickter Pädagoge. „Was siehst du? Du siehst gar nichts. Du glotzt nur." (Z. 10) Und: „Eine neue Zeit ist angebrochen, ein großes Zeitalter, in dem zu leben eine Lust ist."

> **D** Er nimmt kein Blatt vor den Mund. Er ist auch zur Ironie fähig und kann sich über seinen eigenen Beruf lustig machen. Er sagt: „Glotzen ist nicht sehen."„Auf Grund unserer Forschungen, Frau Sarti, haben, nach heftigem Disput, Andrea und ich Entdeckungen gemacht, die wir nicht länger der Welt gegenüber geheimhalten können."

⊕
Beispiellösung
Bertolt Brecht,
„Leben des
Galilei":
Hauptteil der
Figurenanalyse
g6wz6n

3. Formulieren Sie nun den Hauptteil der Figurenanalyse auf einem gesonderten Blatt aus. Nutzen Sie dazu die Vorarbeiten und möglicherweise auch die korrigierten Textbausteine. Achten Sie bei der schriftlichen Fassung der Analyse im Besonderen darauf, dass Sie die wesentlichen Analyse-Ergebnisse belegen und diese Belege korrekt in Ihren Text integrieren.

CHECKLISTE

Die Figurenanalyse überarbeiten

✔ Habe ich sowohl direkte als auch indirekte Informationen über die Figur(en) berücksichtigt?
✔ Habe ich alle gesammelten Informationen erwähnt und durch Zitate oder Verweise auf den Text belegt?
✔ Ist der Hauptteil nach Aspekten und steigernd gegliedert?
✔ Habe ich die Übergänge zwischen den Aspekten schlüssig dargestellt?
✔ Habe ich ein Resümee gezogen und passt es zum Gedankengang?

Meine persönlichen Fehlerschwerpunkte überprüfen:

_____

_____

_____

_____

_____

4. Überarbeiten Sie Ihren Aufsatz anhand der Checkliste.

Training 2: Die Dialoggestaltung untersuchen

Ein Dramentext besteht hauptsächlich aus der **direkten Rede von Figuren**, die als Handlungsträger in Erscheinung treten. Regieanweisungen, die meist möglichst knapp gehalten sind, deuten nichtsprachliche Aktionen der Figuren an. Deshalb ist es oft schwieriger, eine Dramenfigur zu analysieren als eine Figur, die in einer Erzählung auftritt. Der Leser oder Zuschauer muss aus dem Verhalten und aus den Redebeiträgen der Figuren auf deren Persönlichkeitsmerkmale zurückschließen.

1. Die Vorkenntnisse überprüfen

1. Ordnen Sie die folgenden Begriffe den passenden Definitionen zu.

2. Dialog

☐ **A** Rede und Gegenrede zweier oder mehrerer Figuren

☐ **D** Ein Beobachter berichtet oft von einem erhöhten Platz aus über Vorgänge, die hinter die Szene verlegt werden, weil sie auf der Bühne nicht darstellbar sind.

☐ **B** Nachspiel, das über die Handlung nachdenkt

3. Mauerschau

4. Monolog   **7.** Epilog

☐ **C** Die Bühnenfigur adressiert ihren Redebeitrag an das Publikum.

☐ **G** Vorrede, die in das Thema des Dramas einführt

5. Botenbericht

1. Beiseitesprechen

☐ **E** Selbstgespräch einer Figur

☐ **F** Eine Figur berichtet über auf der Bühne nicht darstellbare Vorgänge aus der Vergangenheit.

6. Prolog

2. Überlegen Sie, ob eine literarische Kommunikation auch mithilfe des Kommunikationsmodells von Friedemann Schulz von Thun analysiert werden könnte.
– Ergänzen Sie das Modell (nach Möglichkeit ohne nachzuschlagen).
– Wenden Sie es auf das berühmte Galilei zugeschriebene Wort an: „Und sie [die Erde] bewegt sich doch!"

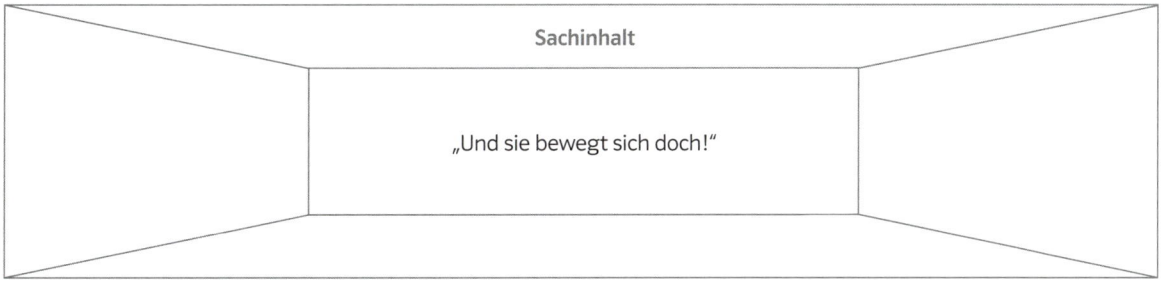

Sachinhalt

„Und sie bewegt sich doch!"

2. Einen Dialog aspektorientiert analysieren

Eine Kernszene in Bertolt Brechts „Leben des Galilei" ist der Dialog zwischen Galilei und dem „kleinen Mönch" im achten Bild, das sich ungefähr in der Mitte des Dramas befindet.

Text in alter Rechtschreibung

Bertolt Brecht: Leben des Galilei, VIII. Bild (Auszüge)

Was in der Zwischenzeit geschah: Im Jahr 1610 entdeckt Galilei mithilfe eines Fernrohrs Erscheinungen an den Planeten Jupiter und Venus, welche das kopernikanische System beweisen. 1616 bestätigt das Collegium Romanum, das Forschungsinstitut des Vatikans, Galileis Entdeckungen. Trotzdem erklärt die Inquisition das kopernikanische System für eine Irrlehre und verbietet Galilei, weiterhin diese Meinung zu vertreten. Zu der vatikanischen Untersuchungskommission, welche Galileis Entdeckungen bestätigte, gehörte auch der „kleine Mönch", mit dem Galilei im VIII. Bild ein Gespräch führt, nachdem die Inquisition die kopernikanische Lehre verboten hat.

EIN GESPRÄCH
[…]
Im Palast des florentinischen Gesandten in Rom […]
GALILEI Reden Sie, reden Sie! Das Gewand, das Sie tragen, gibt Ihnen das
5   Recht zu sagen, was immer Sie wollen.
DER KLEINE MÖNCH Ich habe Mathematik studiert, Herr Galilei.
GALILEI Das könnte helfen, wenn es Sie veranlaßte einzugestehen, daß zwei
   mal zwei hin und wieder vier ist!
DER KLEINE MÖNCH Herr Galilei, seit drei Nächten kann ich keinen
10   Schlaf mehr finden. Ich wußte nicht, wie ich das Dekret, das ich gelesen habe,
   und die Trabanten des Jupiter, die ich gesehen habe, in Einklang bringen
   sollte. Ich beschloß, heute früh die Messe zu lesen und zu Ihnen zu gehen.
GALILEI Um mir mitzuteilen, daß der Jupiter keine Trabanten hat?
DER KLEINE MÖNCH Nein. Mir ist es gelungen, in die Weisheit des
15   Dekrets einzudringen. Es hat mir die Gefahren aufgedeckt, die ein allzu
   hemmungsloses Forschen für die Menschheit in sich birgt, und ich habe
   beschlossen, der Astronomie zu entsagen. Jedoch ist mir noch daran gelegen,
   Ihnen die Beweggründe zu unterbreiten, die auch einen Astronomen dazu
   bringen können, von einem weiteren Ausbau der gewissen Lehre abzusehen.
20 GALILEI Ich darf sagen, daß mir solche Beweggründe bekannt sind.
DER KLEINE MÖNCH Ich verstehe Ihre Bitterkeit. Sie denken an die
   gewissen außerordentlichen Machtmittel der Kirche.
GALILEI Sagen Sie ruhig Folterinstrumente.
DER KLEINE MÖNCH Aber ich möchte andere Gründe nennen. Erlauben
25   Sie, daß ich von mir rede. Ich bin als Sohn von Bauern in der Campagna
   aufgewachsen. Es sind einfache Leute. Sie wissen alles über den Ölbaum,
   aber sonst recht wenig. […] Es geht ihnen nicht gut, aber selbst in ihrem
   Unglück liegt eine gewisse Ordnung verborgen. Das sind diese verschiedenen Kreisläufe, von dem des Bodenaufwischens über den der Jahreszeiten
30   im Ölfeld zu dem der Steuerzahlung. Es ist regelmäßig, was auf sie her-
   abstößt an Unfällen. Der Rücken meines Vaters wird zusammengedrückt
   nicht auf einmal, sondern mit jedem Frühjahr im Ölfeld mehr, so wie auch
   die Geburten, die meine Mutter immer geschlechtsloser gemacht haben, in
   ganz bestimmten Abständen erfolgten. Sie schöpfen die Kraft, ihre Körbe
35   schweißtriefend den steinigen Pfad hinaufzuschleppen, Kinder zu gebären,
   ja zu essen aus dem Gefühl der Stetigkeit und Notwendigkeit, das der Anblick des Bodens, der jedes Jahr von neuem grünenden Bäume, der kleinen
   Kirche und das Anhören der sonntäglichen Bibeltexte ihnen verleihen können. Es ist ihnen versichert worden, daß das Auge der Gottheit auf ihnen
40   liegt, forschend, ja beinahe angstvoll, daß das ganze Welttheater um sie aufgebaut ist, damit sie, die Agierenden, in ihren großen oder kleinen Rollen
   sich bewähren können. Was würden meine Leute sagen, wenn sie von mir
   erführen, daß sie sich auf einem kleinen Steinklumpen befinden, der sich
   unaufhörlich drehend im leeren Raum um ein anderes Gestirn bewegt,

Ambrogio Vinella als kleiner Mönch und Wolfgang Winkler als Galilei (v.l.) in „Leben des Galilei",
Koserow, Usedom. Inszenierung: Jürgen Kern, 2005.

45   einer unter sehr vielen, ein ziemlich unbedeutender. Wozu ist jetzt noch solche Geduld, solches Einverständnis in ihr Elend nötig oder gut? Wozu ist die
Heilige Schrift noch gut, die alles erklärt und als notwendig begründet hat,
den Schweiß, die Geduld, den Hunger, die Unterwerfung, und die jetzt voll
von Irrtümern befunden wird? Nein, ich sehe ihre Blicke scheu werden, ich
50   sehe sie die Löffel auf die Herdplatte senken, ich sehe, wie sie sich verraten
und betrogen fühlen. Es liegt also kein Auge auf uns, sagen sie. Wir müssen
nach uns selber sehen, ungelehrt, alt und verbraucht, wie wir sind? Niemand
hat uns eine Rolle zugedacht außer dieser irdischen, jämmerlichen auf einem winzigen Gestirn, das ganz unselbständig ist, um das sich nichts dreht?
55   Kein Sinn liegt in unserm Elend, Hunger ist ein Nichtgegessenhaben, keine
Kraftprobe; Anstrengung ist eben Sichbücken und Schleppen, kein Verdienst.
Verstehen Sie da, daß ich aus dem Dekret der Heiligen Kongregation ein
edles mütterliches Mitleid, eine große Seelengüte herauslese?
          GALILEI Seelengüte! Wahrscheinlich meinen Sie nur, es ist nichts da, der
60   Wein ist weggetrunken, ihre Lippen vertrocknen, mögen sie die Soutane
küssen! Warum ist denn nichts da? Warum ist die Ordnung in diesem Land
nur die Ordnung einer leeren Lade und die Notwendigkeit nur die, sich zu
Tode zu arbeiten? Zwischen strotzenden Weinbergen, am Rand der Wei-
zenfelder! Ihre Campagnabauern bezahlen die Kriege, die der Stellvertreter
65   des milden Jesus in Spanien und Deutschland führt. Warum stellt er die Erde
in den Mittelpunkt des Universums? Damit der Stuhl Petri im Mittelpunkt
der Erde stehen kann! Um das letztere handelt es sich. Sie haben recht,
es handelt sich nicht um die Planeten, sondern um die Campagnabauern.
Und kommen Sie mir nicht mit der Schönheit von Phänomenen, die das
70   Alter vergoldet hat! Wissen Sie, wie die Auster Margaritifera ihre Perle pro-
duziert? Indem sie in lebensgefährlicher Krankheit einen unerträglichen
Fremdkörper, z.B. ein Sandkorn, in eine Schleimkugel einschließt. Sie geht
nahezu drauf bei dem Prozeß. Zum Teufel mit der Perle, ich ziehe die ge-
sunde Auster vor. Tugenden sind nicht an Elend geknüpft, mein Lieber.
75   Wären Ihre Leute wohlhabend und glücklich, könnten sie die Tugenden
der Wohlhabenden und des Glücks entwickeln. Jetzt stammen diese Tugenden Erschöpfter von erschöpften Äckern, und ich lehne sie ab. Herr,
meine neuen Wasserpumpen können da mehr Wunder tun als ihre lächerliche übermenschliche Plackerei. – „Seid fruchtbar und mehret euch", denn
80   die Äcker sind unfruchtbar, und die Kriege dezimieren euch. Soll ich Ihre
Leute anlügen?
          DER KLEINE MÖNCH *in großer Bewegung:* Es sind die allerhöchsten
Bewegründe, die uns schweigen machen müssen, es ist der Seelenfrieden
Unglücklicher!
85   GALILEI Wollen Sie eine Cellini-Uhr sehen, die Kardinal Bellarmins Kutscher heute morgen hier abgegeben hat? Mein Lieber, als Belohnung dafür,

daß ich zum Beispiel Ihren guten Eltern den Seelenfrieden lasse, offeriert mir die Behörde den Wein, den sie keltern im Schweiße ihres Antlitzes, das bekanntlich nach Gottes Ebenbild geschaffen ist. Würde ich mich zum
90 Schweigen bereit finden, wären es zweifellos recht niedrige Beweggründe; Wohlleben, keine Verfolgung etc.
DER KLEINE MÖNCH Herr Galilei, ich bin Priester.
GALILEI Sie sind auch Physiker. […]
DER KLEINE MÖNCH Und Sie meinen nicht, daß die Wahrheit, wenn es
95 Wahrheit ist, sich durchsetzt, auch ohne uns?
GALILEI Nein, nein, nein. Es setzt sich nur so viel Wahrheit durch, als wir durchsetzen; der Sieg der Vernunft kann nur der Sieg der Vernünftigen sein.

Symbolische Darstellung der Durchbrechung des mittelalterlichen Weltbildes, Holzschnitt, im Stil um 1520, Paris 1888.

1. Bestimmen Sie die Gesprächsform: Um was für eine Art von Gespräch handelt es sich? Wählen Sie einen oder zwei Begriffe aus, die am besten zu dem Dialog zwischen Galilei und dem kleinen Mönch passen.

Gesprächsformen

☐ A Überredungsgespräch   ☐ E Verhör

☐ B Entscheidungsgespräch   ☐ F Diskussion

☐ C Enthüllungsgespräch   ☐ G Interview

☐ D Konfliktgespräch   ☐ H Smalltalk

2. Benennen Sie das Gesprächsthema: Worüber reden Galilei und der kleine Mönch? Belegen Sie Ihre Entscheidung mit einem treffenden Zitat.

☐ A die Lehre des Kopernikus

☐ B die Richtigkeit von Galileis wissenschaftlichen Entdeckungen

☐ C die Entscheidung der Inquisition, die kopernikanische Lehre zu verbieten

☐ D das schlechte Leben der Campagna-Bauern

☐ E die Macht und die Verantwortung der Kirche

☐ F die Macht und die Verantwortung der Wissenschaftler

Zitat: _____

_____

_____

Aspekte der Dialoganalyse

Im Rahmen einer Dialoganalyse geben Sie nicht nur Gesprächsthema und Gesprächsform an, sondern untersuchen Sie auch die Figurenkonstellation und das Figurengespräch im Einzelnen.

Dazu gehören in der Regel:
- der Verlauf des Dialogs: Rede und Gegenrede der Figuren
- deren Redeanteile
- die argumentative Textgestaltung: die Redestrategien der Figuren
- die Sprache der Figuren
- das Verhältnis der Figuren zueinander, das sich aus diesen Aspekten ergibt

3. Untersuchen Sie die Szene unter Berücksichtigung der im INFO-Kasten genannten zentralen Gesichtspunkte der Dialoganalyse:

Gesprächsverlauf und Dialogführung	
Verlauf des Dialogs	– Gesprächseröffnung: Selbstvorstellung des kleinen Mönchs – Hauptteil:
Redeanteile	
argumentative Textgestaltung	
Sprache der Figuren	Galilei:　　　　　　　　　Der kleine Mönch:
das Verhältnis der Figuren zueinander	Galilei:　　　　　　　　　Der kleine Mönch:

Für die Analyse des Gesprächsverlaufs bietet sich die Anfertigung eines Konspekts an (Seite 33).

Der Szenenschluss

Nicht selten endet ein Szenendialog mit einer Veränderung des Ausgangspunktes des Gesprächs oder mit einem Resümee oder mit einer besonderen Wendung, einer Pointe.

Es erweist sich deshalb oft als analytisch ergiebig, Ausgangspunkt und Endstand des Dialogs besonders genau ins Auge zu fassen und miteinander zu vergleichen.

4. Untersuchen Sie genau das Ende des Textauszugs (Seite 85 f. ab Zeile 85).
  – Inwiefern wird das Thema des gesamten Dialogs hier noch einmal besonders akzentuiert?
  – In welchem Verhältnis stehen die beiden Figuren nun zueinander? Hat sich das Verhältnis im Vergleich zum Beginn des Gesprächs verändert?
  – Was fällt an der Sprache der beiden Gesprächspartner auf? Hat sich auch in dieser Hinsicht etwas im Vergleich zum Anfang geändert?

Akzentuierung des Themas	
Verhältnis der Gesprächspartner zueinander	
Sprache der Figuren	

5. Der Dialog endet mit einer Sentenz Galileis, einem Sinnspruch, der den Anspruch auf allgemeine Gültigkeit erhebt: „der Sieg der Vernunft kann nur der Sieg der Vernünftigen sein". Erklären Sie diese Sentenz, indem Sie erläutern, wer die „Vernünftigen" sind, die den Sieg der Vernunft anstreben sollen.

Training 3: Den dramatischen Konflikt untersuchen

Auch die dramatischen **Konflikte** werden fast ausschließlich in **Dialogen** (manchmal auch in Form eines Monologs oder in Form einer Diskussion von mehreren Personen) dargestellt. Konflikte sind das Salz in der Suppe eines Dramas. Jedem Drama liegt ein zentraler Konflikt zugrunde, der sich meist in den einzelnen Konflikten zwischen den Figuren widerspiegelt.

1. Die Vorkenntnisse überprüfen

1. Kreuzen Sie die richtige Erklärung an.

1. Die **Exposition** eines Dramas
   - A ☐ zeigt den Untergang der Zentralfigur.
   - B ☐ führt in die Handlung ein.
   - C ☐ bringt den Konflikt zur Explosion.

2. Eine **Intrige**
   - A ☐ ist eine Strategie, mit der anderen Menschen ein Schaden zugefügt werden soll.
   - B ☐ treibt eine Dramenhandlung voran.
   - C ☐ bezeichnet eine Affäre zwischen einem Liebespaar.

3. Die dramatische **Katastrophe**
   - A ☐ ist eine andere Bezeichnung für den Weltuntergang.
   - B ☐ entsteht durch elementare oder technische Großschäden.
   - C ☐ führt zum Untergang des Helden.

4. Das **erregende Moment**
   - A ☐ bezeichnet den Höhepunkt im Drama.
   - B ☐ ist ein Augenblick, in dem jemand erregt ist.
   - C ☐ dient dazu, Spannung zu erzeugen.

5. Die dramatische **Parteienbildung**
   - A ☐ ist eine Koalitionsverhandlung zum Zweck einer Regierungsbildung.
   - B ☐ ist ein Mittel des Dramas, um die Personen im Chor sprechen zu lassen.
   - C ☐ fördert den Konflikt.

6. Ursachen für einen **dramatischen Konflikt** können sein:
   - A ☐ Machtinteressen
   - B ☐ finanzielle Interessen
   - C ☐ Ideen und Ideale der Figuren
   - D ☐ die Liebe

2. Geben Sie fünf mögliche Handlungsschritte an, die nötig sind, um einen Konflikt zu entwickeln und an sein Ende zu führen. Das hier abgebildete Duell stellt den Höhepunkt innerhalb der Konfliktentwicklung dar.

A ...

B ...

C Höhepunkt ...

D ...

E ...

Pariser Duell – Ein Gefecht im Bois de Boulogne, Holzstich von Godefroy Durand, 1874.

2. Einen dramatischen Konflikt erschließen

Der **Konflikt** ist das Zentrum der dramatischen Handlung. Er bestimmt den Spannungsbogen, der konstitutiv ist für den **Bau des Dramas**. Folgende Aspekte sollten beachtet werden:

Art des Konflikts

Der Konflikt kann sich im Innern einer Figur abspielen (innerer Konflikt) oder Teil der Handlung sein (äußerer Konflikt). Er wird verursacht durch widerstreitende Interessen, z. B. Werthaltungen, gesellschaftliche Kontroversen wie Machterweiterung, Besitzmehrung, Durchsetzung von Recht … oder Gefühle, z. B. verletzte Ehre, Rache, Hass, Lust, verbotene Liebe, Eifersucht, Gerechtigkeit …

Positionierung der Figuren

Figurenkonstellation, Handlungsziele und Motive, Konfliktverhalten, z. B. Intrige, Angriff, Versöhnung …

Konfliktverlauf

z. B. Konfliktanlass
↓
Konflikthandlungen
↓
Entscheidungen
↓
Folgehandlungen
↓
Konfliktlösung

dramatischer Konflikt

Konfliktlösungsmuster

– analytisches Enthüllungsdrama: Das auslösende Ereignis für Konflikt und Handlung liegt in der Vorgeschichte, in der Entwicklung des Dramas wird der Konflikt aufgeklärt und zu einer Lösung geführt.
– synthetisches Entfaltungsdrama: Von einer Ausgangssituation und Einstiegshandlung ausgehend entwickelt sich ein Konflikt, die dramatische Handlung läuft auf einen Zielpunkt hin, z. B. Katastrophe, Versöhnung …

1. Bei der Lektüre der Ausschnitte aus dem achten Bild in Bertolt Brechts „Leben des Galilei" (Seite 84 ff.) werden Sie gemerkt haben, dass es sich bei dem Dialog zwischen Galilei und dem kleinen Mönch um ein typisches Konfliktgespräch handelt. Markieren Sie Textstellen, an denen deutlich erkennbar ist, dass die beiden sich streiten.

2. Geben Sie die Kernaussagen der Dialogpartner jeweils mit eigenen Worten so knapp wie möglich wieder und bestimmen Sie Art und Inhalt des Konflikts.

Der kleine Mönch behauptet, dass …	Galilei behauptet, dass …

Art und Inhalt des Konflikts: _____

_____

Die Struktur eines Konflikts

Ein Konflikt kann auf mehreren Ebenen ablaufen, z. B.
- als persönliche Auseinandersetzung,
- als Auseinandersetzung um ein sachliches Thema oder
- als überpersönlich bedeutsame Auseinandersetzung über allgemeinmenschliche Probleme.

In einem literarischen Dialog sind persönliche Auseinandersetzungen oft nur der Aufhänger dafür, den **zentralen Konflikt**, der ein **sachliches Thema** behandelt, zu veranschaulichen. Da dieses sachliche Thema nicht nur die im Drama auftretenden Figuren betrifft, sondern in der Regel viele Menschen, hat der Konflikt somit immer auch eine überpersönliche Bedeutung.

Um das Thema eines Konflikts möglichst genau zu erfassen, müssen Sie sich also von der Ebene der Figuren lösen und die Aussagen und Argumente der Figuren abstrahieren. Ein Satz wie beispielsweise „Galilei und der kleine Mönch streiten über die Entscheidung der Inquisition, die kopernikanische Lehre zu unterdrücken" ist zwar nicht falsch, umfasst aber nicht den vollen Gehalt des dargestellten Konflikts, weil er nicht über die bloße Wiedergabe des Inhalts hinausgeht.

Das Thema eines Konflikts darf aber auch nicht auf ein verkürzendes Stichwort wie zum Beispiel „Liebe", „Tod", „Gesellschaft", „Glauben" oder „Wissenschaft" reduziert werden. Dies wiederum ist zu allgemein und kann im Zweifel auf die verschiedensten Konstellationen angewandt werden.

3. Halten Sie den Konflikt zwischen Galilei und dem kleinen Mönch für eine eher persönliche oder für eine eher sachliche Auseinandersetzung? Begründen Sie Ihre Entscheidung.

4. Ein Konflikt kann sich auch als innerer Konflikt darstellen, den dann eine Figur mit sich selbst auszutragen hat. Überprüfen Sie, inwiefern sich der kleine Mönch in einem solchen inneren Konflikt befindet. Berücksichtigen Sie hierbei den Gesprächsanlass.

5. Untersuchen Sie jetzt das Konfliktgespräch zwischen Galilei und dem kleinen Mönch als Ganzes, indem Sie aus jedem einzelnen Redebeitrag der beiden Kontrahenten die entscheidende Aussage herausfiltern und den Argumentationsgang nachvollziehen.
Legen Sie eine Tabelle an und ergänzen Sie die Spalten.

Zeile	Der kleine Mönch	Zeile	Galilei
1 – 13	Einleitung		
14 – 19	These: Die Entscheidung der Kirche, die kopernikanische Lehre zu unterdrücken, ist weise. Begründung:	20 + 23	Reaktion: Er will keine weiteren Argumente hören. Begründung:

Training 4: Dramatische Texte schriftlich interpretieren

1. Eine Interpretation eines dramatischen Textes verfassen

Die Aufgabenstellung erfassen und erstes Textverständnis festhalten

1. Lesen Sie die folgende Aufgabenstellung und formulieren Sie, welche Hinweise auf die Interpretation die Aufgabenstellung enthält.

KLAUSURTHEMA

> Interpretieren Sie den vorliegenden Szenenauszug aus Friedrich Schillers Schauspiel „Die Räuber", indem Sie
> - den Dialog zwischen Moor, Kosinsky und Schweizer untersuchen,
> - darstellen, wie sich Karl Moors Gesprächs- und Handlungsziele im Laufe des Dialogs verändern, und
> - erklären, inwieweit diese Szene einen Wendepunkt für Karl darstellt.

2. Lesen Sie nun den Szenenauszug aus Friedrich Schillers Stück „Die Räuber" und formulieren Sie einen ersten Eindruck zu Moors Verhalten: Welche Wirkung hat auf ihn die Begegnung mit Kosinsky?

Friedrich Schiller: **Die Räuber, III. Akt, 2. Szene** (Auszug)

Nach einer Schlacht, in der Karl Moors Freund Roller gefallen ist, ist Moor in depressiver Stimmung, in der auch sein Räuberdasein beklagt. Es erscheint Kosinsky, der sich aus persönlicher Enttäuschung Moors Räubern anschließen möchte.

MOOR Wie Kosinsky, weißt du auch, dass du ein leichtsinniger Knabe bist,
und über den großen Schritt deines Lebens weggaukelst wie ein unbe-
sonnenes Mädchen – Hier wirst du nicht Bälle werfen oder Kegelkugeln
schieben, wie du dir einbildest.
5 KOSINSKY Ich weiß, was du sagen willst – ich bin vierundzwanzig Jahr alt,
aber ich habe Degen blinken gesehen, und Kugeln um mich surren gehört.
MOOR So, junger Herr? – und hast du dein Fechten nur darum gelernt,
arme Reisende um einen Reichstaler niederzustoßen oder Weiber hinter-
rücks in den Bauch zu stechen? Geh, geh! du bist deiner Amme entlaufen,
10 weil sie dir mit der Rute gedroht hat.
SCHWEIZER Was zum Henker, Hauptmann! was denkst du? willst du diesen
Herkules fortschicken? Sieht er nicht gerade so drein, als wollt er den Mar-
schall von Sachsen mit einem Rührlöffel über den Ganges jagen?
MOOR Weil dir deine Lappereien missglücken, kommst du, und willst ein
15 Schelm, ein Meuchelmörder werden? – Mord, Knabe, verstehst du das Wort
auch? […]
KOSINSKY Jeden Mord, den du mich begehen heißt, will ich verantworten.

Friedrich Schiller: „Die Räuber", Thalia Theater, Hamburg, Inszenierung: Nicolas Stemann, 2008

MOOR Was? Bist du so klug? Willst du dich anmaßen, einen Mann mit Schmeicheleien zu fangen? Woher weißt du, dass ich nicht böse Träume

20 habe, oder auf dem Todbett nicht werde blass werden? Wie viel hast du schon getan, wobei du an Verantwortung gedacht hast?

KOSINSKY Wahrlich! noch sehr wenig, aber doch diese Reise zu dir, edler Graf! [...]

MOOR [...] Besinne dich recht, mein Sohn! *(Er nimmt seine Hand)*. Denk,

25 ich rate dir als ein Vater – lern erst die Tiefe des Abgrunds kennen, eh du hineinspringst! Wenn du noch in der Welt eine einzige Freude zu erhaschen weißt – es könnten Augenblicke kommen, wo du – aufwachst – und dann – möcht es zu spät sein. Du trittst hier gleichsam aus dem Kreise der Menschheit – entweder musst du ein höherer Mensch sein, oder du bist

30 ein Teufel – Noch einmal, mein Sohn! wenn dir noch ein Funken von Hoffnung irgend anderswo glimmt, so verlass diesen schröcklichen Bund, den nur Verzweiflung eingeht, wenn ihn nicht eine höhere Weisheit gestiftet hat – man kann sich täuschen – Glaube mir, man kann das für Stärke des Geistes halten, was doch am Ende Verzweiflung ist – Glaub *mir, mir!* und

35 mach dich eilig hinweg.

KOSINSKY Nein! ich fliehe itzt nicht mehr. Wenn dich meine Bitten nicht rühren, so höre die Geschichte meines Unglücks. – Du wirst mir dann selbst den Dolch in die Hände zwingen, du wirst – lagert euch hier auf dem Boden, und hört mir aufmerksam zu!

40 MOOR Ich will sie hören.

KOSINSKY Wisset also, ich bin ein böhmischer Edelmann, und wurde durch den frühen Tod meines Vaters Herr eines ansehnlichen Ritterguts. Die Gegend war paradiesisch – denn sie enthielt einen Engel – ein Mädchen, geschmückt mit allen Reizen der blühenden Jugend, und keusch wie das Licht

45 des Himmels. Doch, wem sag ich das? Es schallt an euren Ohren vorüber – ihr habt niemals geliebt, seid niemals geliebt worden –

SCHWEIZER Sachte, sachte! Unser Hauptmann wird feuerrot.

MOOR Hör auf! ich wills ein andermal hören – morgen, nächstens, oder – wenn ich Blut gesehen habe.

50 KOSINSKY Blut, Blut – höre nur weiter! Blut, sag ich dir, wird deine ganze Seele füllen. Sie war bürgerlicher Geburt, eine Deutsche – aber ihr Anblick schmelzte die Vorurteile des Adels hinweg. Mit der schüchternsten Bescheidenheit nahm sie den Trauring von meiner Hand, und übermorgen sollte ich meine *Amalia* vor den Altar führen.

55 *(Moor steht schnell auf).*

KOSINSKY Mitten im Taumel der auf mich wartenden Seligkeit, unter den Zurüstungen zur Vermählung – werd ich durch einen Expressen nach Hof zitiert. Ich stellte mich. Man zeigte mir Briefe, die ich geschrieben haben sollte, voll verräterischen Inhalts. Ich errötete über der Bosheit – man
60 nahm mir den Degen ab, warf mich ins Gefängnis, alle meine Sinnen waren hinweg.

SCHWEIZER Und unterdessen – nur weiter! Ich rieche den Braten schon.

KOSINSKY Hier lag ich einen Monat lang und wusste nicht, wie mir geschah. Mir bangte für meine Amalia, die meines Schicksals wegen jede Mi-
65 nute einen Tod würde zu leiden haben. Endlich erschien der erste Minister des Hofes, wünschte mir zur Entdeckung meiner Unschuld Glück, mit zuckersüßen Worten, liest mir den Brief der Freiheit vor, gibt mir meinen Degen wieder. Itzt im Triumphe nach meinem Schloss, in die Arme meiner Amalia zu fliegen, – sie war verschwunden. In der Mitternacht sei sie
70 weggebracht worden, wüsste niemand, wohin; und seitdem mit keinem Aug mehr gesehen. Hui! schoss mir's auf wie der Blitz, ich flieg nach der Stadt, sondiere am Hof – alle Augen wurzelten auf mir, niemand wollte Bescheid geben – endlich entdeck ich sie durch ein verborgenes Gitter im Palast – sie warf mir ein Billettchen zu.

75 SCHWEIZER Hab ich's nicht gesagt?

KOSINSKY Hölle, Tod und Teufel! da stand's! man hatte ihr die Wahl gelassen, ob sie mich lieber sterben sehen, oder die Mätresse des Fürsten werden wollte. Im Kampf zwischen Ehre und Liebe entschied sie für das zweite, und *(lachend)* ich war gerettet.

80 SCHWEIZER Was tatst du da?

KOSINSKY Da stand ich, wie von tausend Donnern getroffen! – Blut! war mein erster Gedanke, Blut! mein letzter. Schaum auf dem Munde renn ich nach Haus, wähle mir einen dreispitzigen Degen, und damit in aller Hast in des Ministers Haus, denn nur er – er nur war der höllische Kuppler gewesen.
85 Man muss mich von der Gasse bemerkt haben, denn wie ich hinauftrete, waren alle Zimmer verschlossen. Ich suche, ich frage: Er sei zum Fürsten gefahren, war die Antwort. Ich mache mich geradenwegs dahin, man wollte nichts von ihm wissen. Ich gehe zurück, sprenge die Türen ein, find ihn, wollte eben – aber da sprangen fünf bis sechs Bediente aus dem Hinterhalt,
90 und entwanden mir den Degen.

SCHWEIZER *(stampft auf den Boden)* Und er kriegte nichts, und du zogst leer ab?

KOSINSKY Ich ward ergriffen, angeklagt, peinlich prozessiert, infam – merkt's euch! – aus *besonderer* Gnade infam aus den Grenzen gejagt, meine
95 Güter fielen als Präsent dem Minister zu, meine Amalia bleibt in den Klauen des Tigers, verseufzt und vertrauert ihr Leben, während dass meine Rache fasten, und sich unter das Joch des Despotismus krümmen muss.

SCHWEIZER *(aufstehend, seinen Degen wetzend)* Das ist Wasser auf unsere Mühle, Hauptmann! Da gibts was anzuzünden!

100 MOOR *(der bisher in heftigen Bewegungen hin- und hergegangen, springt rasch auf, zu den Räubern)* Ich muss sie sehen. – Auf! rafft zusammen – du bleibst, Kosinsky – packt eilig zusammen!

Wirkung der Begegnung mit Kosinsky auf Moor: _____

_____

_____

_____

Den Text aspektorientiert untersuchen

3. Gliedern Sie den Dialog in mehrere Abschnitte. Begründen Sie stichwortartig Ihre Einteilung. Arbeiten Sie in die Tabelle.

Abschnitte	Begründung

4. Untersuchen Sie nun den ersten Teil des Dialogs genauer und stellen Sie dar, mit welchen Strategien Moor versucht, Kosinsky umzustimmen. Achten Sie auch auf die Sprache und belegen Sie Ihre Einschätzungen am Text.

Strategien	Textbelege

5. Rufen Sie sich den Handlungszusammenhang des Stücks „Die Räuber" in Erinnerung (Sie können eine Inhaltszusammenfassung ggf. auch im Internet recherchieren) und benennen Sie die Parallelen zwischen Kosinskys Erzählung und Moors Schicksal. Erläutern Sie, wie diese Parallelen im vorliegenden Szenenauszug Moors Handlungsweise beeinflussen.

Parallelen zwischen Kosinskys Erzählung und Moors Schicksal: _____

_____

_____

_____

Beeinflussung von Moors Handlungsweise: _____

_____

_____

_____

6. Kosinsky sagt am Ende: „Ich ward […] aus besonderer Gnade infam aus den Grenzen gejagt, meine Güter fielen als Präsent dem Minister zu, meine Amalia bleibt in den Klauen des Tigers, verseufzt und vertrauert ihr Leben, während dass meine Rache fasten, und sich unter das Joch des Despotismus krümmen muss." Leiten Sie aus dieser Aussage den zentralen Unterschied zwischen Kosinskys und Moors Schicksal ab.

_____

_____

_____

7. Stellen Sie dar, wie Moor am Ende auf die Erzählung Kosinskys reagiert, und erklären Sie sein Verhalten.

_____

_____

_____

Die Untersuchungsergebnisse ordnen

8. Formulieren Sie eine Deutungshypothese zum vorliegenden Szenenausschnitt, die die Frage beantwortet, inwieweit diese Szene einen Wendepunkt für Karl darstellt.

_____

_____

_____

Die Gliederung erstellen

9. Lesen Sie noch einmal die Aufgabenstellung auf Seite 92 und begründen Sie, ob die Aufgabenstellung eine bestimmte Gliederung nahelegt.

_____

_____

_____

10. Bewerten Sie die folgende Einleitung zu einem Interpretationsaufsatz zum Szenenauszug aus Schillers Schauspiel „Die Räuber", indem Sie stichwortartig festhalten, was gelungen ist, was dagegen nicht.

> In dem im Januar 1782 in Mannheim uraufgeführten Stück „Die Räuber" entschließt sich der junge Moor, nachdem sein jüngerer Bruder gegen ihn intrigiert hat, ein freies Leben im Kampf gegen staatliche Willkürherrschaft zu führen. Doch dann sucht ihn der böhmische Adlige Kosinky mit dem Wunsch auf, selbst Räuber zu werden. Genau hier setzt der vorliegende Textauszug ein.

gelungen	nicht gelungen

11. Erstellen Sie auf einem gesonderten Blatt eine Gliederung zu einer Interpretation des Szenenauszugs aus Schillers Schauspiel „Die Räuber" (Aufgabenstellung auf Seite 92, Aufgabe 1).

Die Interpretation schreiben und überarbeiten

12. Schreiben Sie nun auf der Grundlage Ihrer Vorarbeiten den Interpretationsaufsatz. Lassen Sie Ihre Arbeit anschließend von einem Mitschüler oder einer Mitschülerin gegenlesen und sich ein Feedback geben. Prüfen Sie das Feedback und überarbeiten Sie ggf. Ihren Interpretationsaufsatz.

Beispiellösung
Friedrich Schiller, „Die Räuber", III/2: Analyse und Interpretation ih3iq7

2. Den Lernfortschritt überprüfen

1. Untersuchen Sie den Schluss von Schillers Stück „Die Räuber" und halten Sie Ihre Ergebnisse schriftlich fest. Gehen Sie so vor:
  – Formulieren Sie eine Einleitung, in der sie Titel, Autor und Textsorte benennen.
  – Fassen Sie die wesentlichen Handlungsschritte des ganzen Stücks „Die Räuber" zusammen.
  – Stellen Sie dar, welche Schlüsse Moor in dem vorliegenden Ausschnitt aus seinem Leben zieht.
  – Erklären und bewerten Sie im Schlussteil, was Moor mit den Worten „dem Mann kann geholfen werden" meint.

Beispiellösung
Friedrich Schiller, „Die Räuber", V/2: Analyse und Interpretation g3k4q5

Friedrich Schiller: **Die Räuber, V. Akt, 2. Szene** (Auszug)

MOOR O über mich Narren, der ich wähnete die Welt durch Gräuel zu verschönern, und die Gesetze durch Gesetzlosigkeit aufrecht zu halten. Ich nannte es Rache und Recht – Ich maßte mich an, o Vorsicht, die Scharten deines Schwerts auszuwetzen und deine Parteilichkeiten gutzumachen –
5 aber – O eitle Kinderei – da steh ich am Rand eines entsetzlichen Lebens, und erfahre nun mit Zähnklappern und Heulen, dass *zwei Menschen wie ich den ganzen Bau der sittlichen Welt zugrund richten würden*. Gnade – Gnade dem Knaben, der *Dir* vorgreifen wollte – *Dein* eigen allein ist die Rache. *Du* bedarfst nicht des Menschen Hand. Freilich steht's nun in meiner Macht
10 nicht mehr, die Vergangenheit einzuholen – schon bleibt verdorben, was verdorben ist – was ich gestürzt habe, steht ewig niemals mehr auf – Aber noch blieb mir etwas übrig, womit ich die beleidigte Gesetze versöhnen, und die misshandelte Ordnung wiederum heilen kann. Sie bedarf eines Opfers – eines Opfers, das ihre unverletzbare Majestät vor der ganzen Mensch-
15 heit entfaltet – dieses Opfer bin ich selbst. Ich selbst muss für sie des Todes sterben.
RÄUBER Nimmt ihm den Degen weg – Er will sich umbringen.
MOOR Toren ihr! Zu ewiger Blindheit verdammt! Meinet ihr wohl gar, eine Todsünde werde das Äquivalent gegen Todsünden sein, meinet ihr, die
20 Harmonie der Welt werde durch diesen gottlosen Misslaut gewinnen? *(Wirft ihnen seine Waffen verächtlich vor die Füße.)* Er soll mich lebendig haben. Ich geh, mich selbst in die Hände der Justiz zu überliefern.
RÄUBER Legt ihn an Ketten! Er ist rasend worden.
MOOR Nicht, als ob ich zweifelte, sie werde mich zeitig genug finden, wenn
25 die obere Mächte es so wollen. Aber sie möchte mich im Schlaf überrumpeln, oder auf der Flucht ereilen, oder mit Zwang und Schwert umarmen, und dann wäre mir auch das einige Verdienst entwischt, dass ich mit Willen für sie gestorben bin. Was soll ich gleich einem Diebe ein Leben länger verheimlichen, das mir schon lang im Rat der himmlischen Wächter ge-
30 nommen ist?
RÄUBER Lasst ihn hinfahren! Es ist die Großmannsucht. Er will sein Leben an eitle Bewunderung setzen.
MOOR Man könnte mich darum bewundern. *(Nach einigem Nachsinnen.)* Ich erinnere mich, einen armen Schelm gesprochen zu haben, als ich her-
35 überkam, der im Taglohn arbeitet und eilf lebendige Kinder hat – Man hat tausend Louisdore geboten, wer den großen Räuber lebendig liefert – dem Mann kann geholfen werden. *(Er geht ab.)*

Sprachtraining:
Konjunktiv und indirekte Rede gestalten

Der Konjunktiv hat einen schlechten Ruf. So mancher sähe ihn gerne abgeschafft, weil er nicht mehr zeitgemäß sei und ihn ohnehin kaum noch jemand benutze. Dabei handelt es sich bei dieser sprachlichen Form um eine der wichtigsten überhaupt. Wenn es den Konjunktiv nicht gäbe, könnten Sie nicht zwischen realen und irrealen Sachverhalten bzw. zwischen Tatsachen und Meinungen unterscheiden. Dass der Konjunktiv altmodisch klinge (was sich nach einer Ausrede anhört) oder seine Bildung schwierig sei (was sie nicht ist), kann kein Grund sein, ihn zu ignorieren. Besser wäre es doch, stattdessen die eigenen Kenntnisse aufzufrischen und Freude an der korrekten Verwendung einer unverzichtbaren sprachlichen Form zu haben!

1. Die Relevanz des Konjunktivs I

Bei der folgenden Paraphrase zu der Rede des kleinen Mönchs aus dem achten Bild von Bertolt Brechts „Leben des Galilei" (Seite 84 ff.) ist einiges schiefgegangen.

1. Markieren Sie alle Prädikatsformen, die umformuliert werden sollten, und notieren Sie die richtigen Prädikatsformen neben den Text.

> Der kleine Mönch möchte die Gründe für seine
> Position nennen und bittet um Erlaubnis, von sich
> zu reden. Er ist als Sohn von Bauern in der Cam-
> pagna aufgewachsen, von einfachen Leuten, die alles
> 5   über den Ölbaum wissen, aber sonst recht wenig.
> Er behauptet, es geht ihnen nicht gut, aber selbst in
> ihrem Unglück liegt eine gewisse Ordnung verborgen.
> Der Rücken seines Vaters, sagt der kleine Mönch,
> wird zusammengedrückt nicht auf einmal, sondern
> 10   mit jedem Frühjahr im Ölfeld mehr zusammenge-
> drückt. Sie schöpfen die Kraft, ihre Körbe schweißtrie-
> fend den steinigen Pfad hinaufzuschleppen, Kinder zu
> gebären, ja zu essen, aus dem Gefühl der Stetigkeit
> und Notwendigkeit, das der Anblick des Bodens, der
> 15   jedes Jahr von neuem grünenden Bäume, der kleinen
> Kirche und das Anhören der sonntäglichen Bibel-
> texte ihnen verleihen können. Es ist ihnen versichert
> worden, dass das Auge der Gottheit auf ihnen liegt.

2. Vergleichen Sie die jeweiligen Prädikatsformen und die Folgen, die sich daraus für das Verständnis ergeben.

3. Formulieren Sie eine Regel zum Gebrauch der richtigen grammatischen Form bei der Wiedergabe fremder Behauptungen und Meinungen.

Um deutlich zu machen, dass man die Äußerungen anderer oder die Rede einer literarischen Figur wieder-

gibt, ist darauf zu achten, dass

2. Die Bildung des Konjunktivs

INFO

Bildung des Konjunktivs

Der Konjunktiv I wird abgeleitet vom Indikativ Präsens, wobei dem Wortstamm ein *e* angefügt wird.

Wenn der auf diese Weise gebildete Konjunktiv I sich nicht vom Indikativ unterscheiden lässt, benutzt man statt dessen den Konjunktiv II. Dieser wird abgeleitet vom Indikativ Präteritum, wobei bei vielen Verben der Vokal im Wortstamm umgelautet wird.

1. Bilden Sie die Konjunktivformen.
- Vervollständigen Sie die Tabelle mit Formen des Verbs *kommen*.
- Markieren Sie die Formen, bei welchen Sie statt des Konjunktivs I den Konjunktiv II verwenden müssen.
- Ergänzen Sie anschließend die Formen des Konjunktivs von *sein*, der unregelmäßig gebildet wird.

Indikativ	Konjunktiv I	Konjunktiv II
ich *komme*	ich	ich
du *kommst*	du *kommest*	du
er/sie/es	er/sie/es	er/sie/es
wir	wir	wir
ihr	ihr	ihr
sie	sie	sie

Indikativ	Konjunktiv I	Konjunktiv II
ich *bin*	ich	ich

2. Konjunktiv I und Konjunktiv II werden oft miteinander verwechselt. Welcher der Sätze ist richtig? Kreuzen Sie an.

1 A ☐ Inge behauptet, ihr wäre schlecht.
   B ☐ Inge behauptet, ihr sei schlecht. (Ob Inge tatsächlich schlecht geworden ist, weiß man nicht.)

2 A ☐ Sie erzählte, sie hätte keine Lust gehabt und wäre deshalb ins Kino gegangen.
   B ☐ Sie erzählte, sie habe keine Lust gehabt und sei deshalb ins Kino gegangen.

3 A ☐ Wenn er jetzt Urlaub hätte, flöge er nach Amerika.
   B ☐ Wenn er jetzt Urlaub habe, fliege er nach Amerika.

Der Konjunktiv II

Der **Konjunktiv II** stellt **irreale** Sachverhalte dar:

Phantasien, Träume, Vorstellungen, Wünsche → *Wenn ich ein Vöglein **wär'** und auch zwei Flüglein **hätt'**, **flög'** ich zu dir.*

Unerfüllbare oder unwahrscheinliche Folge- oder Vergleichssätze → *„Es war, als **hätt'** der Himmel die Erde still geküsst."*

Der Konjunktiv II kann auch als **Höflichkeitsform** verwendet werden:

Die Verwendung des Konjunktivs soll den geäußerten Wunsch abmildern. → ***Könnten** Sie mir bitte das Salz reichen?*

Der Konjunktiv II wird als **Ersatzform für den Konjunktiv I** verwendet, wenn der Konjunktiv I sich nicht von der entsprechenden Indikativform unterscheiden lässt. Dadurch soll eine Verwechslung verhindert werden. Diese Verwechslungsmöglichkeit ist besonders in der 1. Person Singular sowie in der 1. und 3. Person Plural gegeben.

Verwechselbare Form:	**Ersatzform:**
Er fragte, warum ich den falschen Konjunktiv setze.	→ *Er fragte, warum ich den falschen Konjunktiv setzte.*
Er fragte, warum sie den falschen Konjunktiv setzen.	→ *Er fragte, warum sie den falschen Konjunktiv setzten.*

3. Ein weiterer häufig vorkommender Fehler ist die Umschreibung mit dem Konjunktiv II des Hilfsverbs *werden*, also *würde*, *würden* usw.
Kreuzen Sie auch hier die richtige Form an.

1   A ☐ Peter brüllt, er würde kein Feigling sein.

    B ☐ Peter brüllt, er sei kein Feigling.

2   A ☐ Robert hat gesagt, er würde morgen nicht zur Schule kommen.

    B ☐ Robert hat gesagt, er werde morgen nicht zur Schule kommen.

3   A ☐ Max und Moritz sagen, sie würden von den andern gehänselt werden.

    B ☐ Max und Moritz sagen, sie würden von den andern gehänselt.

4. Überprüfen Sie, ob in den folgenden Sätzen der Konjunktiv korrekt verwendet wird, und korrigieren Sie gegebenenfalls.

A   Marie sagt, sie hätte Kopfschmerzen.

B   Sie meint, sie hält es nicht aus.

C   Der Arzt sagt, das sei Migräne.

D   Die Eltern würden sich Sorgen machen,

E   wenn sie nicht pünktlich nach Hause käme.

5. Formulieren Sie die Prädikatsformen, die Ihnen in diesem satirischen Text von Bastian Sick merkwürdig vorkommen, so um, dass der Konjunktiv richtig verwendet wird.

Bastian Sick: **Wenn man könnte, wie man wöllte**

Der Konjunktiv ist tot? Das söllte man nicht denken! Mancher meint, man könnte auf ihn verzichten, aber wer dürfte dann noch etwas möchten? Nein, der Konjunktiv ist quicklebendig. Und ist seine Form nicht eindeutig, dann biegen wir
5 sie so, wie wir sie bräuchten.

3. Die Anwendung des Konjunktivs I

Die korrekte Verwendung des Konjunktivs I ist vor allem wichtig bei der Analyse von rhetorischen Texten, wie zum Beispiel wissenschaftlichen Sachtexten und politischen Reden, aber auch von literarischen Texten, beispielsweise Dramen oder erzählenden Texten, etwa wenn Sie eine wörtliche Rede aus einer Erzählung für die Inhaltswiedergabe in indirekte Rede umformulieren müssen.

Als Beispiel wählen wir einen Ausschnitt aus dem Drama „Leben des Galilei" von Bertolt Brecht: In der letzten Szene des Dramas reist Galileis ehemaliger Schüler Andrea Sarti mit dem Manuskript von Galileis „Discorsi" von Italien über Deutschland in die Niederlande. Nachdem Andrea an der italienischen Grenze von einem Wächter kontrolliert worden ist und die Erlaubnis bekommen hat weiterzureisen, unterhält er sich noch kurz mit ein paar spielenden Kindern.

Bertolt Brecht: **Leben des Galilei, 15. Bild** (Auszug)

Text in alter Rechtschreibung

Andrea geht mit dem Kutscher, der die Kiste trägt, über die Grenze. Drüben steckt er das Manuskript Galileis in die Reisetasche.
DER DRITTE JUNGE *deutet auf den Krug, den Andrea hat stehenlassen:* Da!
DER ERSTE JUNGE Und die Kiste ist weg! Seht ihr, daß es der Teufel war?
5 ANDREA *sich umwendend:* Nein, ich war es. Du mußt lernen, die Augen aufzumachen. Die Milch ist bezahlt und der Krug. Die Alte soll ihn haben. Ja, und ich habe dir noch nicht auf deine Frage geantwortet, Giuseppe. Auf einem Stock kann man nicht durch die Luft fliegen. Er müßte zumindest eine Maschine dran haben. Aber eine solche Maschine gibt es noch nicht.
10 Vielleicht wird es sie nie geben, da der Mensch zu schwer ist. Aber natürlich, man kann es nicht wissen. Wir wissen bei weitem nicht genug, Giuseppe. Wir stehen wirklich erst am Beginn.

1. Setzen Sie die folgende Paraphrase dieses letzten Dialogs im Drama „Leben des Galilei" fort.

> Nachdem Andrea das Manuskript über die Grenze gerettet hat, steckt er es in die Reisetasche. Als der kleine Giuseppe abermals davon redet, dass die Kiste etwas mit dem Teufel zu tun habe, dreht Andrea sich um und widerspricht dem Jungen. Er sagt ihm, er …

_____

_____

_____

_____

Training 1: Zentrale Elemente der Gedichtanalyse

Von Schuljahr zu Schuljahr wurden und werden Sie mit der Analyse und Interpretation von lyrischen Texten konfrontiert. Und auch die nicht immer leichten Themen „Liebe" und „Beziehung" werden Ihnen gerade in dieser literarischen Gattung häufig begegnet sein und auch weiter begegnen. Doch warum dieser Fokus auf eine literarische Kleingattung? Welchen Sinn hat es, sich mit Rhythmus und Metrum, Metaphern und anderen rhetorischen Mitteln in Gedichten auseinanderzusetzen?

Es sind besonders ihre sprachliche Konzentriertheit und ihr Versuch, mit wenig viel auszudrücken, die Gedichte dazu prädestinieren, Wirkungs- und Funktionsweisen von Texten zu untersuchen, die sich dann auch auf andere Texte und Textformen übertragen lassen. Grundlegende Fähigkeiten im Umgang mit Texten allgemein lassen sich so einüben und schulen, nämlich:
- in verdichteten Texten sprachliche und stilistische Mittel erkennen,
- die enge Verbindung von Sprache/Stil mit inhaltlichen Aspekten eines Textes durchschauen und
- die Wirkungs- und Funktionsweisen von Sprache untersuchen.

Die Seiten dieses Kapitels sollen zunächst die affektive Seite von Gedichten in den Blick nehmen. Gefragt werden soll nach der Wirkung von lyrischen Texten, nach Stimmungen und Gefühlen, die sie vermitteln oder auch hervorrufen. Gefragt werden soll vor allem auch, wie genau dies funktioniert, welcher Mittel sich die Autoren bedienen, um eben solche Gefühle und Stimmungen zu transportieren oder gar bei uns als Lesern auszulösen.

Gerade die Untersuchung und Entschlüsselung der Funktionsweisen lyrischer Texte ist die Kernaufgabe der schriftlichen Gedichtanalyse, wie sie Ihnen in Klassenarbeiten bereits begegnet ist und Ihnen in weiteren Klausuren noch begegnen wird. Im zweiten Teil dieses Kapitels erarbeiten Sie Schritt für Schritt eine Gedichtanalyse und werden zu einem eigenen strukturierten Analyseaufsatz geführt.

1. Lyrische Wortfelder und ihre Konnotationen untersuchen

Zu erkennen und zu verstehen, wie Texte wirken, wie Sie z.B. Stimmungen und Gefühle erzeugen und transportieren, das ist der Kern zur Erschließung von Gedichten. Anhand einiger zentraler Phänomene bieten Ihnen die folgenden Übungen hierfür eine Trainingsmöglichkeit.

Rechts finden Sie kein fertiges Gedicht, sondern nur einige Wörter, die aus einem Gedicht des Romantikers Joseph von Eichendorff (1788–1857) stammen.

1. Schreiben Sie auf einem gesonderten Blatt unter Verwendung der vorgegebenen Wörter ein eigenes Gedicht zum Thema „Liebe und Beziehung" und geben Sie diesem einen passenden Titel. Verfassen Sie Strophen mit je vier Versen. Versuchen Sie, die Zuordnung der Wörter zu den jeweiligen Strophen beizubehalten. Die Flexion der Wörter können Sie gegebenenfalls verändern. Geben Sie Ihrem Gedicht einen treffenden Titel.

> jauchzt Seele
> singet
> glücklich
>
> drehen
> zerstreut
> fröhlich
>
> glänzet
> Schimmer
> herrlich Welt
>
> Freude
> Heide
>
> Liebchen herzinnig
> sehn

2. Vergleichen Sie nun Ihr Gedicht mit dem Originalgedicht von Joseph von Eichendorff. Hierbei soll es nicht um künstlerische Qualitäten gehen, achten Sie allein auf die Stimmung bzw. Atmosphäre, die beide Gedichte vermitteln.

Joseph von Eichendorff: **Glück** (1817)

Wie jauchzt meine Seele
Und singet in sich!
Kaum, dass ich's verhehle
So glücklich bin ich.

5 Rings Menschen sich drehen
Und sprechen gescheut,
Ich kann nichts verstehen,
So fröhlich zerstreut. –

Zu eng wird das Zimmer,
10 Wie glänzet das Feld,
Die Täler voll Schimmer,
Weit herrlich die Welt!

Gepresst bricht die Freude
Durch Riegel und Schloss,
15 Fort über die Heide!
Ach, hätt ich ein Ross! –

Und frag ich und sinn ich,
Wie so mir geschehn?: –
Mein Liebchen herzinnig,
20 Das soll ich heut sehn!

Meine Rekonstruktion	Vergleich mit Eichendorffs Gedicht

3. Günter Waldmann spricht von solchen Wortgebilden, wie Sie es am Anfang vervollständigt haben, von einem Gedicht-„Skelett". Erklären Sie diese Begriffsprägung.

4. Formulieren Sie Ihre in dieser ersten Übung gewonnenen Erkenntnisse zur Bedeutung lyrischer Wortfelder in Form eines Merksatzes, der Ihnen zukünftig bei der Entschlüsselung von Gedichten hilft.

Waldmann, Günter: Produktiver Umgang mit Lyrik. Eine systematische Einführung in die Lyrik, ihre produktive Erfahrung und ihr Schreiben. 11. Aufl. Baltmannsweiler 2010, S. 233.

2. Sprachliche Bilder erschließen

Sprachliche Bilder sind von entscheidender Bedeutung für die Konstruktion von Stimmung und Atmosphäre in Gedichten sowie für deren Aussagegehalt. Das Erkennen und die Decodierung dieser Bilder ist ein entscheidender Schritt, um die Wirkungsweisen von Gedichten zu verstehen.

Vergleich, Personifikation, Metapher und Symbol

1. Notieren Sie in Form eines Clusters Ihre spontanen und individuellen Vorstellungen zu den Begriffen „Schnee" und „Feuer".

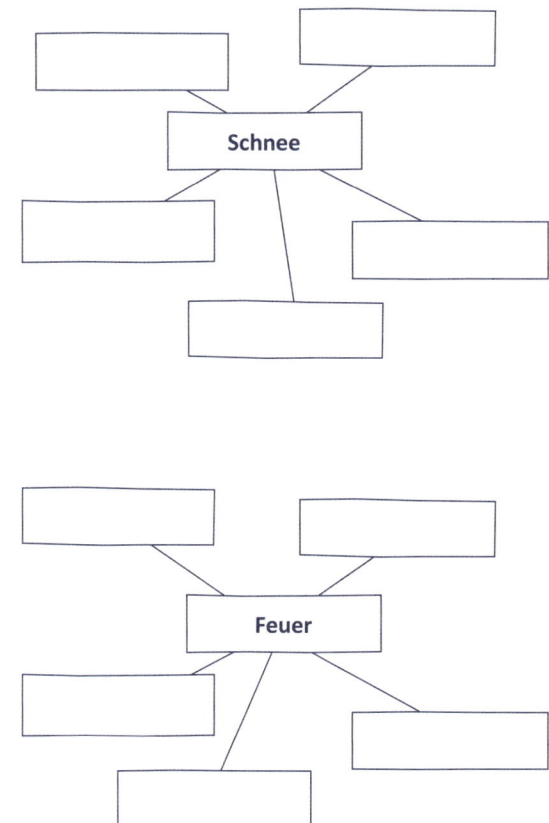

2. Lesen Sie das folgende Gedicht von Ulla Hahn. Übertragen Sie anschließend Ihre individuellen und spontanen Assoziationen zu den Begriffen „Schnee" und „Feuer" (Aufgabe 1) auf den Begriff der Liebe und erläutern Sie, welches Verständnis von Liebe für Sie in dem Vergleich des Mannes bzw. in der Metapher der Frau zum Ausdruck kommt.

Ulla Hahn: **Irrtum** (1988)

Und mit der Liebe sprach er ists
wie mit dem Schnee: fällt weich
mitunter und auf alle
aber bleibt nicht liegen.

5 Und sie darauf die Liebe ist
ein Feuer das wärmt im Herd
verzehrt wenns dich ergreift
muss ausgetreten werden.

So sprachen sie und so griff
10 er nach ihr sie schlugs nicht aus
und blieb auch bei ihm liegen.

Er schmolz sie ward verzehrt
sie glaubten bis zuletzt an keine Liebe
die bis zum Tode währt.

Formulierungen von Ulla Hahn	Mein subjektives Verständnis des Vergleichs/ der Metapher
Und mit der Liebe sprach er ists wie mit dem Schnee […].	
Und sie darauf die Liebe ist ein Feuer […].	

3. In Ulla Hahns Gedicht konkretisieren beide Partner ihr Verständnis von Liebe, wenngleich sie in diesem Text ihren jeweiligen Bildbereich nicht verlassen. Erklären Sie das Liebesverständnis der beiden Partner.

Liebesverständnis des Mannes	Liebesverständnis der Frau

4. Der Titel des Gedichts lautet „Irrtum". Vermutlich bezieht sich dieser auf die Diskrepanz zwischen Vorstellung und Realität von Liebe und Beziehung der beiden Partner.
- Vergleichen Sie Ihre erste Deutung der beiden Bilder mit denen, die Mann und Frau in dem Gedicht äußern.
- Könnte man den Titel des Gedichts auch auf die bildliche Ausdrucksweise selbst übertragen? Provozieren sprachliche Bilder wie Vergleiche oder Metaphern möglicherweise Irrtümer? Setzen Sie sich mit diesen Überlegungen auseinander.

INFO

Sprachliche Bilder

Vergleich: Durch eine vergleichende Konjunktion (*wie, als, als ob*) werden zwei Bedeutungsbereiche miteinander verknüpft. Einer Person, einer Eigenschaft oder Handlung wird ein anschauliches Bild zugeordnet, indem sich beide in einem Vergleichspunkt (Gemeinsamkeit/Ähnlichkeit zwischen beiden Bedeutungsbereichen) treffen.

Personifikation: Bei der Personifikation werden Dingen menschliche Eigenschaften oder Handlungen zugesprochen, d.h. sie werden vermenschlicht.

Metapher: Bei der Metapher kommt es zu einer Verbindung zweier eigentlich nicht verbundener Bedeutungsbereiche. Dabei besitzen die beiden Bedeutungsbereiche, also das Gesagte und das eigentlich Gemeinte, eine Gemeinsamkeit oder Ähnlichkeit, das sogenannte *tertium comparationis* (lat. das „Dritte des Vergleichs"). In dieser Gemeinsamkeit treffen sich in der Metapher beide Bedeutungsbereiche. Die Metapher rückt somit die Vorstellung aus dem anderen Bedeutungsbereich (dem Gesagten) in den Fokus und überträgt diese auf das eigentlich Gemeinte.

Symbol: Unter einem Symbol versteht man in der Literatur ein bildkräftiges Zeichen (Sinnbild), das auf einen höheren, abstrakten Bereich verweist. Ein Symbol ist so ein leicht fassbares Bild für einen komplexen Zusammenhang bzw. eine komplexe Bedeutung (z. B. symbolisiert ein Ring bei der Trauung die Liebe, die Unendlichkeit oder das Verbundensein).

5. Lesen Sie Goethes Gedicht „Mit einem gemalten Band" und erläutern Sie, was mit dem „gemalten Band" konkret und symbolisch gemeint ist.

Johann Wolfgang von Goethe: **Mit einem gemalten Band** (1775)

Kleine Blumen, kleine Blätter
Streuen mir mit leichter Hand
Gute junge Frühlingsgötter
Tändelnd auf ein luftig Band.

5 Zephir, nimm's auf deine Flügel,
Schling's um meiner Liebsten Kleid!
Und so tritt sie vor den Spiegel
All in ihrer Munterkeit.

Sieht mit Rosen sich umgeben,
10 Selbst wie eine Rose jung.
Einen Blick, geliebtes Leben!
Und ich bin belohnt genug.

Fühle, was dies Herz empfindet,
Reiche frei mir deine Hand,
15 Und das Band, das uns verbindet,
Sei kein schwaches Rosenband!

Zephir: Gott des Westwindes in der griechischen Mythologie; Zephir war in zahlreiche Liebesgeschichten verwickelt

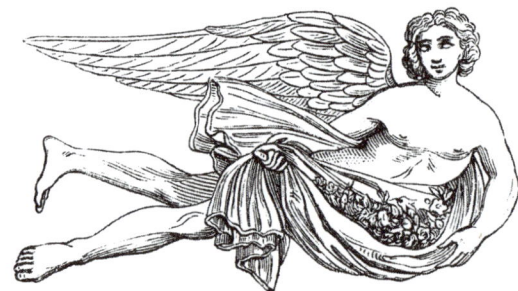

Darstellung von Zephir (Westwind)

Metonymie und Synekdoche

Wie die Metapher können auch Metonymie (wörtl. „Namenvertauschung, Umbenennung")
und Synekdoche (wörtl. „Mitverstehen"; gesprochen: Syn – ek – doch – ä) mit dem Begriff des
„uneigentlichen Sprechens" in Verbindung gebracht werden. Das eigentlich Gemeinte wird nicht direkt
ausgesprochen, sondern indirekt, sozusagen „durch die Blume". Dadurch erschließen sich jedoch weitere
Bedeutungsdimensionen. In ihrer Funktionsweise unterscheiden sich diese sprachlichen Bilder jedoch von
der Metapher oder vom Vergleich.

6. Erläutern Sie, was mit den verschiedenen Beispielen gemeint ist und in welchem Verhältnis das „uneigentlich
Gesagte" zum „eigentlich Gemeinten" steht. Suchen Sie weitere Beispiele und erläutern Sie auch diese.

Metonymie	Erläuterung
Berlin beschließt Steuerreform.	
Isst du noch einen Teller?	
Ich lese gerade Goethe.	
Er fährt einen Ford.	

Metonymie	Metapher
„Goethe lesen"	„jemandem das Herz brechen"

Metonymie	Metapher
	Verletzung eines vertrauten Menschen
Verschiebung: Reale Zusammengehörigkeit von Bezeichnung und Gemeintem	Ersatz: Ähnlichkeit zwischen Bezeichnungen (Bild und Gemeintem)

Synekdoche	Erläuterung
Wir verdienen unser täglich Brot.	
Die magischen Füße entscheiden das Finale!	
Der Deutsche trinkt gerne Bier.	
Er senkte das blutige Eisen in seine Brust.	

7. Erklären Sie folgende sprachliche Bilder wie im Beispiel.

Beispiel: „Er ist stark wie ein Bär" (Vergleich): Der Bär wird als größtes Landraubtier gemeinhin mit großer Stärke und Kraft assoziiert; setzt man also diese Stärke und Kraft durch den Vergleich in Beziehung zu einer Person, so wird auch deren Kraft besonders hervorgehoben und man kann sich ihre besondere Eigenschaft gut vorstellen.

„Die Äste wogen im Wind":

_____

_____

_____

_____

_____

„Ein Glas trinken":

_____

_____

_____

_____

_____

„Sie leben unter einem Dach":

_____

_____

_____

_____

_____

pars pro toto

(ein Teil steht für das Ganze)

8. Bestimmen Sie in folgendem Gedicht die sprachlichen Bilder und erklären Sie Ihre Funktion.

Edith Linvers: **Schnee von gestern** (1989)

Fröstelnd wandere ich rastlos umher.
Gedanken stampfen im Schnee
vergangener Zeit.
Zum Mörder wird sie mich machen,
5 diese Kälte,
sie hat uns entzweit.
Ich hauche ihr glühende Messer entgegen.
Schmilz, Schnee von gestern.
Stirb!

Beispiellösung
Edith Linvers,
„Schnee von
gestern": Bestim-
mung der sprach-
lichen Bilder
nd2ga8

3. Den Sprecher im Gedicht und die lyrische Situation untersuchen

1. Bestimmen Sie den Sprecher in folgendem Text und nennen Sie Unterschiede zwischen Sprecher-Ich und Autor-Ich.

Ich komm umsonst in den Club, denn ich bin Adolf Hitler.
Seiten-Scheitel-Swag, ja ich bin ein Hipster.
Häng grad im Ritz mit Karl Lagerfeld rum,
wer mich disst, ist entartete Kunst. […]

Maxim Drüner/
Tarek Ebene/
Nico Seyfrid
© K.I.Z. Edition

_____

_____

_____

_____

_____

_____

_____

_____

_____

_____

Autor und Sprecher

INFO

Grundsätzlich ist auch in der Lyrik zwischen Autor und Sprecher zu unterscheiden. Zwar kann ein Autor in einem Gedicht eigene Erfahrungen verarbeiten oder diese in den Text einfließen lassen, auch kann sich das Autor-Ich in einem Gedicht offen zu erkennen geben. Doch bleiben das Ich oder die indirekte Sprecherinstanz eine textinterne Instanz, eine Rolle, in die der Autor schlüpft, wenn er Erfahrungen, Gefühle, Gedanken äußert oder Ereignisse beschreibt. Diese können zwar mit faktisch Erlebtem korrespondieren, doch sind sie in einem lyrischen Text literarisch vermittelt und poetisiert. Die Grenze von der Faktualität zur Fiktionalität ist somit geöffnet.

Sprecher, Adressat und lyrische Situation

Der Sprecher eines Gedichts kann als sogenanntes lyrisches Ich auf sich selbst verweisen, entweder mit dem Personalpronomen „ich" bzw. mit dem Possessivpronomen „mein" oder manchmal auch im Plural (das lyrische Ich schließt sich dann in einem „wir" mit ein). Zwar trifft man in Gedichten häufig auf ein sich äußerndes Ich, doch kann auch eine nicht konkret greifbare Sprecherinstanz über Figuren, Ereignisse usw. sprechen, d. h. wir können dann von einem Sprecher im Gedicht ausgehen, der dem Leser den Text vermittelt.

Die Situation, in der sich der Sprecher im Gedicht befindet, wird als lyrische Situation bezeichnet: Wo spricht er, was spricht er, zu wem (= Adressat) und warum spricht er und in welcher inneren Verfasstheit befindet er sich?

2. Der folgende Text ist ein Ausschnitt des Liedes „Keine Lieder über Liebe" der deutschen Band „Ich kann fliegen". Erläutern Sie die Besonderheit der Situation der Veröffentlichung: Was geschieht, wenn ein Sänger-Ich, das womöglich zugleich Autor-Ich ist, dieses Lied veröffentlicht, also z. B. auf die Bühne tritt und dieses Lied singt?

Kein Song auf dieser Welt
Ist so groß wie du
So wie du[1]

[1] Niklas Kubitschke/Tobias Felix Kuhn/Bill Liederwald/Jochen Naaf/Paul Schüler/Nikolas Stege/Sebastian Wehlings
© Labelmate Songs Musikverlag Tobias Kuhn/Laserlaser Publishing Inh. Erik Laser/Ten Thirteen Musikverlag Sebastian Wehlings/
Topspin Hangar, Edition/Universal Publishing GmbH

_____

_____

_____

_____

3. Im Folgenden finden Sie drei mögliche Situationen im Verhältnis Sprecher/lyrisches Ich und Adressat. Suchen Sie unter den Gedichten dieses Kapitels (Eichendorff: „Glück", Seite 103, Hahn: „Irrtum", Seite 104, Goethe: „Mit einem gemalten Band", Seite 106, Linvers: „Schnee von gestern", Seite 109) jeweils das zur Situation gehörige Gedicht und notieren Sie es in der Reihe „Beispiel".

Situation	lyrisches Ich wendet sich im Verlauf des Gedichts unterschiedlichen Adressaten zu	lyrisches Ich wendet sich an einen nicht näher zu bestimmenden Adressaten	lyrisches Ich wendet sich an keinen bestimmten Adressaten
Beispiel			

4. Untersuchen Sie noch einmal genauer die Gedichte „Glück" (Eichendorff, Seite 103), „Irrtum" (Hahn, Seite 104) sowie den Auszug aus dem Text „Keine Lieder über Liebe" (Seite 110) und benennen Sie jeweils die Besonderheit bezüglich der lyrischen Situation.

Eichendorff: „Glück": _____

_____

_____

_____

Hahn: „Irrtum": _____

_____

_____

_____

„Keine Lieder über Liebe": _____

_____

_____

_____

5. Der folgende Text ist der Anfang des Liedes „Keine Lieder über Liebe" der deutschen Band „Ich kann fliegen". Untersuchen Sie, wer spricht bzw. wer angesprochen wird und was das Ich über sein Tun und seine Pläne aussagt.

> Wir sind nicht vom selben Stern
> Ich kann deinen Herzschlag nicht hören
> Du bist nicht das Beste
> Das mir jemals passiert ist
> 5 Ich will dir nicht sagen
> Dass du das Größte für mich bist
> Sie haben uns kein Denkmal gebaut
> Ich hab keine Flugzeuge im Bauch
>
> Ich schreib keine Lieder über Liebe
> 10 Keinen Song auf dieser Welt
> Keine Zeile, die mir einfällt
> Ich schreib keine Lieder über Liebe [1]

[1] Niklas Kubitschke/Tobias Felix Kuhn/Bill Liederwald/Jochen Naaf/Paul Schüler/Nikolas Stege/Sebastian Wehlings
© Labelmate Songs Musikverlag Tobias Kuhn/Laserlaser Publishing Inh. Erik Laser/Ten Thirteen Musikverlag Sebastian Wehlings/
Topspin Hangar, Edition/Universal Publishing GmbH

_____

_____

_____

_____

_____

_____

_____

6. Der Text zu Aufgabe 5 spielt mit Zitaten. Finden Sie heraus, welche Zitate enthalten sind? Machen Sie sich auf einem gesonderten Blatt entsprechende Notizen.

Training 2: Lyrische Texte schriftlich interpretieren

Im Training 1 haben Sie sich mit zentralen Elementen der Gedichtanalyse befasst. Aus Ihrer Erfahrung wissen Sie jedoch, dass es noch viele weitere Aspekte zu berücksichtigen gilt. Bevor Sie mit einer schriftlichen Gedichtanalyse beginnen, können Sie nun Ihr Wissen überprüfen. Dafür finden Sie hier die erste Strophe aus der frühen Fassung von Goethes (1749–1832) Gedicht „Willkommen und Abschied", daneben einige für lyrische Texte und den Umgang mit ihnen grundlegende Fachbegriffe.

1. Elemente der Gedichtanalyse reorganisieren

1. Aktivieren Sie Ihr Wissen bezüglich der vorgegebenen Fachbegriffe und ordnen Sie diese dem Ausschnitt aus Goethes Gedicht zu.

Johann Wolfgang von Goethe:
Willkommen und Abschied (1771)

Es schlug mein Herz. Geschwind, zu Pferde!
Und fort, wild wie ein Held zur Schlacht.
Der Abend wiegte schon die Erde,
Und an den Bergen hing die Nacht.
5 Schon stund im Nebelkleid die Eiche
Wie ein getürmter Riese da,
Wo Finsternis aus dem Gesträuche
Mit hundert schwarzen Augen sah.

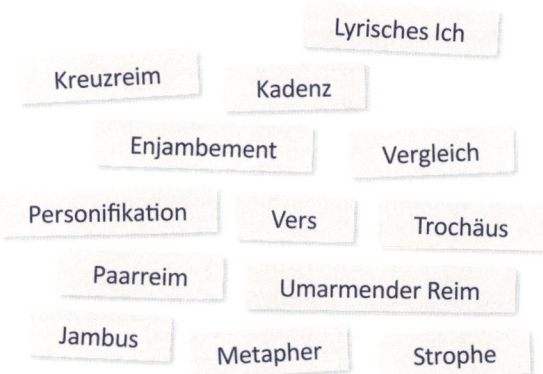

Lyrisches Ich · Kreuzreim · Kadenz · Enjambement · Vergleich · Personifikation · Vers · Trochäus · Paarreim · Umarmender Reim · Jambus · Metapher · Strophe

2. In der folgenden Analyse der ersten Strophe von Goethes Gedicht ist einiges daneben geraten. Notieren Sie neben dem Text die Unstimmigkeiten.

> In der ersten Strophe, die im regelmäßigen Kreuzreim verfasst ist, finden sich viele Metaphern und die Finsternis wird personifiziert. Auch wird die Natur mit Vergleichen beschrieben. Ein lyrisches Ich reitet auf einem Pferd durch diese nächtliche Natur und scheint aufgeregt.

3. Vermutlich ist es auch Ihnen – wie vielen anderen – nie ganz leicht gefallen, Analysen von Gedichten in der gewünschten Präzision zu verfassen. Machen Sie sich bewusst, worin diese Schwierigkeiten bestehen.

Meine Schwierigkeiten beim Verfassen von Analysen von Gedichten:

A Mir fällt es schwer, stilistische Besonderheiten im Hinblick auf ihre Wirkung und Bedeutung zu erklären.

B _____

C _____

D _____

2. Eine Gedichtinterpretation vorbereiten

Den Text überfliegen und die Aufgabenstellung erfassen

Im Folgenden sollen Sie nun Schritt für Schritt zu einer Gedichtanalyse geführt werden. Grundlage ist das Gedicht „liegen, bei dir" von Ernst Jandl. Die Aufgabenstellung (wie sie auch in einer Klausur möglich wäre) lautet:

KLAUSURTHEMA

Analysieren Sie das Gedicht „liegen, bei dir" unter Beachtung seiner sprachlichen und stilistischen Gestaltung im Hinblick auf:
- die Art der hier dargestellten Beziehung;
- die Bedeutung des im Text angesprochenen „Du" für das lyrische Ich.

1. Überfliegen Sie den Text und lesen Sie die Aufgabenstellung. Formulieren Sie in eigenen Worten, was von Ihnen verlangt wird.

_____

_____

_____

_____

Ernst Jandl: **liegen, bei dir** (1956)

ich liege bei dir. deine arme
halten mich. deine arme
halten mehr als ich bin.
deine arme halten, was ich bin
5 wenn ich bei dir liege und
deine arme mich halten.

2. Lesen Sie das Gedicht noch einmal gründlich. Formulieren Sie anschließend erste Deutungsansätze bzw. Verstehenshypothesen.

Deutungsansätze/Deutungshypothesen:

– Harmonie und Gemeinschaft von Ich und Du

– _____

– _____

– Das Gedicht wirkt wie eine Liebeserklärung

– _____

– _____

Verstehenshypothesen und Deutungsansätze formulieren

Aufgabenstellungen (auch in den Zentralen Prüfungen und im Zentralabitur) geben Ihnen in der Regel Analyseaspekte zur Fokussierung vor. Schon bei der Formulierung von Verstehenshypothesen bzw. Deutungsansätzen ist es für Sie hilfreich, sich an den vorgegebenen Aspekten zu orientieren und diese mit Inhalt zu füllen. Darüber hinaus erleichtert Ihnen diese Aufgabenstellung die Formulierung einer aspektorientierten schriftlichen Analyse (siehe unten).

Den Text aspektorientiert untersuchen

3. Arbeiten Sie nun systematisch mit Ihrer Textvorlage: Unterstreichen und markieren Sie die sprachlichen, stilistischen und inhaltlichen Auffälligkeiten.

Die aspektorientierte Untersuchung vorbereiten

Im ersten Teil dieses Kapitels haben Sie zentrale Gestaltungsmittel lyrischer Texte kennengelernt. Nutzen Sie verschiedene Farben und Symbole etwa für:
- wichtige Motive und Bildbereiche, Schlüsselwörter und Wortfelder
- Wahl und Verwendung der Pronomina
- sprachliche Bilder
- mögliche weitere rhetorische Figuren (z. B. Klimax und Antiklimax)
- …

Machen Sie sich zudem einige Notizen zu:
- Aufbau und Form
- Versbau und Metrum
- Reimschema

In diesem ersten analytischen Zugriff ist eine Ordnung und Gliederung ihrer Analyseergebnisse (noch) nicht wichtig. Vielmehr zählt zunächst die Vollständigkeit. Eine am Inhalt und den Analyseaspekten orientierte Ordnung erfolgt anschließend.

4. Sichten Sie nun Ihre Untersuchungsergebnisse und überprüfen, korrigieren, ergänzen oder streichen Sie Ihre ersten Deutungsansätze.

Die Deutungsansätze überprüfen und ordnen

Wenn am Ende noch Untersuchungsergebnisse übrigbleiben, von Ihnen herausgefundene Auffälligkeiten des Textes sich nicht zuordnen lassen oder möglicherweise gar Ihren Deutungsansätzen widersprechen, ist es nun an der Zeit, Ihre Deutungsansätze nochmals zu überprüfen und ggf. zu verändern bzw. zu ergänzen.

Um eine stringente – aspektorientierte – Analyse erstellen zu können, sollten Sie die Ergebnisse Ihrer Untersuchung vorher ordnen.

5. Systematisieren, gliedern und ordnen Sie Ihre Untersuchungsergebnisse. Ordnen Sie Ihre Einzelergebnisse den von Ihnen formulierten Deutungsansätzen zu. Führen Sie hierfür die vorgegebene und bereits begonnene Mindmap fort. Sollte der Platz nicht reichen, so übertragen Sie sie auf ein gesondertes Blatt.

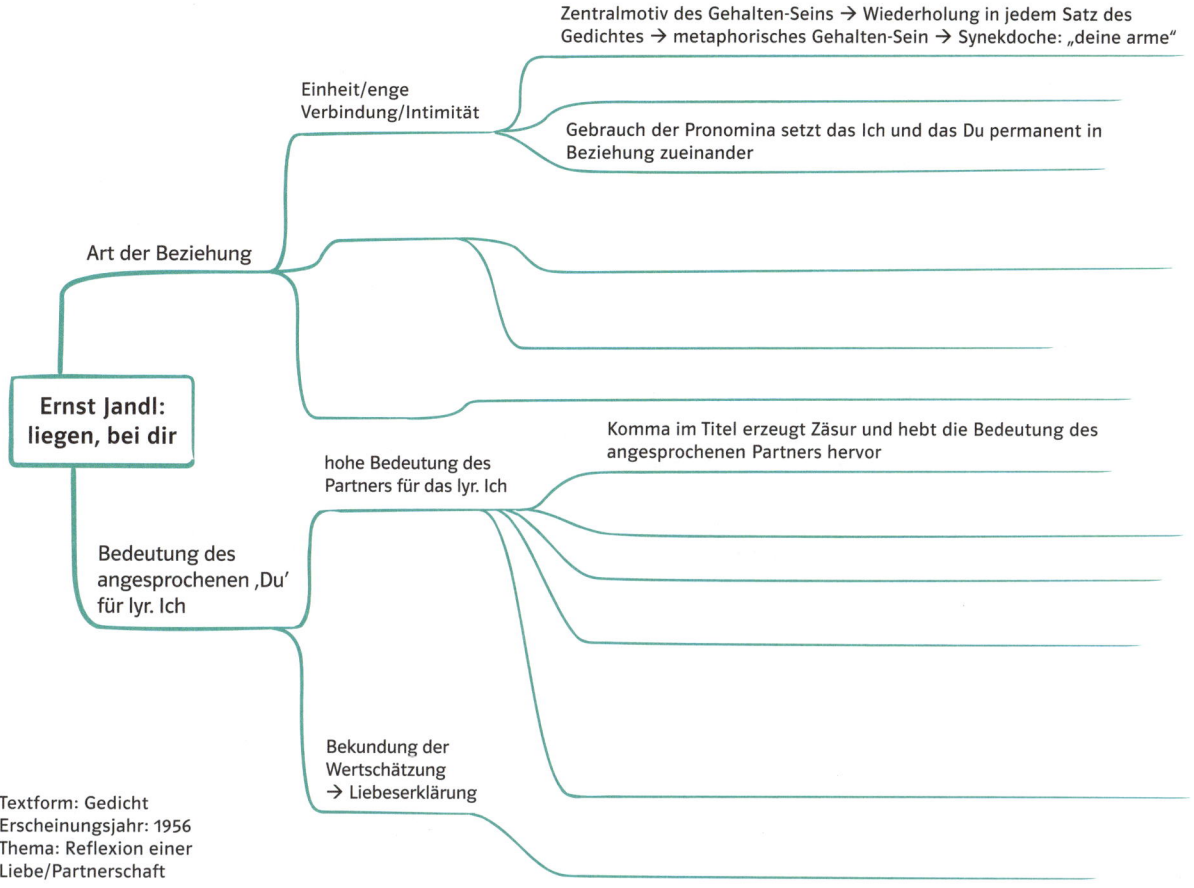

Art der Beziehung

Einheit/enge Verbindung/Intimität

Zentralmotiv des Gehalten-Seins → Wiederholung in jedem Satz des Gedichtes → metaphorisches Gehalten-Sein → Synekdoche: „deine arme"

Gebrauch der Pronomina setzt das Ich und das Du permanent in Beziehung zueinander

Ernst Jandl: liegen, bei dir

hohe Bedeutung des Partners für das lyr. Ich

Komma im Titel erzeugt Zäsur und hebt die Bedeutung des angesprochenen Partners hervor

Bedeutung des angesprochenen ‚Du' für lyr. Ich

Bekundung der Wertschätzung → Liebeserklärung

Textform: Gedicht
Erscheinungsjahr: 1956
Thema: Reflexion einer Liebe/Partnerschaft

Eine These/Gesamtdeutung formulieren

Gerade im Zuge einer aspektorientierten Analyse ist es wichtig, dass Sie abschließend noch eine These/Gesamtdeutung des behandelten Textes formulieren, um Ihre Ergebnisse zusammenzufassen. Beziehen Sie sich in dieser vor allem auch auf Ihre Deutungsansätze.

6. Formulieren Sie zum Abschluss in einigen Sätzen eine zusammenfassende Gesamtdeutung des Gedichts.

_____

_____

_____

_____

_____

_____

_____

3. Die Gedichtinterpretation verfassen

Die Nuss ist geknackt, die grundlegende Arbeit haben Sie nun hinter sich gebracht. Für eine schlüssige und stringente Form Ihrer schriftlichen Analyse braucht es jedoch noch weitere Arbeitsschritte. Ein schriftlicher Analyseaufsatz sollte immer in drei Teile gegliedert sein: die Einleitung, den Hauptteil und einen Schluss. Für das Erstellen einer Gliederung können Sie ausgehend von Ihren Ergebnissen nun Schritt für Schritt vorgehen.

Die Einleitung formulieren

Den Einleitungssatz formulieren

Zwar spricht man meist von *dem* Einleitungssatz, doch müssen Sie sich nicht sklavisch an diesen Sprachgebrauch halten. Hierbei können Sie Gefahr laufen, syntaktische Ungetüme zu produzieren. Es kann also durchaus sinnvoll sein, die nötigen Informationen auf zwei oder mehrere Sätze zu verteilen und so die Lesbarkeit des eigenen Textes zu erhöhen und auch mögliche Fehlerquellen zu vermeiden.

Die Einleitung Ihres Analyseaufsatzes hat die Funktion, Ihre Leser auf die Analyse vorzubereiten und sie über den zu analysierenden Text zu informieren. Dem Ziel der Information dient zunächst der Einleitungssatz. Hier geben Sie Informationen zum Text selbst (Textsorte, Titel, Erscheinungsjahr), nennen den Autor und das Thema. Die hier auftretende Schwierigkeit ist, das Thema des Gedichts prägnant zu formulieren.

1. Schreiben Sie alle für die Einleitung/den Einleitungssatz relevanten Informationen zu dem zu analysierenden Gedicht in die Gliederungsbox (Seite 118).

Auf der Grundlage der Vorarbeiten den Hauptteil entwickeln

Zwar kennt Ihr Leser nun den behandelten Text und dessen Thema, doch weiß er noch nichts über dessen Gehalt. Da die lyrischen Texte, mit denen Sie es in Ihrer weiteren Schullaufbahn zu tun bekommen, anders als Balladen in der Regel keine ausführlichen Handlungen aufweisen, kann die Text- und Inhaltsbeschreibung meist relativ kurz ausfallen. Orientieren Sie sich hierbei etwa an folgenden Fragen:
- Wer spricht in dem Gedicht?
- Gibt es einen Adressaten?
- Aus welcher Situation heraus wird gesprochen?
- Gibt es eine wirkliche Handlung oder Entwicklung? Wenn ja, so sollten Sie diese – auch in ihrer Entwicklung – kurz skizzieren.
- Ist das Gedicht ein reines Stimmungsgedicht? Wenn ja, so stellen Sie die im Text angesprochenen oder beschriebenen Aspekte dar (z. B. Blick des lyrischen Ichs auf eine bestimmte Landschaft oder bestimmte Naturphänomene, Darstellung der Nacht …).

Neben der Darstellung des Inhalts erscheint es bei der Gedichtanalyse sinnvoll, in der Vorbereitung auf den Hauptteil bereits kurz die formalen „Eckdaten" des behandelten Gedichts zu beschreiben (Strophenzahl, Strophenbau – Anzahl der Verse, Reimschema – Versbau – Metrum, Kadenzen).

Die formalen Eckdaten darstellen

Diese erste Darstellung der Form befreit Sie nicht davon, in der Analyse, wenn es sinnvoll erscheint, nochmals die hier genannten formalen Aspekte aufzugreifen und in Ihre Untersuchung der verschiedenen Aspekte mit einzubeziehen. Zwar sollten diese formalen Bauprinzipien im Sinne einer Analyse und Deutung nicht überstrapaziert werden, doch unterstützen Strophenbau, Reimschema oder Metrum häufig auch inhaltliche Aussageaspekte der Texte (besonders interessant wird es, wenn es zu Brüchen in einem sonst regelmäßigen Schema kommt).

2. Notieren Sie auf einem gesonderten Blatt die wesentlichen inhaltlichen wie formalen Aspekte des zu analysierenden Gedichts. Nutzen Sie auch hier das vorgegebene Gliederungsschema.

Nun fehlt nur noch, dass Sie den roten Faden in die Hand nehmen, d. h. die aspektorientierte Analyse vorbereiten. Dieser rote Faden hilft Ihnen bei der Formulierung und Organisation Ihres Textes und soll anschließend auch den Leser durch Ihre Analyse führen. Wenn Sie zum Ende Ihrer Einleitung erste Deutungsthesen oder möglicherweise auch Fragen formulieren, so wissen Sie, welche Aspekte Sie nun zu behandeln bzw. welche Fragen Sie zu beantworten haben. Aber auch der Leser weiß, was er im Folgenden zu erwarten hat.

3. Untersuchen Sie die beiden Varianten einer Überleitung zum Hauptteil. Nennen Sie Vor- und Nachteile der Formulierung von Deutungsthesen bzw. Fragen.

Gelenkstelle (der Anfang des roten Fadens)	Vor- und Nachteile
A Doch zu welchem Ergebnis kommt das lyrische Ich bei seinen Reflektionen? Welche Erkenntnis gewinnt es über seine Beziehung und welche Bedeutung wird dem Partner beigemessen?	
B Die vom lyrischen Ich beschriebene Beziehung erscheint insgesamt sehr positiv und harmonisch. Gerade der vom lyrischen Ich angesprochene Partner scheint in seinem Tun und in seinem Dasein hierfür von besonderer Bedeutung zu sein.	

Die Richtung Ihrer Analyse ist Ihnen durch die Analyseaspekte der Aufgabenstellung bereits vorgegeben. Gehen Sie auf diese auch in der Formulierung der Deutungshypothesen am Ende der Gelenkstelle ein. Nutzen Sie Ihre Vorarbeiten, Ihre zentralen Deutungsaspekte haben Sie bereits formuliert. Vorsicht: Fassen Sie sich in dieser Gelenkstelle möglichst kurz und konzentrieren Sie sich auf die wesentlichen Deutungsrichtungen im Hinblick auf die vorgegebenen Analyseaspekte. So vermeiden Sie Wiederholungen.

4. Notieren Sie auch für die Gelenkstelle Ihres Analyseaufsatzes einige Stichworte zu Deutungshypothese(n) oder Leitfrage(n), die den Weg in den Hauptteil weisen.

In der Regel gibt allein eine aspektorientierte Analyse ihrem Aufsatz eine klare Struktur. Die in der Aufgabenstellung vorgegebenen Analyseaspekte und die darauf bezogenen und von Ihnen erarbeiteten Deutungsansätze können Ihren Text strukturieren. Diesen sollten Sie dann Ihre Analyseergebnisse zuordnen. Rhetorische Mittel und andere sprachliche, stilistische oder formale Auffälligkeiten werden so nicht einfach textdurchschreitend genannt, sondern auf ihre Funktion hin mit Ihren Deutungsansätzen verbunden. Somit erhalten Ihre Deutungen an Gewicht und überzeugen Ihre Leser bzw. Lehrer.

5. Übertragen Sie nun Ihre Analyseergebnisse, die Sie in der Mindmap strukturiert dargestellt haben, in eine lineare Struktur. In der vorstrukturierten Gliederung auf der nächsten Seite ist bereits ein Anfang gemacht. Führen Sie diese entsprechend Ihren Ergebnissen fort.

Den Schluss formulieren

Im Schlussteil Ihres Aufsatzes machen Sie einen Knoten in Ihren roten Faden und greifen in einem zusammenfassenden Fazit die Deutungshypothesen bzw. Fragen aus der Einleitung wieder auf. Achten Sie darauf, dass der Schluss nicht zu ausführlich und damit wiederholend wird. Konzentrieren Sie sich auch hier auf das Wesentliche.

6. Notieren Sie die wesentlichen Aspekte, die Sie im Schlussteil aufgreifen wollen. Greifen Sie zurück auf Ihre Gesamtdeutung und achten Sie darauf, dass der Schlussteil in Form eines Rahmens auf die in der Gelenkstelle formulierten Deutungsthesen bzw. Leitfragen zurückgreift.

Gliederungsvorschlag

Einleitung: _____

_____

Hauptteil:

1. Textbeschreibung

   a) Form: _____

   _____

   b) Inhalt: _____

   _____

2. Gelenkstelle:

   _____

   _____

3. Präsentation der aspektorientierten Analyse

   a) Art der Beziehung:

   i. Einheit, enge Verbindung, Intimität

      – Zentralmotiv des Gehaltenseins …

      – Gebrauch der Pronomina

      – _____

      – _____

      – _____

   ii. _____

   b) Bedeutung des angesprochenen „Du" für das lyrische Ich

   i. hohe Bedeutung des Partners

      – Komma im Titel ⟶ Zäsur

      – _____

      – _____

      – _____

   ii. Bekundung der Wertschätzung

      – _____

      – _____

Schluss: _____

_____

Im Folgenden finden Sie Teile eines möglichen Analysetextes. Diese beginnen mit der Präsentation der aspektorientierten Analyse. In der rechten Spalte wird die textorganisierende Funktion der jeweiligen Teile erläutert. Dies kann Ihnen eine Hilfe bei der Niederschrift der eigenen Analyse sein. Gerade die Verknüpfung der verschiedenen Ergebnisse bereitet häufig Schwierigkeiten.

7. Ergänzen Sie die Erläuterungen zur Funktion der Teile.

Analysetext	Funktion
Das Zentralmotiv des Textes ist das Beieinanderliegen der beiden Partner. Dieses wird im Titel und in jedem der vier Sätze des Gedichts aufgegriffen. Die Partner wirken somit als eine Einheit, womit ihre Beziehung sehr eng und intim erscheint. Diese enge Bindung der beiden wird durch den ständigen Gebrauch der Pronomina und die damit einhergehende ständige Verbindung von Ich und Du verdeutlicht …	Beginn der Analyse mit auffälligstem Merkmal/Motiv des Textes
Doch erhält die Formulierung „liegen, bei dir" noch eine weitere, eine tiefere Dimension. Nicht nur die Einheit der Partner und die Harmonie in der Beziehung werden hierdurch zum Ausdruck gebracht …	

8. Schreiben Sie nun unter Rückgriff auf Ihre Gliederung und Ihre Vorarbeiten den vollständigen Analyseaufsatz auf ein gesondertes Blatt.

9. Überarbeiten Sie abschließend Ihren Analyseaufsatz. Überprüfen Sie diesen nochmals mithilfe Ihrer Gliederung und der Checkliste. Achten Sie zudem darauf, ob Sie die verschiedenen Teile des Aufsatzes sinnvoll miteinander verknüpft haben.

Beispiellösung
Ernst Jandl,
„liegen, bei dir":
Analyse und
Interpretation
56uh5e

Die Gedichtanalyse überarbeiten

CHECKLISTE

Einleitung

✔ Mein Einleitungssatz/Meine Einleitungssätze enthält/enthalten alle relevanten Informationen zum Text.

✔ Ich habe das Thema des Gedichts abstrakt und prägnant formuliert und keine verkappte Inhaltsangabe geschrieben.

Hauptteil

✔ In der Textbeschreibung stelle ich den Inhalt kurz und präzise dar, ohne bereits zu deuten oder zu analysieren; zudem beschreibe ich die wesentlichen Aspekte des formalen Aufbaus.

✔ In einer Gelenkstelle habe ich über Fragen oder Deutungshypothesen den roten Faden ausgelegt. Es wird nachvollziehbar, in welche Richtung die Präsentation der aspektorientierten Analyse geht.

✔ In der Präsentation der aspektorientierten Analyse habe ich
  – alle in der Aufgabenstellung geforderten Analyseaspekte behandelt;
  – meine Deutungsansätze auf die Analyseaspekte bezogen;
  – alle meine Untersuchungsergebnisse eingebracht;
  – formale und stilistische Auffälligkeiten und rhetorische Mittel im Hinblick auf ihre Funktion und Bedeutung erläutert und den jeweiligen Analyseaspekten bzw. Deutungsansätzen zugeordnet;
  – gute Übergänge formuliert und Zusammenhänge aufgezeigt; die Präsentation der aspektorientierten Analyse folgt also einem roten Faden.

Schluss

✔ Mein Schlussteil fasst die wesentlichen Ergebnisse zusammen, ohne zu wiederholen.

✔ Mein Schluss stellt im Rahmen einer Gesamtdeutung Zusammenhänge zwischen den vorgegebenen Deutungsaspekten her.

Sie haben nun einen aspektorientierten Analyseaufsatz verfasst. Aus Ihrer bisherigen Erfahrung im Umgang mit Gedichten sind Sie es womöglich anders gewohnt, nämlich die Gedichte Strophe für Strophe und Vers für Vers in einem textdurchschreitenden bzw. linearen Vorgehen zu analysieren.

10. Reflektieren Sie Probleme und Schwierigkeiten, aber auch die Vorteile, die die für Sie möglicherweise neue Art der aspektorientierten Gedichtanalyse geboten hat. Überlegen Sie abschließend mögliche Vor- und Nachteile der beiden verschiedenen Vorgehensweisen.

Art der Analyse	Vor- und Nachteile
Textdurchschreitende/lineare Analyse:	
Aspektorientierte Analyse:	

Fazit: _____

_____

_____

_____

_____

4. Den Lernfortschritt überprüfen

Zur Sicherung Ihrer eigenen Kenntnisse und Fertigkeiten können Sie sich nun mit drei Ausschnitten aus einem möglichen Analysetext zu dem Ihnen aus dem ersten Teil des Kapitels bekannten Gedicht „Glück" von Joseph von Eichendorffs (Seite 103) auseinandersetzen (die Ausschnitte entstammen dem Hauptteil des Analyseaufsatzes).

1. Korrigieren Sie die folgenden Ausschnitte und notieren Sie hierfür neben dem Text positive und negative Aspekte.

In der ersten Strophe des Gedichts wird die Seele personifiziert. Sie jauchzt und singt (vgl. V. 1 f.). Die Seele als Kern des Menschen spiegelt somit in ihrem Singen und Jauchzen
5 die Gefühlslage des Autors. Er bringt nämlich im Anschluss zum Ausdruck, dass er glücklich ist und er dieses Glück kaum verbergen kann (V. 3 f.) ...
In der zweiten Strophe beschreibt das lyrische
10 Ich seine Umgebung, zeigt jedoch, dass es von

Gut: Das rhetorische Mittel (Personifikation) wird nicht bloß genannt, sondern auf seine Funktion und Wirkung hin erläutert.

all dem Treiben der Menschen um es herum
nichts mitbekommt und das Reden der Menschen nicht versteht, da es froh und glücklich
ist. Das Pronomen Ich steht am Anfang des
15   dritten Verses und damit in Opposition zu den
Menschen ringsum im ersten Vers. Durch diese
Opposition wird die Gefühlslage des lyrischen
Ichs hervorgehoben, das sich durch sein Glück
und seinen Frohsinn von den anderen Men-
20   schen abhebt. Diese „drehen" sich womöglich
verwundert nach ihm um, da sie in ihrem
gescheiten Reden das emotionale Glück des
lyrischen Ichs nicht nachvollziehen können. ...
Auch in der vierten Strophe verwendet der
25   Autor eine Personifikation. Diesmal bricht die
Freude des lyrischen Ichs metaphorisch durch
„Riegel und Schloss" und zieht „[f]ort über die
Heide". Auch hier werden das Glück und die
Freude des Autors zum Ausdruck gebracht.
30   Das lyrische Ich wünscht sich in einem beinahe
verzweifelten Ausruf („Ach", V. 16) ein Pferd,
um die Trennung von seinem „Liebchen" (V. 19),
das er heute wiedersehen soll, schneller zu
überwinden.

Fazit: _____

_____

_____

2. Wenn Sie auch bei sich noch Probleme festgestellt haben, können Sie – entsprechend dem Vorgehen im
letzten Kapitel – an den anderen Texten aus diesem Heft weiterarbeiten.
Mögliche Aufgabenstellungen wären:

KLAUSURTHEMEN

Analysieren Sie Ulla Hahns Gedicht „Irrtum" (Seite 104) unter Beachtung seiner sprachlichen und stilistischen
Gestaltung im Hinblick auf:

– das Liebesverständnis der beiden Partner;
– die Art der hier dargestellten Beziehung und die Auswirkungen der Vorstellungen von Liebe der beiden
  Partner auf diese Beziehung.

Analysieren Sie Ulla Hahns Gedicht „Bildlich gesprochen" (Lösungsheft, Seite 29) unter Beachtung seiner
sprachlichen und stilistischen Gestaltung im Hinblick auf:

– die Bedeutung des Partners für das lyrische Ich;
– die Vorstellung von einer Beziehung, wie sie das lyrische Ich zum Ausdruck bringt.

Beispiellösung
Ulla Hahn,
„Irrtum":
Analyse und
Interpretation
t9ke3z

Beispiellösung
Ulla Hahn,
„Bildlich
gesprochen":
Analyse und
Interpretation
kz262e

Sprachtraining: Gedanken verknüpfen

„Die Sprache ist so logisch wie ihr Sprecher", heißt es in einem Gedicht der galizischen deutschsprachigen Schriftstellerin Mascha Kaléko (1907–1975). Tatsächlich ist die Sprache an sich vieldeutig, vielschichtig, vage und alles andere als logisch. In der Sprache sieht es oft aus wie in einem etwas unaufgeräumten Werkzeugkasten: Die Werkzeuge werden nicht wirklich gepflegt und liegen eher ungeordnet herum. Wer sie sinnvoll einsetzen will, muss erst einmal im Werkzeugkasten aufräumen und die Instrumente in eine klare Ordnung bringen.

1. Die Verknüpfung von Gliedsätzen

1. Untersuchen Sie unter diesem Aspekt die folgenden Beispielsätze und versuchen Sie, korrekte (logische) Sinnzusammenhänge herzustellen.

A Der Sprachwissenschaftler Peter Eisenberg, der wo ein wichtiges Buch über „Das Fremdwort im Deutschen" geschrieben hat, behauptet: „Fremdwörter sind Wörter der deutschen Sprache."

B In Eisenbergs Standardwerk, wo Tausende von Fremdwörtern systematisch untersucht werden, wird deutlich, dass das Deutsche ohne Fremdwörter eine arme Sprache wäre.

C Der Anglizismus „Computer" ist insofern ein Wort des Deutschen, als dass er, anders als im Englischen, großgeschrieben wird und einen Genitiv auf „s" hat.

D Fremdwörter werden bekämpft und verboten, weil man will die deutsche „Muttersprache" vor „fremden" Einflüssen schützen.

E Oft hat man versucht, Fremdwörter einzudeutschen, trotzdem dadurch viel sprachlicher Unsinn (wie „Menschenschlachter" als Ersatz für „Soldat") entstanden ist.

F Doch gibt es auch „Bildungsprotze", die umso mehr Fremdwörter benutzen, umso mehr Leute ihnen zuhören.

G Das Imponiergehabe, was sie zeigen, wird spätestens dann entlarvt, wenn sie die Fremdwörter falsch anwenden, einen „Geldmagnaten" einen „Magneten" nennen oder statt „das Virus" „der Virus" sagen.

H Viele Sprecher wissen gar nicht, dass wenn sie Wörter wie „Bluse", „Dame", „Mode", „Ball", „Engel" oder „Kirche" benutzen, diese aus anderen Sprachen übernommen wurden.

2. Die nächste Übung ist etwas tückisch geraten. Sie enthält sowohl Lücken als auch nicht markierte Fehler.
  – Füllen Sie die Lücken mit den sprachlogisch passenden Konjunktionen.
  – Entscheiden Sie sich bei den Alternativvorschlägen für die korrekte Lösung.
  – Korrigieren Sie falsche Verknüpfungen zwischen den Gliedsätzen.

Verdeutschung von Fremdwörtern

Ende des 18. Jahrhunderts begann Joachim Heinrich Campe sein „Wörterbuch zur Erklärung und Verdeutschung der unserer Sprache aufgedrungenen fremden Ausdrücke" zu entwickeln, weil der deutsche Adel sprach vor
allem Französisch. Campe war zu klug, _____ er
Wörter wie „Tee" oder „Tabak" eingedeutscht hätte. Er übertrug die fremdsprachigen Wörter nur _____ , _____ sie
nicht schon längst eingebürgerte Lehnwörter wie z. B. „Nase" oder „Tempel"
waren. In sein Standardwerk, *wo/in dem* ungefähr 5500 Einträge zu
finden sind, wurden freilich „unsittliche" Wörter nicht aufgenommen,
_____ der Lexikograf vermeiden wollte, dass sie in
den Sprachgebrauch eindringen.

Wenigen ist bewusst, dass wenn wir heute ein „Parterre" auch „Erdgeschoss" nennen oder der „Plural" für jüngere Schüler als „Mehrzahl" übersetzt wird, diese Wörter Verdeutschungen aus Campes Wörterbuch sind.
Trotzdem aber noch heute ca. 250 dieser Verdeutschungen in Gebrauch
sind, hatte Campe mit seinem Sprachpurismus keinen allzu großen Erfolg.
Mit Übertragungen wie „Schweißlöcher" für „Poren oder „Zwischenstille" für „Pause" konnte sich der Pädagoge keineswegs durchsetzen,
sodass wenn wir solche Vorschläge heute hören, sie wirken wie Kabarett.
Besonders hübsch ist auch Campes Verdeutschung von „Katholik", was
er „Zwangsgläubiger" nannte, und „Kardinal", was bei ihm „Purpurpfaff"
heißt. Man sieht: Umso mehr Campe die Verdeutschung mit einer Wertung
versah, umso komischer wirkt sie auf das Publikum.

INFO

insofern ... als

Die Nebensatz-Verknüpfung *insofern ... als* zählt zu den modal verwendeten Konjunktionen und kennzeichnet eine **Einschränkung** der Handlung oder des Zustandes, von denen im Hauptsatz die Rede ist.

Die Konjunktion *als dass* leitet einen Konsekutivsatz ein und gibt die **Folge** an, die sich aus dem Hauptsatz ergibt. Im Nebensatz folgt immer Konjunktiv II.

Würde man beide Konjunktionen zu *insofern, ... als dass* kombinieren, würden fälschlicher Weise zwei unterschiedliche Gedankenverhältnisse (eines der Einschränkung und eines der Folge) verbunden.

Es muss also korrekt heißen:

Hauptsatz		Nebensatz: Einschränkung
Der Vorschlag ist *insofern* gut,	→	*als* er keinem schadet.
Der Vorschlag ist gut,	→	*insofern als* er keinem schadet.

Hauptsatz		Nebensatz: Folge
Der Vorschlag ist zu gut,	→	*als dass* er einem schaden könnte.

2. Gliederung: Thema – Aussage

Gedankliche Klarheit und Präzision gewinnt eine Analyse vor allem durch die Verknüpfungen von Aussagen. Sie vermitteln dem Leser den Sinnzusammenhang.

Wenn dieser Zusammenhang zwischen den einzelnen Sätzen gelungen ist, kann man einen Text „kohärent" nennen.

Gliederung: Thema – Aussage

Das **Thema** („das Aufgestellte, die Behauptung") nennt die bereits bekannte Information und verknüpft den Satz mit dem Kontext.

Die **Aussage** (über das Thema) enthält die neue, die weiterführende Information und macht das Zentrum des Gedankengangs aus.

Ohne Aussage findet keine neue Information statt.

Im folgenden Beispiel, einem Auszug aus einer Analyse von Joseph von Eichendorff Gedicht „Glück" (Seite 103) können Sie mitverfolgen, wie die jeweilige Aussage im nächsten Satz zum Thema wird, dem wieder eine neue Aussage folgt. So erfolgt die **Progression**, der Fortschritt im Gedankengang. Ohne diesen Fortschritt würde sich leeres Geschwätz ergeben.

Thema		Aussage
Eichendorffs Gedicht „Glück"	→ ←	kann der Epoche der Romantik zugeordnet werden.
Romantisch in diesem Gedicht	→ ←	sind vor allem die Wortfelder.
Wenn der lyrische Sprecher aus der Enge seines Zimmers in die Weite der Welt ausbrechen will (3. Strophe),	→ ←	wird die typische romantische Sehnsucht in die Ferne zum Ausdruck gebracht.
Dieses Fernweh	→	verknüpft Eichendorff hier mit der Sehnsucht nach der Geliebten.

1. Versuchen Sie in der nächsten Übung selber, aus den Satzfragmenten zu Ulla Hahns Gedicht „Irrtum" (Seite 104) eine Gliederung in Thema und Aussage und eine Progression herzustellen, indem Sie
– das jeweilige Thema und die Aussage durch Markierungen einander zuordnen,
– durch Nummerierung eine sinnvolle Reihenfolge unter den einzelnen Sätzen herstellen und daraus einen kohärenten Text entwickeln.
Die Übung lässt sich leichter lösen, wenn Sie die Texte auf Kärtchen schreiben.

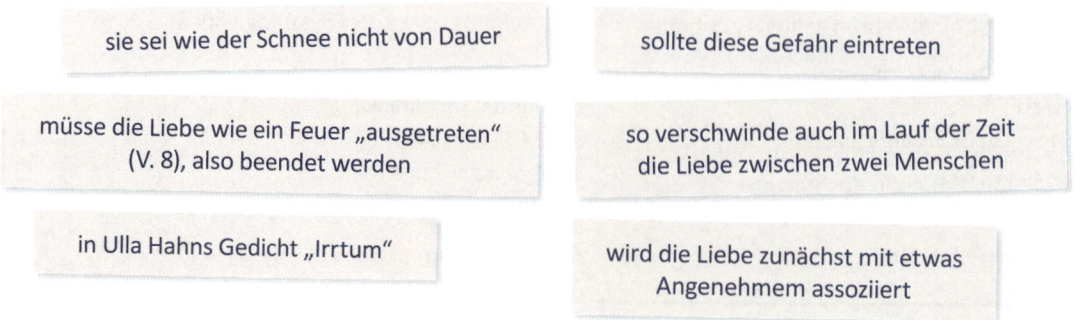

sie sei wie der Schnee nicht von Dauer

sollte diese Gefahr eintreten

müsse die Liebe wie ein Feuer „ausgetreten" (V. 8), also beendet werden

so verschwinde auch im Lauf der Zeit die Liebe zwischen zwei Menschen

in Ulla Hahns Gedicht „Irrtum"

wird die Liebe zunächst mit etwas Angenehmem assoziiert

wie der Schnee nicht an einem Ort
und für längere Zeit liegen bleibe

auch in der Feuer-Metapher der Frau

bedeutet die Liebe für den Mann etwas Vergängliches

doch liege in der Liebe

die Gefahr des Verzehrtwerdens
und somit der Selbstaufgabe

wie das wohltuende Feuer im Ofen spende
sie Wärme zwischen den Menschen

_____

_____

_____

_____

_____

_____

2. Markieren Sie in dem Text die zusätzlichen sprachlogischen Verknüpfungen, mit denen der Verfasser die Begründungszusammenhänge verdeutlicht hat, und fügen Sie Absätze dort ein, wo ein Gedankengang ein Ende gefunden hat.

3. Dem folgenden Ausschnitt aus einer Analyse von Ernst Jandls Gedicht „liegen, bei dir" (Seite 113) mangelt es an Kohärenz. Markieren Sie zuerst die Gedankensprünge:
- Wo stehen Sätze isoliert nebeneinander?
- Wo sind unpassende Verknüpfungen gewählt worden?
- Wo bauen die Textteile nicht schlüssig aufeinander auf?

Das Gedicht „liegen, bei dir" wurde im Jahr 1956 veröffentlicht. Es besteht aus sechs Zeilen, und der Titel des Gedichts enthält ein Komma, sodass der Leser gleich nach dem ersten Wort
5 stutzt. Folglich ist im Titel die normale Reihenfolge der Satzteile umgestellt. Das Komma hebt besonders hervor, dass der lyrische Sprecher bei „dir" liegen will und bei keiner anderen Frau sonst. „Liegen", „Arme"
10 und „halten" sind also die Schlüsselwörter des Gedichts. Diese Schlüsselwörter lassen erkennen, dass der lyrische Sprecher in der intimen Beziehung zu der Geliebten seinen Halt findet. Wie erwähnt, thematisiert der Lyriker Ernst
15 Jandl in diesem Gedicht die Liebesbeziehung zweier Partner. Durch die Betonung des Wortes „liegen" macht er schon im Titel deutlich, dass die Beziehung zwischen den Partnern intimer Natur ist.

4. Überarbeiten Sie die Analyse, indem Sie durch Umstrukturierung einen kohärenten Text formulieren.

3. Die Logik der Gedankenfolge

Während in der vorhergehenden Übung die Progression des Gedankengangs trainiert wurde, soll hier die Logik der Gedankenfolge für den Leser durch sprachliche Signale offengelegt werden. In der folgenden kurzen Analyse der Parabel „Die Blinden" von Nikos Kazantzakis (Seite 57) fehlen diese Gliederungssignale.

1. Ihre Aufgabe ist deshalb, einem Leser Schritt für Schritt die Parabel „Die Blinden" zu erklären. Sie geben ihm Orientierung durch die sprachlichen Verknüpfungen.

Einleitung:	Die Erzählung „Die Blinden" von Nikos Kazantzakis, die zuerst 1957 veröffentlicht wurde, handelt von dem Versuch blinder Dorfbewohner, eine genaue Vorstellung von einem ihnen bisher unbekannten Objekt, einem Elefanten, zu gewinnen.
Hauptteil **1. Inhalts-** **wiedergabe**	(Verknüpfung) _____ , wie blinde Wüstenbewohner, die nie einen Elefanten gesehen haben, eine innere Vorstellung von diesem Tier gewinnen wollen. Sie untersuchen einen Elefanten, können ihn aber nur an bestimmten Körperteilen berühren und ziehen aus dieser beschränkten Wahrnehmung falsche Schlüsse auf den „Elefanten" als Ganzen.
2. Aufbau	Die kurze Erzählung ist klar strukturiert: _____ wird die Ausgangssituation skizziert, _____ entsteht eine neue Situation, als der Elefant erscheint; _____ die mehrfache Erkundung des Elefanten und die falschen Schlussfolgerungen aus diesen Untersuchungen.
3. Deutungs- **these**	(Vorgriff) _____ die Unfähigkeit des Menschen, die Wahrheit als Ganze und exakt zu erkennen.
4. Figuren I	Das Bedürfnis der Einwohner, Neues zu entdecken, ist groß. Diese Neugierde (Verknüpfung Beleg) _____, dass sie sofort den unbekannten Elefanten berühren wollen. Durch ihre Erblindung (Verknüpfung Folgerung) _____ , dass ihr Wunsch, den Elefanten als Ganzen zu begreifen, nie in Erfüllung gehen wird. Sie erkennen immer nur Teile, nie das Ganze. Fünf Deutungen versuchen die Einwohner, und alle sind falsch. Auch aus dieser Reihung der vergeblichen Versuche (Verknüpfung Beleg) _____ _____ , dass allen die nötigen Organe fehlen, um eine angemessene Vorstellung von dem Elefanten zu gewinnen.
5. Figuren II	Die Wüstenbewohner versuchen, ihre Blindheit dadurch auszugleichen, dass sie den Elefanten ertasten. (Verknüpfung Beleg) _____, dass sie das Tier „packen" wollen. Sie greifen es, aber sie be-greifen es nicht. Hieraus (Verknüpfung Folgerung) _____ , dass mit den menschlichen Sinnen kein exaktes Begreifen der Wirklichkeit möglich ist.

6. Textsorte	**(Rückgriff)** _____ , handelt es sich bei dieser Erzählung um eine Parabel. Eine Parabel fasst eine allgemeine Wahrheit ins Bild. _____ folgt, dass offensichtlich keiner klüger ist als der andere, und die Unfähigkeit, exakt zu erkennen, bei allen dieselbe ist.
7. Sprache	**(Verknüpfung)** _____ durch die allgemein verständliche, klare Sprache **(Verknüpfung Beleg)** _____ , dass ein möglichst großer Leserkreis angesprochen werden soll. Ebenso verzichtet der Autor darauf, Zeit, Ort und Figuren konkret festzulegen, **(Verknüpfung Folgerung)** _____ die Allgemeingültigkeit der Parabel _____ .
Schluss	**(Rückgriff)** _____ _____ , dass diese Parabel in einem Bild die Beschränktheit des menschlichen Erkenntnisvermögens zeigen will.

Gedanken verknüpfen: Formulierungshilfen

Rückverweise
- *wie schon/bereits/eingangs gesagt/erwähnt/ dargelegt/angeführt wurde …*
- *wie oben erläutert/dargestellt /nachgewiesen …*
- *im Rückgriff auf …*
- *im vorangegangenen Abschnitt/zu Beginn …*
- *erinnert sei hier an …*
- *meine oben formulierte Deutungsthese …*

Vorgriffe
- *wie zu zeigen/nachzuweisen/darzustellen sein wird*
- *wie unten/später ausgeführt werden soll*
- *im Vorgriff auf …*
- *im Folgenden …*
- *später/weiter unten/im Hauptteil werde ich darstellen/wird noch dargestellt …*

Verknüpfung zwischen Beleg/Befund und Deutung
- *der Autor/der Erzähler/das lyrische Ich macht damit klar/verdeutlicht/demonstriert/führt vor Augen/ veranschaulicht/zieht das Fazit*
- *diese Metapher/dieser Ausdruck/diese Wortwahl lässt erkennen/zeigt/visualisiert*
- *mit dieser Formulierung wird ausgedrückt/konkretisiert/veranschaulicht/*
- *damit wird hervorgehoben*
- *dieser Hinweis/diese Besonderheit/lässt die Deutung zu/verstärkt die These*
- *diese Wendung/dieser Begriff/diese Wortprägung/diese Darstellung spricht für die These/stützt die Deutung*
- *es erscheint plausibel/folgerichtig/einleuchtend, dass*
- *als Beleg/Beispiel lässt sich anführen*

Formulierung einer Folgerung/eines Resümees
- *daraus ergibt sich/folgt/resultiert/kann man den Schluss ziehen*
- *als Resümee lässt sich feststellen*
- *ich komme zu dem Ergebnis*
- *meine Deutungsthese hat sich also bestätigt*
- *die Untersuchung ergibt/hat ergeben/zeigt/hat gezeigt/bestätigt/hat bestätigt*

2. Kopieren Sie die Formulierungsspeicher und ziehen Sie sie bei Ihren weiteren schriftlichen Analysen so lange zurate, bis sich die Sprachmuster eingeprägt haben.

Textquellen

S. 6 f.: Martin Suter: Die Work-Life-Balance. Aus: Ders.: Das Bonus-Geheimnis und andere Geschichten aus der Business Class. Copyright © 2009, 2010 Diogenes Verlag AG Zürich; **S. 8 f.:** Nicola Döring: Mediatisierung interpersonaler Kommunikation. Aus: Dies.: Vergleich zwischen direkter und medialer Individualkommunikation. In: Ulrike Six/Uli Gleich/Roland Gimmler (Hg.): Kommunikationspsychologie – Medienpsychologie. Weinheim, Basel: Beltz PVU 2007; S. 297–313, hier S. 298ff.; **S. 10:** Chat-Beispiele (2, 3, 5) Jens Runkehl/Peter Schlobinski/Torsten Siever: Sprache und Kommunikation im Internet. Überblick und Analysen. Opladen: Westdeutscher Verlag, 1998. Vgl. auch http://www.mediensprache.net/archiv/pubs/3-531-13267-9.pdf, eingesehen am 17.12.2013. – Beispiele aus sozialen Netzwerken (1, 4) aus: Nena Schwencke: Wissen sie, was sie tun? – Analyse des Sprachverhaltens und der Nutzungskompetenz auf SchülerVZ. In: Net.Worx 62 (2012). Vgl. auch http://www.mediensprache.net/networx/networx-62.pdf (eingesehen am 17.12.2013); **S. 13 f.:** Markus Reiter: Netzsprache: Mehr Vielfalt oder mehr Einfalt? Aus: http://www.stuttgarter-zeitung.de/inhalt.netzsprache-mehr-vielfalt-oder-mehr-einfalt.3c7c2b45-a372-4684-bf9f-e74ace10bc3b.html, eingesehen am 3.12.2013; **S. 15 f., 49:** Wolfgang Krischke: Schreiben in der Schule. „Voll eklich wg schule *stöhn*". Aus: http://www.zeit.de/2011/09/C-Schreibkompetenz/seite-1 und http://www.zeit.de/2011/09/C-Schreibkompetenz/seite-2 (eingesehen am 3.12.2013); **S. 18:** Gila Hoppenstedt/Ernst Apeltauer: Einflüsse früher Zweisprachigkeit auf die soziale und kognitive Entwicklung der Kinder. Aus: dies.: Meine Sprache als Chance. Handbruch zur Förderung von Mehrsprachigkeit. Troisdorf: Bildungsverlag EINS 2010, S. 16 f.; **S. 20 f:** Uwe Hinrichs: Sprachkontakte – Wie Migration die deutsche Sprache verändert. Aus: Ders.: Multi Kulti Deutsch. Wie Migration die deutsche Sprache verändert. München: Beck 2013, S. 39, 58 f.; **S. 34:** Tanja Zieger: Notwendiger Expertenjargon oder Fachchinesisch? Aus: http://www.br.de/radio/bayern2/sendungen/iq-wissenschaft-und-forschung/gesellschaft/wissenschaft-sprache-fachchinesisch100.html (eingesehen am 23.9.2013); **S. 38 ff.:** Marc Scheloske: Wissenschaftssprache: Zwischen Verständlichkeit und Fachterminologie, 4. November 2012. Aus: Ders.: WissensWerkstatt.net. Blog zu Wissenschaft, Pop- und Blogkultur. http://www.wissens-werkstatt.net/2012/11/04/wissenschaftssprache-zwischen-verstaendlichkeit-und-fachterminologie/ (eingesehen am 24.9.2013); **S. 46 f.:** Verständliche Politikersprache sieht anders aus. Aus: PolitMonitor der Universität Hohenheim vom 3.5.2010, https://www.uni-hohenheim.de/politmonitor/analysen_detail.php?id=9 (eingesehen am 2.10.2013); **S. 52:** Thomas Hürlimann: Der Filialleiter. Aus: Ders.: Die Satellitenstadt. Geschichten. Zürich: Ammann 1992; **S. 57:** Nikos Kazantzakis: Die Blinden. Üs. v. Werner Krebs. Berlin: Herbig 1957; **S. 67:** Helga M. Novak: Schlittenfahren. Aus: Dies.: Aufenthalt in einem irren Haus. Gesammelte Prosa. Frankfurt/M.: Schöffling & Co. 1995, S. 82; **S. 67:** Heinrich von Kleist: Michael Kohlhaas. Hg. v. Axel Schmitt. Text und Kommentar. Suhrkamp Basisbibliothek. Frankfurt/M.: Suhrkamp 2013; **S. 67:** Franz Kafka: Die Verwandlung. Hg. v. Heribert Kuhn. Text und Kommentar. Suhrkamp Basisbibliothek. Frankfurt/M.: Suhrkamp 1999.; **S. 68 f.:** Burkhard Spinnen: Silvesterparty In: ders.: Trost und Reserve. Frankfurt: Schöffling Verlag 1996, S. 129; **S. 77, 79, 84 ff., 101:** Bertolt Brecht: Leben des Galilei. Frankfurt/M.: Suhrkamp 1971, S. 7 f., 11 f., S. 74–78, 131; **S. 92 ff., 97:** Friedrich Schiller: Die Räuber. Stuttgart: Reclam 2001, S. 90–94, S. 148 f.; **S. 101:** Bastian Sick: Wenn man könnte, wie man wöllte. Aus: Ders.: Der Dativ ist dem Genitiv sein Tod. Bd. 4. Köln: Kiepenheuer & Witsch 2009; www.bastiansick.de; **S. 103:** Joseph von Eichendorff: Glück. Aus: Eichendorff Werke. Gedichte, Epen, Dramen. Gedichte. Stuttgart 1953, S. 231; **S. 104:** Ulla Hahn: Irrtum. Aus: Dies.: Unerhörte Nähe. Stuttgart: Deutsche Verlags-Anstalt 1988, S. 7; **S. 106:** Johann Wolfgang von Goethe: Mit einem gemalten Band. Aus: ders.: Sämtliche Gedichte. Erster Teil. dtv Gesamtausgabe 1. München: dtv 1961, S. 46.; **S. 109:** Edith Linvers: Schnee von gestern. Zit. nach: Gerd Katthage: Mit Metaphern lernen. Gedichte lesen – Sprache reflektieren – Vorstellungen bilden. Hohengehren: Schneider Verlag 2006, S. 164; **S. 109:** Maxim Drüner/Tarek Ebene/Nico Seyfrid © K.I.Z. Edition; **S. 110/11:** Niklas Kubitschke/Tobias Felix Kuhn/Bill Liederwald/Jochen Naaf/Paul Schüler/Nikolas Stege/Sebastian Wehlings. © Labelmate Songs Musikverlag Tobias Kuhn/Laserlaser Publishing Inh. Erik Laser/Ten Thirteen Musikverlag Sebastian Wehlings/Topspin Hangar, Edition/Universal Publishing GmbH; **S. 112:** Johann Wolfgang von Goethe: Willkommen und Abschied (1. Strophe). Aus: Goethes Werke. Hamburger Ausgabe. Bd. 1. Hamburg 1952, S. 27 f.; **S. 113:** Ernst Jandl: liegen, bei dir. In: Ders: Gesammelte Werke. Gedichte, Stücke, Prosa. Hg.v. Klaus Siblewski. München: Luchterhand Literaturverlag 1985.

Bildquellen

Umschlag Thinkstock (Hemera), München; **6** shutterstock (clarkfang), New York, NY; **11** Organonmodell, nach: Karl Bühler, Sprachtheorie. Die Darstellungsfunktion der Sprache, Stuttgart: Lucius und Lucius, 1999 © Mohr Siebeck Tübingen; **19** Quelle: http://mediendienst-integration.de/integration/bildung.html (abgerufen am 11.05.2016); **20** Der Sprachbaum, nach: Wolfgang Wendlandt, Sprachstörungen im Kindesalter, Thieme Verlag 2010; **29** Klett-Archiv, Stuttgart; **35** Quelle: Statistisches Jahrbuch 2013. S. 76. Der Mikrozensus erfasste Personen im Alter von 15 Jahren und mehr; **36** Print-/Online, Leseniveau nach Schulstufen, Studie: Berichterstattung zur Bundestagswahl 2009, PolitMonitor der Universität Hohenheim; **44** copyright Illustration: Peter von Tresckow; **47** Die formale Verständlichkeit der Landtagswahlprogramme, Wahlprogramm-Check 2010: NRW-Wahl, PolitMonitor der Universität Hohenheim; **53** www.CartoonStock.com, Bath; **57** The Library of Congress (cph.3g08725), Washington, D.C.; **61** CC-BY-SA-3.0 (D. Herdemerten (Hannibal21)), siehe *3; **66** Getty Images, München; **77** Piecuch, Marco; **85** J. Koehler/bildermeer.com, Stralsund; **86** akg-images, Berlin; **89** BPK, Berlin; **93** Arno Declair; **106** akg-images, Berlin; **107 links** iStockphoto (hrstklnkr), Calgary, Alberta; **107 rechts** shutterstock (Adam Filipowicz), New York, NY

*3 Lizenzbestimmungen zu CC-BY-SA-3.0 siehe: http://creativecommons.org/licenses/by-sa/3.0/de/